刑法解释立场的历史演进研究

黄硕/著

A STUDY ON THE HISTORICAL EVOLUTION OF CRIMINAL LAW INTERPRETATION STANDPOINTS

法律出版社
LAW PRESS · CHINA
北京

图书在版编目（CIP）数据

刑法解释立场的历史演进研究 / 黄硕著 . -- 北京 : 法律出版社 , 2025. -- ISBN 978-7-5244-0278-7

Ⅰ. D924.05

中国国家版本馆 CIP 数据核字第 2025QW5505 号

刑法解释立场的历史演进研究
XINGFA JIESHI LICHANG DE LISHI YANJIN YANJIU

黄　硕　著

责任编辑　朱轶佳
装帧设计　鲍龙卉

出版发行 法律出版社
编辑统筹 司法实务出版分社
责任校对 王晓萍
责任印制 胡晓雅
经　　销 新华书店

开本 A5
印张 12.875　　**字数** 254 千
版本 2025 年 5 月第 1 版
印次 2025 年 5 月第 1 次印刷
印刷 北京建宏印刷有限公司

地址：北京市丰台区莲花池西里 7 号（100073）
网址：www.lawpress.com.cn
投稿邮箱：info@lawpress.com.cn
举报盗版邮箱：jbwq@lawpress.com.cn

销售电话：010-83938349
客服电话：010-83938350
咨询电话：010-63939796

书号：ISBN 978-7-5244-0278-7　　**定价**：58.00 元

凡购买本社图书，如有印装错误，我社负责退换。电话：010-83938349

序　一

刑法学作为一门法律科学，具有多重使命。其中最主要的使命是对刑法规范进行解释。通过对刑法条文的解释，使高度概括的类型化的刑法规范能够科学合理地适用于千变万化、纷繁复杂的具体行为，从而使字面上的刑法变成能够真实地约束和指引人们社会行为的强制性规范，是刑法学的重要使命。尤其是在罪刑法定已经成为现代法治社会刑法适用基本原则的情势下，对刑法规范的解释直接关系刑法适用的缩限与扩张。而这正是刑法学的魅力乃至生命力之所在。

对刑法条文进行解释，首先涉及一个最基本的问题，那就是基于什么样的立场来解释刑法条文。解释的立场不同，对同一个问题的解释就可能不同，进而直接影响刑法适用的范围。特别是在一些边界模糊的灰色地带，解释立场的不同，就可能得出对同一个行为能否适用同一个刑法条款的不同结论，进而决定当事人的权利、自由乃至生命的得失，决定刑法适用的合理性、正当性。因此，刑法解释的立场问题，历来是刑法学发展中最具基础性的问题，也是刑法理论界长期争论的问题之一。

黄硕博士所著《刑法解释立场的历史演进研究》，以其扎实的理论功底、独到的研究视角、深厚的实践积累，对刑法解释立场的学术发展史进行了系统而深入的研究。他在该书中不仅向我们系统地梳理了刑法解释乃至整个解释学的历史发展脉络，而且系统地阐述了刑法解释不同立场的演进过程；不仅对刑法解释的基本要素进行了具体的论述，而且对中国刑法解释的现实问题进行了深入的分析论证；不仅论述了刑法解释立场与自由、正义、社会秩序、人权保护等法律信奉的基本价值之间的关系，以及刑法解释立场与犯罪构成要件之间的关系，而且论述了刑法解释立场演进的内在动因、外在因素及其相互作用。这些都为读者深入了解刑法解释立场的演进提供了难得的线索和基础。在该书中，黄硕博士遵循学术界对刑法解释立场的类型化划分，在对刑法解释中的主观主义立场与客观主义立场、形式主义立场与实质主义立场各自的演进历史、文化根源、基本理念分别进行考察的基础上，深入研究了它们之间的相互关系与相互作用。书中不仅深入考察了它们之间起始立场的对立、追求目标的对立、哲学基础的对立、刑罚理念的对立，而且具体分析了这些解释立场在中国的走向，论证了自己对刑法解释立场之争的鲜明态度。从《刑法解释立场的历史演进研究》的字里行间，可以明显地感受到黄硕博士作为法律人的社会责任和司法实务部门学者的问题意识。他在该书中不断地提醒自己“站在谁的立场上解释刑法，以谁的意志为出发点进行刑法解释”，至关重要。

通览全书，黄硕博士以其扎实的理论功底、严谨的治学态度和独立的学术思考，为我们呈现了一部体系完整、观点鲜明、论证充分的鼎力之作。此书不仅澄清了我国刑法解释立场研究领域的学术争议，也为未来相关研究提供了重要的理论参考和刑事司法实践指引。相信此书的出版，必将对我国刑法学理论研究和司法实践产生积极而深远的影响。

黄硕博士是最高人民检察院与中国人民大学联合培养的博士后研究人员。我作为他的合作导师，参与了对他的教学和研究指导。看到他的研究成果《刑法解释立场的历史演进研究》一书问世，十分欣慰！也期待黄硕博士在未来的学术道路上再接再厉，取得更加丰硕的研究成果！

是为序。

最高人民检察院原司改办主任　张智辉

2025 年 3 月 30 日

序 二

法学研究之精义，在于对规范本质的深刻追问与对实践理性的不懈探索。值此黄硕所著《刑法解释立场的历史演进研究》成书出版之际，作为他的博士后合作导师（中国人民大学与最高人民检察院联合培养），应邀作序如下，为青年学者潜心治学而欣慰，为刑法解释理论体系之深化而高兴。

刑法解释立场，乃勾连刑事立法理性与司法实践理性的枢纽，是刑法教义学理论自洽性与社会适应性辩证统一的根基。此前学界对此议题虽不乏探讨，但以历史演进为脉络的系统性研究还不够。黄硕锚定这一主题，通过五章近三十万字的精耕细作，构建起兼具历史纵深与逻辑线条的解释立场研究体系，实属近年来刑法方法论领域值得称道的学术成果。

基础论一章，作者以概念辨析为刃，剖解“刑法解释”“刑法立场”“刑法解释立场”之异同，澄清学界长期存在的术语模糊。其对“两高”司法解释权力源流的法理考辨，从宪法授权到功能主义的双重维度展开论证，既回应了实务界对司法解释合法正当性的质疑，也为后续历史演进研究奠定了扎实的规范基础，为理解我国司法解释的实践逻辑提供了新视角。

本体论部分，作者跳脱传统法解释学的技术窠臼，将解释立场置于“自由—秩序—正义”的价值张力场中审视。通过建构“文本—价值—政策”的三维分析框架，揭示了解释立场在人权保障与社会防卫之间的微妙平衡。其对犯罪构成要件与解释立场互动关系的剖析，以“四要件”到“三阶层”的理论嬗变为切入点，论证了“解释立场观对犯罪论体系的形塑作用”，内含的创意为犯罪论研究提供了新的方法论启示。

动因论一章，作者别具一格地提出“双螺旋动力模型”：以实质正义追求、人权理念发展、立法技术精进等为内驱力，以政治文明转型、社会主要矛盾演变、司法实践需求等为外推力，系统阐释了解释立场演进的历史必然性。其对“刑事政策与解释立场共变关系”的论证，展现了刑事治理现代化进程中解释立场的调适智慧，具有穿透现实的认知价值。

在对类型论的研究中，作者突破传统“主观—客观”“形式—实质”的二元对立框架，提出“解释立场光谱”，揭示我国刑法解释立场正从“主观形式主义”向“客观实质主义”渐进式演进。实质解释立场在法益保护与人权保障间的衡平艺术，为司法实务提供了可操作的判断标准。

历史演进部分，作者以“社会危害性”向“法益”的转换为标尺，将七十年刑事法治进程划分为三大阶段：中华人民共和国成立初期的“政治话语主导”、改革开放后的“规范意识觉醒”、法典化时代的“价值理性自觉”。这一分期理论，既客观呈现了刑法解释从“工具理性”到“价值理性”的升华轨迹，也明晰揭示了中国特色社会主义法治道路的独特演进逻辑。

通览全书，黄硕展现了青年学者难得的学术魄力与理论定力：既扎根中国刑事司法实践，从本土问题中生发理论；又善于运用比较法视野，在德日刑法教义学与英美实用主义之间探寻道路。走动态协同解释路线，强调解释立场应随法治阶段、社会情势、技术条件等而弹性调适，既承继了法律解释学的智识传统，又灌注了新时代“以人民为中心”的法治思想，为构建中国自主的刑法解释学知识体系做出了可贵探索。

此书之价值，既在于理论建构上思考创新，更在于其为司法实践提供了“解释立场的判断基准”与“解释方法的适用指南”。在全面推进依法治国的新时代，期待这部凝聚作者心血的著作能助推刑法解释从“经验技艺”上升为“理性科学”，更期待作者以此为起点，在刑事法治研究领域继续深耕，续写新章。

是为序。

华东师范大学文科资深教授 张志铭

2025 年 3 月 27 日

目 录

绪 论 …… 001

一、研究背景与意义 …… 001

二、刑法解释立场界定 …… 002

三、历史演进研究价值 …… 002

四、研究方法简述 …… 002

五、内容结构安排 …… 003

六、预期研究成果 …… 003

第一章 刑法解释立场的基础论 …… 005

第一节 有关刑法解释立场的词义辨析 …… 007

一、解释学概述 …… 007

二、刑法解释 …… 026

三、刑法立场与刑法解释立场 …… 032

第二节 刑法解释基本要素 …… 034

一、刑法解释的主体 …… 034

二、"两高"司法解释权力之来源 …… 036

三、刑法解释的对象 …… 087

四、刑法解释的目的 …… 099

第二章 刑法解释立场的本体论 ······ 103

第一节 刑法解释立场之本体 ······ 105

一、刑法解释立场之主体 ······ 105

二、刑法解释立场之文本 ······ 109

第二节 刑法解释立场考量因素 ······ 115

一、刑法解释立场与自由 ······ 115

二、刑法解释立场与正义 ······ 118

三、刑法解释立场与社会秩序 ······ 121

四、刑法解释立场与人权保护 ······ 124

五、刑法解释立场与刑事政策 ······ 130

第三节 刑法解释立场观与构成要件 ······ 138

一、刑法解释立场与构成要件 ······ 138

二、主要犯罪论体系模式 ······ 147

三、我国犯罪构成要件的演进趋势 ······ 154

第三章 刑法解释立场演进的动因论 ······ 165

第一节 刑法解释立场演进的内因 ······ 167

一、实质正义追求促进刑法解释立场的演进 ······ 167

二、刑法制定缺陷促进刑法解释立场的演进 ······ 171

三、刑法立法意图改进促进刑法解释立场的演进 ······ 175

四、刑法理论的深化和立法技术的提升促进
刑法解释立场的演进 ······ 179
五、人权发展促进刑法解释立场的演进 ······ 186
第二节 刑法解释立场演进的外因 ······ 194
一、政治体制促进刑法解释立场的演进 ······ 195
二、社会制度发展促进刑法解释立场的演进 ······ 199
三、法治思想的演进促进刑法解释立场的演进 ······ 206
四、社会主要矛盾更替促进刑法解释立场的演进 ······ 212
五、文化传统塑造促进刑法解释立场的演进 ······ 219
六、司法实践需求的提升促进刑法解释立场的
演进 ······ 223
七、刑法学术的国际交流促进刑法解释立场的
演进 ······ 228
八、人民群众对公平正义的需求促进刑法解释
立场的演进 ······ 231

第四章 刑法解释立场的类型论 ······ 237
第一节 主、客观主义刑法解释立场观 ······ 239
一、主观主义刑法解释观 ······ 239
二、客观主义刑法解释观 ······ 273
三、刑法解释中主、客观解释之对立 ······ 301

四、刑法解释中主、客观解释的中国走向 …… 307
第二节 形式、实质主义解释观 …… 315
一、形式主义刑法解释观 …… 315
二、我国刑法中形式主义解释与实质主义解释的产生与形成 …… 319
三、形式主义解释与实质主义解释的再辨析 …… 328
四、形式主义解释观与实质主义解释观的评价 …… 331
五、形式解释与实质解释之争及其走向 …… 334

第五章 我国刑法解释立场的演进论 …… 347
第一节 社会危害性的确立 …… 349
一、苏联刑法中的“社会危险性” …… 349
二、我国刑法产生的背景 …… 350
三、我国第一部《刑法》产生的历程 …… 352
四、1979年《刑法》中“社会危害性” …… 354
第二节 法益理论在我国的情况 …… 360
一、西方法益理论产生及其发展 …… 360
二、法益概念引入我国 …… 363
三、我国刑法从社会危害性到法益侵害的走向 …… 367
第三节 我国刑法解释立场的历史演进 …… 375
一、无当下讨论的刑法解释立场阶段（1949～1979年） …… 375

二、以主观主义解释观和形式主义解释观为主
（1979～1997年）…………………………………… 377
三、以客观主义解释观和实质主义解释观为主
（1997年至今）…………………………………… 384

结 语 ……………………………………………………… 393

绪 论

一、研究背景与意义

在法治社会建设不断推进的今天，作为法律适用中的重要环节，刑法解释立场的演进历程与走向不仅关乎法律体系的完善与发展，更直接影响刑事司法公正、社会正义的实现。随着社会的快速发展和人际交往复杂多变，刑法解释立场也在不断调整与适应，以便更好地服务于刑法实践与社会需求。因此，对刑法解释立场演进的研究，不仅具有重要的理论价值，更具有深远的刑法实践意义。本研究旨在通过从刑法解释的基本概念入手，分析刑法解释立场的考量因素，揭示其演进动因，系统梳理与深入分析刑法解释立场的演进历程，为刑法实践提供理论支持与实践指导，有助于提升刑事司法公正和效率，推动法治社会的持续健康发展。

二、刑法解释立场界定

刑法解释的立场主要涉及解释者对待刑法条文的态度和取向。本研究将刑法解释的立场按照划分标准不同而界定为主观解释与客观解释、形式解释与实质解释两组四种解释观。通过梳理两组解释立场观的产生、发展及特征等，并比较分析，分别找出、找准各解释立场的优势及不足，以此实现对各解释立场观全面而深入的理解。

三、历史演进研究价值

历史研究是探索过去、解读往事的重要方法，对于理解当下和指导未来具有重要意义。刑法解释立场的历史演进研究不仅有助于梳理刑法解释的发展历程，揭示不同解释立场的产生、特点和影响，找准演进的动因，还能为当前和未来的刑法解释实践提供有益的历史借鉴。通过对刑法解释立场历史发展的总结和分析，可以更好地理解刑法解释立场的发展规律，预测刑法解释立场走向。

四、研究方法简述

本研究将采用多种研究方法相结合的方式，包括历史研究法、比较研究法、文献研究法等。历史研究法用于梳理刑法解释立场的历史演进过程；比较研究法用于分析不同刑法解释立场观的特点、优点和差异；文献研究法用于收集和分析相关文献，为研究提供理论支持和依据。

五、内容结构安排

本研究将分为以下几个部分：绪论部分介绍研究背景、意义、方法等内容；第一章概述涉及刑法解释立场的基础概念；第二章探讨刑法解释立场的本体；第三章找寻刑法解释立场演进的动因；第四章研究刑法解释立场的类型，并作相关比较分析；第五章总结提炼我国刑法解释立场演进的历程，并划分阶段；结语部分总结研究成果并展望未来的演进走向。

六、预期研究成果

通过本研究，笔者预期能够梳理出刑法解释立场的历史演进过程，找寻刑法解释立场的动因何在，揭示不同解释立场观的特点和影响，预测刑法解释立场演进的最终走向。同时，本研究还希望能够为当前和未来的刑法解释的理论和实践提供有益的历史借鉴和理论贡献，促进刑事司法公正和效率的提升。同时，本研究还将有助于推动刑法解释学的学科发展，为法治社会的建设和发展贡献力量。

第一章
刑法解释立场的基础论

基础问题是构成复杂系统、理论框架或实践过程的根基。基础问题不仅是认知的起点，更是推动事物发展、深化理解的关键。基础问题引导我们从最基本的概念和原理等出发，逐步构建起对事物的全面认知。本章通过回答“解释是如何产生”“刑法解释立场是什么”“为什么需要刑法解释立场”等基础问题，为了解刑法解释立场的历史演进筑牢认识基础，为后续深入探索奠定坚实的基础。随后，本章介绍刑法解释的主体、刑法解释的对象、刑法解释的目的，以增进对刑法解释立场的坚定认知。

第一节　有关刑法解释立场的词义辨析

一、解释学概述

（一）西方解释学的起源

解释是伴随着人类相互之间的活动，尤其是交流活动（如语言交流、肢体交流、文字交流等）而产生的，它有助于实现有效沟通，并促进认知趋于一致。在西方国家，解释的理念和实践早在古希腊时期的文化中就已存在，尽管当时其还未形成一个独立的学科。古希腊文明以其独特的哲学、文学和艺术成就闻名遐迩，这些领域的繁荣发展为解释学的诞生孕育了丰厚的土壤——由于哲学、文学和艺术等文化的存在及其流传的需要，人们依赖于文字记录和语言传承，在不同时空、不同主体对事物的认识和实践过程中，人们开始深入探讨语言、文本和意义之间的关系，这为解释学的形成奠定了坚实基础。

在古希腊，起初解释学划分为修辞学和诗学两个部分。古希腊深厚的文化和哲学背景为解释学的产生和发展奠定了基础。解释学的发展离不开古希腊的修辞学。修辞学的起源可追溯至古代社会，当人们的生活和存在不再局限于独立的个体，而是需要相互交流、团结协作以增进共同的发展时，语言作为思想交流和社会活动的载体变得尤为重要，于是对语言运用技巧的探索——修辞学便应运而生。在古希腊，随着社会政治生活的日益复杂化，人们善于运用辩论、演讲等口头表达方式参与政治、进行社会互动，这为修辞学的诞生提供了适宜的环境和土壤。此外，哲学、文学、法律等人文社会科学领域的繁荣也为修辞学的产生和发展提供了丰富的实践素材和理论支持。在古希腊，修辞学被人们称为“说服的艺术”，其早期发展深受哲学家如柏拉图、亚里士多德等人的影响。亚里士多德被誉为“古典修辞学之父”，在其著作《修辞学》一书中，他系统地阐述了修辞的基本原理、方法和技巧，为修辞学的发展奠定了坚实的理论基础。亚里士多德认为，修辞学是一门借助逻辑论证、情感激发和道德劝说等手段以实现说服听众目的的艺术，而在这门艺术中，必然存在着解释活动。修辞学的核心要素包括三个方面：一是修辞者（说话者或写作者），二是修辞手段（比喻、排比、夸张等），三是修辞对象（听众或读者）。修辞者需根据修辞对象的特点和需求，灵活运用修辞手段，以实现最佳的表达效果和目的。同时，修辞学还强调对语言本身的深刻理解和驾驭能力，包括词汇的选择、句式的构建以及语言风格的把握等。随着社会发展，学术研究也不断深入，修辞学逐渐从一种实践性的技巧技能发展成为一门独立的学科。从中世纪至近代，修辞学在欧洲大学中得到了广泛传播并被教授，逐渐形成了较为完善的学科体系。同时，随着语言学、哲学、法学、文学等相关学科的不断发展，修辞学不断汲取新的理论和方法，其内涵和外延也得到了进一步的丰富。

古希腊的诗丰富而深远，不仅是古希腊文化的重要组成部分，也对后世西方文学和艺术产生了深远的影响。在公元前12世纪至公元前8世纪，古希腊从氏族社会向奴隶制社会过渡的“英雄时代”或“荷马时代”，其文学成就主要是神话和史诗。在公元前8世纪至公元前6世纪，氏族社会进一步解体，奴隶制关系和奴隶主城邦逐渐形成，其主要文学成就是抒情诗和散文故事（寓言）。而在公元前6世纪末至公元前4世纪初，是奴隶制发展的全盛时期，即“古典时期”，主要文学成就是戏剧、散文和文艺理论。古希腊的诗主要有三种形式，即史诗、抒情诗、戏剧。其中，古希腊最著名的史诗是《伊利亚特》和《奥德赛》，相传由盲人诗人荷马所创作。这两部史诗不仅具有极高的文学价值，还广泛反映了当时的社会生活、宗教生活、生产贸易、体育竞技等情景，对古希腊人的思想观念和文化传统产生了深远影响。古希腊抒情诗包括笛歌和琴歌两大支，诗人如提尔泰奥斯、阿尔基洛科斯、萨福等，他们的作品多样，有战歌、情歌、挽歌等，对后世欧洲诗歌产生了重要影响。而古希腊戏剧在古典时期达到了顶峰，分为悲剧和喜剧两种形式。悲剧作家如埃斯库罗斯、索福克勒斯和欧里庇得斯，他们的作品深刻探讨了人性、命运和社会问题；喜剧作家如阿里斯托芬，则以幽默和讽刺的手法揭示了社会现实。在这些文艺作品传世的过程中，解释是不可或缺的技能，唯有通过解释，这些文艺佳作才能被理解、被传颂、被流传。因此，诗学成为解释学的一个重要组成部分。

古典学派研究方法中最为重要的就是解释。古典学派著名的人物有柏拉图、亚里士多德等，他们运用解释的方法对古典进行深入研究，以探讨古典文献、哲学、历史及艺术等领域，旨在回归古典以探寻智慧与真理。

在解释的对象上，他们主要是对古典文本、古典文献、宗教经典、历史条件、人文科学等进行解释说明，因此该学派也被称为古典学派解释学。其中，宗教经典在古典学派解释学中占据特殊地位，也是解释的另一个最初形态——神学解释学，这种方法是神学家在研究《圣经》的过程中逐渐发展起来的。主要是对先前文本的意义和信息进行阐述，目的是探究如何让文本的信息被听者有效吸收和接受。

西方最为古老的三门学科为医学、神学、法学。法学是最为古老的学问之一，由于法律本身的特性，解释在法学理论和法律实践中被广泛应用便具有了必要性和正当性。“释义学”（hermenutil）一词源自希腊动词 hermeneueni，该动词与名词“hermeneus”有关，而“hermeneus”则与古希腊传告宣布信息的商业之神、旅者之神以及作为众神使者的神祇赫尔墨斯（Hermes）紧密相连。神需要与人进行交流，以便传达神的意旨，在没有共同语言文字的条件下，神与人是无法直接交流的，也不能全靠手势手语之类方式交流，需要一种对语言文字进行解释的技能，以便在两者之间搭建沟通桥梁。此时，赫尔墨斯便充当起使者的角色，在神与人之间进行语言的传递，促进神与人的交流，于是在这两种语言的传递过程中，解释便应运而生了。解释的意义不仅限于阐释、传播音信和启示，更重要的是在两者之间准确传递正确的意旨，确保原意不被误解或误读，从而避免产生不和谐甚至矛盾的情况。由此，解释衍生出两个基本含义：一是使隐藏的事物显现出来；二是使不清晰的事物变得更为明了。这是解释学的最初衍生词义，当然，如今的解释一词所涵盖的意义已远远超出这两层范畴。

在西方，法律解释很早就受到了重视。早在古罗马时期，一些法律职业人士或集团为了给市民提供法律服务，就会进行法律解释活动。在那个时代，一些权威人士对法律的解释还被看作重要的法律渊源之一。在中世纪时期，法律解释甚为发达，法学解释者对《罗马法大全》进行解释，在意大利还形成了不同的法律解释派别，其中最为重要的是注释法学派和注解法学派。在 11 世纪末 12 世纪初，《罗马法大全》在意大利波伦亚被发现，法学家开始认真研读力求对其作出详尽的解释。由于历史久远，罗马法的内容已不再符合当时的社会现实，法学家用了大量的注释来解释，这就形成了法学解释的一个派别，即注释法学派。注释法学派采用宗教与神学相结合的经院哲学作为方法论，对《罗马法》分为五个部分进行详细阐释。在 13 世纪中期至 16 世纪初，罗马法学者对《罗马法》进行了注解。因此，在这一阶段，罗马法学者的主要研究成果以注解的形式呈现，他们也因此被称为注解法学派。注解法学派采用辩证的方法解决法律实务问题，对条文的解释有很大的弹性，以此适用在新的实践中。注释法学派在 11 世纪末到 15 世纪较为活跃，原因是这一时期正值西欧社会从封建制度向资本主义过渡的关键时期。随着商品经济的发展和中央集权制的不断加强，《罗马法》因其详尽的法律规定和适应商品生产关系的特性，重新受到政府的重视。注释法学派在此背景下应运而生，并致力于对《罗马法》文献进行注释、解释和补充，以适应当时社会发展的需要。注释法学派的出现和发展对《罗马法》的传播和复兴起到了关键作用。他们通过对《罗马法》文献的注释和解释，使《罗马法》得以重新焕发生机并适应当时社会发展的需求。

（二）中国古代解释学的产生及发展概况

中国是世界上少数几个最早发明并使用文字，且有文字记载的国家之一。中国拥有悠久的历史和灿烂的文化，其中包含了大量的经典文献和哲学思想。这些资源为中国解释学的产生提供了深厚的土壤。随着社会发展，对古文化研究的不断深入，研究者更加关注传统文化的内在价值和意义。他们试图通过新的理论和方法，对传统文化进行重新审视和解读，从而推动传统文化的创造性转化和创新性发展，这便是律学存在的基础前提。

关于中国解释学的研究还得从中国的律学说起。中国古代律学是一个跨越音乐学和法学两个领域的学科。在音乐领域，律学是研究乐音体系中音高结构及其相互间数理逻辑关系的科学，它融合了音乐声学、数学和音乐学等多个学科的知识，是一门交叉学科。它以乐音为研究对象，用数理方法研究发声体及其音高（波长、弦长）之间的规律，其内容不仅关注音高的确定，还涉及音阶、调式、音律等音乐理论的各个方面。而法学领域的律学，则是依据儒学原则，对以律典为主的成文法进行讲授、研习和注释的法学分支。它不仅从文字上、逻辑上对律文进行阐释，也阐述某些法理。

古代涉及法学的律学最早可追溯到夏商周时期，但严格意义上的古代律学确立于两汉，发达于魏晋南北朝，至唐代达于顶端。唐代以后，律学虽然经历了起伏，但一直作为法学教育的重要组成部分，对古代法律制度的完善和发展起到了重要作用。律学的主要内容包括对法律用语的注释、法律文义的解释、法律沿革的阐述以及法律背景的说明等。古代律学家通过对法律条文的深入研究和阐释，为古代法律的适用提供了理论依据和实践指导。同时，律学还深入探讨了礼与法的关系、释法与尊经的界限、条文与法意的内在联系、律例之间的相互关系，以及定罪与量刑等法理问题。律学体现了人类对规则和秩序的追求，通过法律条文和法理探讨社会的公平正义，体现了人类对社会规律的深刻认识和把握。

中国古代的律学，是“研究制定法的内容及其如何适用的问题。它研究的对象是业已颁布的现行法，主要采用注释诠释的经学方法，目的在于将制定法更加贴切地适用于实践。律学滥觞于秦，发展于两汉，昌盛于魏晋，至唐以后便趋于衰微”〔1〕。也有学者认为，中国古代的律学是指依据儒家学说对以律为主的成文法进行讲习、注释的法学。它不仅从文字上、逻辑上对律文进行解释，还阐述某些法理，如礼和法的关系，刑罚的宽与严，肉刑的存与废，“律”与“令”、“例”等的运用，刑名的变迁及听讼、理狱等。〔2〕何勤华教授认为，古代律学是一个学科，认为“律学是中国古代特有

---

〔1〕 师棠：《律学衰因及其传统评价》，载《法学》1990 年第 5 期。

〔2〕 参见张文显：《书本的法理学与实践的法理学》，载《中山大学法律评论》2010 年第 2 期。

的一门学问，是秦汉时期随着成文法典的出现，统治阶级为了使法典得以贯彻实施对其进行注释诠释因而形成的一个学术研究领域，它是中国古代法学的一个重要组成部分，但两者不是一回事。它不包括中国古代法哲学，不包括法史学和法医学，也不包括以律注经等学术活动”[1]。中国古代统治者要将自己的治理意志贯彻下去，其所颁布的各类制度要在实践中得以实施，必须进行注解，以使被治理者明白，才达至统治的目的。由于中国文字出现较早，这为当时中国律学的繁荣与发展奠定了坚实基础。正如学者怀效锋所言：“律学探讨了律例之间的关系，条文与法意的内在关系，以及立法与用法、定罪与量刑、司法与社会、法律与道德、释法与尊儒、执法与吏治、法源与演变等各个方面，比较律典之优劣，评论各朝之得失，其微、其细、其广、其博、其实、其用均为世界同时期所少有。”[2]可见，当时的律学在世界各国的发达程度。

关于中国古代律学的发展状况，有学者将其划分为三个高峰阶段：第一阶段是汉代，第二阶段是唐代，第三阶段则是明清时期。[3]在古代，礼与律融为一体，礼是统治者统治的核心理念和精神实质，而律则是礼的具体内容载体，体现在统治者颁布的律之中。在这样的境况下，要将律中的礼施于统治中，就需要当政者和各级地方官员具有解释律的能力和本领。鉴于这样的环境，在官员中就出现了一大批精通儒学、通晓律令的人，其中以董仲舒

---

〔1〕 何勤华主编：《律学考》，商务印书馆 2004 年版，第 37 页。

〔2〕 怀效锋：《中国传统律学述要》，载何勤华主编：《律学考》，商务印书馆 2004 年版，第 6 页。

〔3〕 参见徐岱：《刑法解释学基础理论建构》，法律出版社 2010 年版，第 3 页。

最为著名。随后在后汉时期便出现了以经注律的第一次历史性高峰。到了唐代，出现了以《永徽律》为蓝本进行全面解释的《唐律疏议》。《唐律疏议》是博引儒家之经典，对律文逐条逐句进行解释，分析其深刻内涵，深挖其法理，补充其漏洞，并进行设置性提问，对其疑惑进行解释，丰富了律的内容、展示了律的法理，在当时为统治者治理国家，实施律令起到非常好的效果。如《唐律疏议卷·贼盗律》卷二十第289条："诸因盗而过时杀，伤人者，以斗杀、伤论。到死者加役流。"《唐律疏议》解释为："因行盗窃而过失杀、伤人者，以其本有盗意，不从'过失'收赎，故以斗杀，伤论。其杀、伤之罪到死者，加役流。"这样的解释非常清晰地说明盗窃行为伴随致人死亡、伤残的结果的处理。明清时期，私家注释较为盛行。这种私家注释一旦得到官方的认可与采纳，其地位便上升至指导刑事法律立法和适用的具有法律效力的解释。在未被官方采纳之前，其性质类似于当今的学理解释，仅属于学说范畴，并不具备法律效力。律令的实施需要解释才能更便于贯彻实施，才能将古代之礼寓于律中以实现统治者的治理。

（三）中国解释学的形成

在中国传统文化资源丰富的基础和前提下，随着现代化和全球化的进程加速，中国文化面临着外来文化的冲击和融合。如何在保持传统文化精髓的同时，实现文化的现代化和国际化，成了一个亟待解决的问题。在这样的环境下，需要对传统文化进行研究和阐释，以从传统经典中找出适用当下社会的文化，积极回应当下外来文化的挑战，这就需要运用经典，解释经典，于是中国解释学便有了产生并形成的环境。同时，随着学术研究的不断深入，我国学者立足本国，开始更加关注传统文化的内在价值和现代意义。他们试图通过新的理论和方法，对传统文化进行重新审视、解读和阐释，从而推动传统文化的创造性转化和创新性发展，以适应当下社会需要。在我国解释学的形成过程中，学者结合中国传统文化的实际情况，进行了大量的理论探索和学术积累。这些工作为中国解释学的产生奠定了坚实的理论基础。同时，我国学者对中国传统文化中的经典文献进行了系统的梳理和研究，特别是对其中的注释历史进行了深入的分析。他们发现并认为，中国传统文化中存在着丰富的解释经典的传统和方法，这些方法和原则对于现代解释学的构建具有重要的启示意义。在解释理论和哲学的结合上，在经典注释历史的梳理过程中，我国学者逐渐形成了具有中国特色的解释理论。他们将这些解释理论与哲学相结合，从而构建了具有我国特色的解释学体系。这一体系不仅具有深厚的文化底蕴，还具有鲜明的时代特色。

在中国，解释学的形成时间是一个相对模糊的概念。这一概念涉及学术思想的发展、研究者的贡献，以及学术界的广泛认可等多个层面，因此，要明确给出一个具体时间极为困难。中国解释学的形成，可以追溯到对传统文化和经典文献展开深入研究与反思的历程之中。在中国历史上，经典注释一直是一个重要的学术传统和方法，从《左传》等早期经典注释作品开始，到后世的各类经学著作，都为中国解释学的形成提供了丰富的思想资源。这些注释活动不仅是对经典文献的解读和阐释，也包含了丰富的解释学思想和方法。而在现代解释学上，大约从1978年开始，中国学者开始接触并研究当代西方解释学，这也为中国解释学的形成提供了理论参考和启示。中国的研究者逐渐将解释学理论与中国的传统文化相融合，从而形成了独具中国特色的解释学思想。虽然无法给出中国解释学形成的具体时间，但我们可以从一些重要的事件和研究成果中看到其形成的轨迹。例如，一些学者在20世纪90年代就开始探讨创建中国解释学的可能性，并提出了相关的学术主张。随着时间的推移，越来越多的学者加入这一研究领域，形成了较为完整的学术体系和研究方法。可见，中国解释学的形成是一个长期而复杂的过程，它涉及学术思想的萌发、现代学术研究的推进以及学术界的认可与推动等多个方面。虽然无法给出确切的形成时间，但可以肯定的是，中国解释学已经在中国学术界占据了重要地位，并对传统文化和现代文化的研究产生了深远影响。

（四）"解释"的解释

解释是我们生活中极为常见的活动，它无时无刻不存在于我们的生活之中。然而，要给"解释"下一个完整的定义，却并非易事。在我国的有关字、词典中，对其解释也存在细微差别。如《现代汉语词典》对"解释"的注解是："（1）分析阐明……；（2）说明某事物的含义、原因、理由等……"[1]《辞海》对解释的注解为：

---

〔1〕 中国社会科学院语言研究所词典编辑室：《现代汉语词典》，商务印书馆1980年版，第573页。

"(1)消除;(2)分析说明……"[1]根据两词典对"解释"的解释可知道,在我们的日常生活中"解释"有如下几种含义:(1)消除困惑或误解;(2)把不知道的变为已知道的;(3)提示含义、阐述原因、陈述理由。在中英文翻译的对应词汇上,"解释"对应"explanation"和"interpretation"两个词汇。《英汉大辞典》将"explanation"解释为:(1)解释、说明、阐述;(2)辩解、辨明;(3)(消除与误解的)交谈、谈心、互相讲明。[2]《英汉大辞典》将"interpretation"解释为:(1)解释、说明、阐明;(2)表演、演奏、艺术处理;(3)翻译、口译……(4)译释、判读。[3]由此可见,两词汇均有"解释、说明、阐明"的含义;"explanation"具有"消除与误解的"的意思,而"interpretation"不具有;"interpretation"具有"翻译、口译……"的意思,而"explanation"不具有。由此可见,在日常生活中,涉及法律解释时的解释既有"explanation"具有的"消除与误解的"意思或含义,又具有两者都具有的"解释、说明、阐明"的含义。

"解释"普遍存在于社会生活之中,不同学者对"解释"的定义有所不同,有学者认为:"解释就是对用来表达思想的任何符号的真实含义的发现和描述。"[4]该种观点认为解释是对思想符号的真实表达。也有学者认为:"'解释',最终是个术语问题。关键在

---

〔1〕 夏征农主编:《辞海》(下卷),上海辞书出版社2000年版,第5606页。

〔2〕 陆谷孙主编:《英汉大辞典》(第2版),上海译文出版社2007年版,第654页。

〔3〕 陆谷孙主编:《英汉大辞典》(第2版),上海辞书出版社2007年版,第992页。

〔4〕 Lieber, *Legal and Political Hermeneutics: Principle of Interpretation and Construction in Law and Politics*, F.H.Thomas, 64(1880).

于，它们事实上能与作为对他者所提出之对象进行理解的解释区分开来。”[1]该种观点认为解释是对对象进行理解性的区别。还有学者认为：“解释乃是一项媒介行为，借此，解释者将他认为有疑义文字的意义，变得可以理解。”[2]该种观点认为解释是一种沟通的媒介，是使疑义变得可以理解，让人更加明白。可见，不同主体对“解释”的理解因立足点、侧重点等的不同而有所区别。解释也常用于说明、解释概念。“解释概念用来承担一种说明作用，它看来相当普遍地代表一种媒介：任何处于法律规则之确定与其在特殊案件中的适用之间的媒介。‘解释’是一个过程和方法，通过解释，使一个否定就会不确定的规则与这些案件相关联，并因此被赋予具体的含义。”[3]“解”在中国字的构成上是一个会意字，表示用刀把牛角剖开，本义指分解牛，后泛指剖开。“释”本义是将一物质溶于另一物质中。“解释”形成词组普遍认为是指将某事物说清楚讲明白，使人更加清楚明白和接受，“即所谓的解释就是说明，是把不清楚的文本和事实以及它们之间的关系说清楚；清楚的东西不需要解释，越解释反而越来混乱”[4]。“解释”必须是解释者对该解释对象有深入的理解后的阐释行为，否则所为之解释就是越解释

〔1〕［德］罗伯特·阿列克西：《法　理性　商谈：法哲学研究》，朱光、雷磊译，中国法制出版社 2011 年版，第 64 页。

〔2〕［德］卡尔·拉伦茨：《法学方法论》，陈爱娥译，商务印书馆 2003 年版，第 193 页。

〔3〕［德］马丁·斯通：《聚焦法律：法律解释是什么》，载［美］安德雷·马默主编：《法律与解释：法哲学论文集》，张卓明、徐宗立译，法律出版社 2006 年版，第 55 页。

〔4〕陈金钊：《法律解释学——权利（权力）的张扬与方法的制约》，中国人民大学出版社 2011 年版，第 28 页。

反而越混乱。在日常生活中，还应当将与解释有关的“理解”“说明”区别开来。“‘理解’指解释者对法律文本意思的内心把握；‘说明’指对理解结果的外在展示。简单地说，法律解释就是解释者将自己对法律文本意思的理解通过某种方式展示出来。”〔1〕在法律解释活动中，应当是先有对法律的理解，然后才有对法律的解释这样一种认识的阶序。

在思考法律解释的时候，我们首先要明白另一个极易与之相互混淆的词汇，即“理解”。什么是理解呢？理解是主体对客体的认识，是主体对客体本质属性的一个较为客观的把握。理解是对事物由不知到知之的过程。它是一个内在的，无须对外表现和展示出的一种心知状态。解释则是在观察事物的基础上再进行思考，合理、全面地说明事物本质原因及事物之间的联系，或对事物发展根本规律等的认识。解释往往是将自己“心知”的事物本质展现出来，予以别人知晓以示正确性。正如郭道晖教授所言：“解释是人类认识事物的一种过程和方法。”〔2〕因此，“解释”往往是需要展示出来，而理解是一种内化的状态。

司法解释并非现代法治社会所独有的新问题，其实在古代就已经存在。1975 年 12 月在湖北省云梦县睡虎地出土的《法律答问》就是以问答的形式对秦律某些条文的精神实质和其中的名词术语所进行的解释。在唐永徽三年（652 年），当时的中央与地方对法律条文理解不一致，导致适用出现不同标准，唐高宗下令召集

〔1〕张志铭：《法律解释操作分析》，中国政法大学出版社 1998 年版，第 16 页。

〔2〕郭道晖：《法理学精义》，湖南人民出版社 2005 年版，第 320 页。

律学通才和一些重要臣僚对《永徽律》逐条逐句地解释，以期待统一的解释适用。历时1年多，撰《律疏》30卷奏上，与《永徽律》合编辑在一起，在永徽四年（653年）十月经高宗批准，将疏议分附于律文之后颁布施行，称为《永徽律疏》。到元代后，人们以疏文皆以“议律”字始，所以《永徽律疏》又被称为《唐律疏议》。疏议对全篇律文作出权威性的统一法律解释，给当时司法审判实践带来便利，据《旧唐书·刑法志》记载，（当时的）“断狱者，皆引疏分析之”。可见，当时的法律解释就引起官方足够的重视，为了得到统一的适用标准，皇帝亲自下令对法律作出统一的解释以适用于具体案件。

法律解释对于司法实践是非常重要的，从某种意义上讲，没有对法律条文的解释就没有法律条文的适用。“法律解释的基本含义是在现有法律的范围内把不清楚的法律讲清楚，解释的视野被严格限定在法律上，对解释的结果的合理性，合法性不允许任意发挥。”〔1〕法律解释的目的就是法律更好地、统一地适用于司法。

（五）法律解释

对于法律解释，学者们在讨论时通常会将其概念区分为广义和狭义两种。广义的法律解释，是指有关国家机关、组织团体或公民个人，为了适用和遵守法律规范，根据有关法律规定，结合法律精神，应用法律原则，根据法治理念或自己的理解，对现行法律规

〔1〕 陈金钊、焦宝乾、桑本谦等：《法律解释学》，中国政法大学出版社2006年版，第7页。

范或法律条文的内容、含义以及所使用的概念、术语等所作的说明。说它是广义的解释，是因为解释主体具有广泛性，解释方法具有多样性，解释对象具有多重性等。它不是指特定的国家机关的专门活动。

狭义的法律解释，是“特指有权的国家机关依据一定的标准和原则，依据法定的权限和程序，对法律的字义和目的所进行的阐释”[1]。这个概念的定义是相对于广义含义而言的，是特定机关作出的解释，解释主体具有法定性。在我国司法解释体制中，法律规定解释主体是全国人大常委会，但是鉴于全国人大常委会的法律解释业务与司法办案法律适用实践没有直接业务关联性，对具体应用法律问题的了解不够充分，全国人大常委会根据实际情况将法律解释权授予最高人民法院和最高人民检察院（以下简称“两高”），即（1）凡关于法律、法令条文本身需要进一步明确界限或作补充规定的，由全国人大常委会进行解释或用法令加以规定。（2）凡属于法院审判工作中具体应用法律、法令的问题，由最高人民法院进行解释；凡属于检察院检察工作中具体应用法律、法令的问题，由最高人民检察院进行解释。“两高”的解释如果有原则性的分歧，报请全国人大常委会解释或决定。（3）不属于审判和检察工作中的其他法律、法令如何具体应用的问题，由国务院及主管部门进行解释。由此可知，“两高”在自己的职能范围内对具体应用法律问题进行解释，全国人大常委会的授权形成了我国司法解释

〔1〕 孙国华、朱景文主编：《法理学》，中国人民大学出版社1999年版，第336页。

的二元体制模式。“两高”在各自的司法职能范围内，对具体应用法律需要进行释义，如“情节严重”“数额巨大”“近亲属”“以上”等。“两高”的解释都应当立足于自己的职权范围内，不得越权解释，更多还需协同解释、合作解释。

广义的法律解释可以根据不同的标准进行分类。通常有如下几种划分：

一是依据解释主体和产生的法律效力划分，可分为正式解释和非正式解释。正式解释又被称为法定解释或官方解释或有权解释，是指获得授权的国家机关在其授权范围内对法律文本作出具有普遍法律效力的解释。其中正式解释又分为立法解释、行政解释和司法解释。在我国法律解释体系中，“两高”属于国家司法机关，因此，“两高”所作的司法解释属于正式解释中的司法解释。非正式解释也称为无权解释，是指未经授权的国家机关、社会团体和公民个人对法律规范所作出的没有约束力的解释。该类解释又可细分为任意解释和学理解释。任意解释是指当事人、辩护人、其他与案件无利害关系的人等个体对法律所作出的解释，没有任何法律约束效力。严格来讲，这里的“解释”只是个体对法律理解的对外陈述，而不属于法律解释。但是，这些个体在司法实践中可能会基于自己对法律的理解，形成所谓的“法律解释”，并对司法工作人员产生一定的影响，如影响检察官在侦查活动中对案情是否构成犯罪的认定等。学理解释是指学术研究机构或团体、个人，对法律规范所作的解释，如“专家意见”。由于该类解释属于非法定机构所作出的解释，因此没有法律效力。但是，该类解释在各国法制建设中都曾起到积极的作用。一般来说，该类解释出自专家、学者之手，因此具有很高的理论性和系统性，常常被立法所采纳，以推进法治建设。

二是根据所使用的方式和产生效力的范围，可分为规范性解释和个别性解释。规范性解释的适用范围涵盖一切场合、环境与对象，具备普遍的约束力，是根据立法精神、法律原则等对法律进行的解释。“两高”在司法实践中作出规范性司法解释常常以“意见”“规定”“通知”等形式表现出来，对司法实践具有普遍的效力。个别性解释是依据具体的情况、特定的场合及环境所作出的，仅针对个别案例，不具备普遍约束力的解释。如在司法实践中常常出现县级人民检察院遇到法律适用困境时向其所属的市级检察院或省级检察院逐级报请案情以期待最高人民检察院作出指示，并以此指示来处理案件，最高人民检察院在此种情况下往往以“解释”“答复”“批复”等形式作出个别规范性司法解释。同时，“两高”在作出个别规范性解释时也常常以司法解释性文件下传下级司法机关或采用公报方式公布。因此，该类针对个案的个别性司法解释也具有普遍约束效力。

法律本身的属性决定了法律在司法实践中需要解释才能更加适合司法实践。法律解释是对法律文本应用于司法实践的再说明，是司法实践中不可回避的问题。司法工作人员适用抽象的法律文本于具体案件时，遇有法律适用的疑惑，就需要有司法解释来解决，司法解释便应运而生。最高人民检察院司法解释是对“凡属于检察院检察工作中具体应用法律、法令的问题”的解释，属于法律解释范畴。当然，最高人民检察院司法解释是特定司法机关的司法解释，除有法律解释的共性外，还具有自己的个性。对其个性将在后文中逐一阐述。

随着社会的发展，人类文化的演进，解释的含义更加丰富了。在每个人的日常生活里，解释可谓无处不在。离开了解释，人们便无法顺畅沟通，解释已然成为生活中一种行之有效的交流手段。没有解释，误解就极易发生。为了准确理解和接收别人的意思，解释是必不可少的。正是因为有了解释，社会才充满了和谐。因此，解释成为生活的重要方式之一。“自从人类诞生以后，语言就和人结下了密不可分的关系。人的一切想法和活动总是包含着一定意义的。语言不仅始终伴随着人的所有活动，而且所有的意义都要通过语言来进行表示、传达，这样理解和解释才能得到最终的实现；反过来，也可以把人的一切的想法和活动都归之于语言的活动，离开了语言，人的任何思想和活动都无法进行。因此，从某种意义上说，人的最基本的特性就在于人是一种使用语言的存在物，而且这一特性是人之外的任何存在物所不具备的，人之为人就在于人能创造语言、使用语言并通过语言来理解和把握自身和自身以外的世界。”〔1〕语言传递过程中，传递者有其自身的意旨。为确保听者能原原本本接受这一意旨，就需要进行解释，唯有通过解释才能还原传递者先前的本意。语言是人类延续和传承的重要媒介之一，在语言的传递中自然需要解释。“由于语言本身的多样性、

〔1〕 徐良：《现代西方美学的语言释义学倾向》，载《西北师大学报（社会科学版）》1995年第3期。

多义性和多层次的丰富内涵，以及语言作品同人们时空上的差异，使人们有必要对语言及语言作品（文本）进行一定的解释和阐述，以避免误解。”〔1〕因此，从此意义上讲，解释成为人类生活的必要手段和方式，没有“解释”的社会极有可能是一个矛盾的社会，是一个极可能时时处于纷争的社会。因为，如果没有解释，人与人之间就容易产生误会，进而造成一定的隔阂与阻碍，以致矛盾出现。

二、刑法解释

（一）刑法概念概说

回答什么是刑法解释这一问题前，首先必须对刑法的概念有正确的认识。关于刑法的概念，不同学者有不同的观点。有学者认为：“刑法就是规定什么行为构成犯罪和给予何种刑罚以保护社会免受侵害的法律。”〔2〕此观点指出，刑法一方面明确什么是犯罪以及犯罪后应给予的刑罚，另一方面则以保护社会免受侵害为目的。也有学者认为：“刑法就是规定对违反禁止、命令（规范）的行为给予刑罚制裁的法律。因此，如果采用形式定义，刑法就是有关犯罪与刑罚的法律。但是，从实质而言，刑法是通过预告刑罚这样的制裁并予以实施，已在精神上控制犯罪人之行动的法律。”〔3〕该

〔1〕 徐良：《现代西方美学的心理学释义学倾向》，载《西北师大学报（社会科学版）》1994 年第 3 期。

〔2〕 储槐植：《美国刑法》，北京大学出版社 2012 年版，第 1 页。

〔3〕 [日]西田典之：《日本刑法总论》，刘明祥、王昭武译，中国人民大学社 2007 年版，第 4 页。

观点认为，刑法所针对的是违反禁止性规范和命令性规范的行为，这一观点是基于法律义务中要求行为人应为或不应为的标准来进行区分的。事实上，命令性和禁止性规范并不仅限于刑法规范中，因此，该观点是不妥当的。还有学者认为："刑法是规定犯罪与刑罚的法律。"[1]"刑法是关于犯罪、刑事责任和刑罚的法律，是国家基本法律之一。在现代法治社会中，刑法发挥着保障人权与保卫社会的重要功能，扮演着事关社会稳定与文明发展的重要角色。刑法学是研究刑法及其所规定的犯罪、刑事责任和刑罚的立法、司法及其发展规律的科学。"[2]该观点将刑事责任与犯罪和刑罚并列，认为刑法的内容包括犯罪、刑事责任和刑罚。在刑法理论上，刑事责任属于犯罪构成要件中的主观谴责方面，在行为人主观支配下实施了客观侵害的行为，这属于犯罪的构成要件内容。也即无论是从刑法理论，还是从刑法规范来看，刑事责任均不应当成为与犯罪和刑罚并列的内容。鉴于此，将刑事责任与犯罪和刑罚并列作为刑法概念的观点是不准确的。还有学者认为："刑法，就是规定什么样的行为是犯罪、对该行为应当予以什么样的处罚的法律。"[3]"以国家名义预告何种行为是犯罪和应给犯罪人以何种刑罚处罚，以有效对付犯罪和积极预防犯罪的法律。"[4]该观点将有效对付犯罪和预防犯罪纳入刑法概念，在刑法概念中阐述了刑法

---

〔1〕 陈兴良：《规范刑法学》(上册)，中国人民大学出版社 2013 年版，第 15 页。

〔2〕 高铭暄、赵秉志编著：《新中国刑法学研究 60 年》，中国人民大学出版社 2009 年版，前言第 1 页。

〔3〕 黎宏：《刑法学》，法律出版社 2012 年版，第 1 页。

〔4〕 周光权：《刑法总论》，中国人民大学出版社 2016 年版，第 12 页。

功能。关于两大法系中刑法的概念的区别，周光权教授进行了全面的评述："大陆法系国家大多重视惩罚结论的妥当性，强调刑法与犯罪的相当性，看重刑法部分所以将惩治犯罪的法律称为刑法；英美法系重视在判例法上对犯罪的甄别、判断和防范，称惩罚犯罪的法律为犯罪法。"〔1〕通过上述对刑法概念定义的形式与实质的分析，不同法系、不同学者对刑法的概念理解存在细微区别，总结后可知，关于刑法，有三种典型观点：(1)刑法是规定犯罪与刑罚的法律；〔2〕(2)刑法是规定犯罪、刑事责任与刑罚的法律；〔3〕(3)"刑法是规定犯罪及刑事责任的法律规范的总和。"〔4〕上述定义中，笔者认为"刑法是规定犯罪与刑罚的法律"这一定义更具有合理性，且更易于被社会所接受。

（二）刑法解释

刑法学可以划分为如下四类：规范刑法学、理论刑法学、比较刑法学和国际刑法学。〔5〕规范刑法学是以其本国刑法为研究对象，在研究方法上主要采用注释的方法解释法条的基本内容，并加以释义形成的刑法学知识体系。理论刑法学是指采用思辨方法，对蕴含在法条背后对法条起支撑作用的法理加以阐述而形成的刑法知识体系。在理论刑法学中，按照其内容又可以分为刑法法理学

---

〔1〕 周光权：《刑法总论》，中国人民大学出版社2016年版，第12页。

〔2〕 参见高铭暄主编：《中国刑法学》，中国人民大学出版社1989年版，第1页。

〔3〕 参见赵秉志、吴振兴主编：《刑法学通论》，高等教育出版社1993年版，第10页。

〔4〕 苏惠渔主编：《刑法学》，中国政法大学出版社1994年版，第13页。

〔5〕 参见陈兴良：《规范刑法学》(上册)，中国人民大学出版社2013年版，第2页。

与刑法哲学，这两者都是对刑法深层次理论问题的探讨。理论刑法学的研究对象主要包括以下两个方面：一是刑法法理学，其研究的是刑法的基本理论、基本原则和基本范畴，如刑法的性质、功能、目的、价值等，以及刑法与其他法律部门之间的关系；二是刑法哲学，其研究侧重于对刑法深层次哲学问题的探讨，如刑法的正义性、刑法的人权保障机能与法益保护机能的平衡、刑法的罪刑法定原则等。比较刑法学是刑法学的一个重要分支，通过对世界各国的刑法，从刑事立法、刑事司法实践和刑法学理论上进行相互对比，旨在找出其差异点和共同点，并从其发展、联系中寻找科学规律的法律科学。在研究内容上主要是刑事立法比较、刑事司法实践比较、刑法学理论比较等。在研究方法上主要采取比较方法、历史方法、刑事司法实践比较等。国际刑法学是指对国际刑事法律规范（包括刑事实体法规范和刑事程序法规范）进行研究而形成的刑法知识体系，它是一门涉及国际法和国内刑法两个学科的融合学科，主要研究国际犯罪、国际刑事司法体系、国际刑事合作等问题。

刑法解释在方法上，是指对刑法适用中所采用的具体路径或方法。关于刑法解释的概念也有不同学说。有学者认为："刑法解释是对刑法规定用语的意义进行说明，是赋予刑法规范特定含义的思维或实践过程。"[1]该观点认为，刑法解释是对刑法用语的意义进行说明，并将其确定为刑法规范的一种思维和实践过程。有

---

〔1〕 黎宏：《刑法学》，法律出版社 2012 年版，第 10 页。

学者认为:“刑法解释就是对刑法规范含义的阐明。”[1]该种观点认为刑法是一种规范,对其进行解释是对规范的阐明。该观点将刑法与刑法规范视为等同,这一认知深受苏联刑法学观点的影响。有学者认为:“刑法解释就是阐明刑法规范的含义及其适用。”[2]该观点认为刑法解释是阐明刑法含义,并将其含义适用于实践的学说。也有学者认为:“刑法的解释,就是对刑事法律的意义、内容及其适用所作的说明。”[3]该观点将刑事法律的意义、内容和适用作为刑法解释的对象,刑法的适用其实就是一个刑法解释的过程,因此该观点呈现一定的混淆。还有学者认为,刑法解释“是对刑法规范的内容、含义及其适用的原则等进行阐释”[4]。该观点增加刑法原则作为解释的对象,并用了一个“等”字,似乎刑法解释的对象不止于内容、含义和原则,这种用“等”字等范围副词对概念进行定义的方法本身就是不可取的。定义本身应当具体而准确,使人们在看到该定义时,只能联想到一种明确的事物,而不是模糊、不确定的概念。也有学者认为:“所谓刑法解释,是指国家权力机关、司法机关或者其他机关、社会组织、人民团体、法律专家、学者、司法工作者或者其他公民个人,对刑法规定的含义进行阐明的活动,或者这些主体对刑法规定含义进行阐明的结论。”[5]然而,这一观

---

〔1〕 参见高铭暄主编:《中国刑法学》,中国人民大学出版社1989年版,第41页。

〔2〕 胡新主编:《新编刑法学(总论)》,中国政法大学出版社1990年版,第20页。

〔3〕 杨春洗等:《刑法总论》,北京大学出版社1981年版,第71页。

〔4〕 金凯、章道全主编:《中华人民共和国刑法简明教程》,山东人民出版社1987年版,第20页。

〔5〕 李希慧:《刑法解释论》,中国人民大学1993年博士学位论文,第49页。

点在将刑法解释的主体进行概括性列举并纳入刑法解释概念时，忽略了刑法解释的法律适用性特征。实际上，只有具备刑法解释权的主体，如国家权力机关和司法机关，才能对刑法进行具有司法效力的解释。社会组织、人民团体、法律专家、学者、司法工作者以及其他公民个人等，虽然可以对刑法进行学理上的解释，但这种解释并不具有司法效力。因此，该观点有不妥当之处。张明楷教授认为："刑法解释是指对刑法规定意义的说明。"[1]对于刑法解释的概念，上述学者从不同的角度分析刑法解释，各有其理解和侧重点。因此，在概念上就难以得到完全一致的表述。在笔者看来，刑法解释产生于刑法适用过程中，并且存在一个关键的问题，即解释效力的主体问题。并非所有主体对刑法的解释都具有法律效力。因此，笔者所理解的刑法解释，是指有权解释主体在刑法适用过程中，对刑法文本所进行的具有法律效力的适用解释。在我国司法体制下，对刑法解释的主体有全国人大常委会、最高人民法院和最高人民检察院。

（三）立场

人类社会在不同历史阶段均受到时空、环境的制约和影响，因此，人类（或个体）会有意识地做出选择。而在做出选择时，必然会面临多种因素的考量，这些因素要求选择者秉持某种立场去行动。简言之，有选择就意味着有立场。同时，只有秉持正确的立

〔1〕 张明楷：《刑法学》（第4版），法律出版社2011年版，第32页。

场，才能做出正确的选择，进而才能体现出选择立场的价值。“立场”一词在我们的生活中无处不在，经常有人会问：“你持什么立场？”或者“你的立场是什么？”那么，究竟什么是立场呢？近年来，“立场”一词在法学研究和法律实务中也频繁出现，因为法学研究和法律实务中常常需要面对诸多选择，而选择者就必须做出选择。一旦涉及选择，就必然要求选择者持有明确的立场。

在《现代汉语词典》中“立场”通常有如下意思：（1）认识和处理问题时所处的地位和所抱的态度；（2）特指阶级立场。在人们的观念里，“立”是某主体所在位置，而“场”是某事物辐射范围或面积的多少。因此，在法学研究或法律实务语境中常讲到的“立场”意即对某法（或法律）的认识和遇到法律问题时所应当处于何种地位和抱有何种态度。

三、刑法立场与刑法解释立场

在研究刑法解释立场前，我们须对刑法立场有全面的了解。刑法规定的内容是犯罪与刑罚。故此，刑法立场就是对犯罪和刑罚持有何种态度。人类社会的历史是一个演进过程，对刑法的认识和所持态度也必然存在一个演进的过程，是一个逐渐走向更加文明和法治的过程。在人类社会早期，对于侵害他人身体和生命、侵犯他人财产、破坏族群共同生活秩序等行为，惯用的是原始的、野蛮的、血腥的“以眼还眼，以牙还牙”的同态复仇方式，那是刑法缺位的时代。在国家出现以后，为了维护政权，统治者对刑法颇为热衷，因为这对于维护其政权具有很好的价值功能，发挥着显著作用。古代刑民不分，诸法合体，更不用谈人权、被害人权利保障等现代法治观念上的权利，在那时刑法的立场主要是维护统治秩序。近代以来，因经济交往频繁、工业的兴起等，要求民商事法律与刑法相区别，在逐渐形成国家权力所支配的政治领域的同时，也展现出个人可以自由支配的领域。社会二元化结构逐渐形成，在这样的背景下刑法逐渐褪去其先前无所不包的权域，只能在刑事领域内发挥其功效，而不涉及民商事领域，刑民逐渐分离，出现刑法立场。近现代以来，人类文明快速发展，带来了刑法理论的不断创新，价值观念的不断更新等，展现于现实社会，国家更安定，政府权力不断得到限制，人民权益不断得到保障，社会秩序更加有序。这些无不与刑法解释立场的选择有关，体现出刑法解释立场在不断兼顾国家、社会和个人等社会主体所需所求，以实现平衡和正义。

刑法解释立场是随刑法的完善而不断演进的。在一个社会，刑法需要去规范什么样的行为、维护什么样的社会秩序、保障什么样的法益等，都来自当时时空中国家、社会和个人等主体的现实需要，还取决于此时社会文明的进步程度等。这些因素决定了刑法应当持有什么样的立场，从而通过立法的形式将其形成《刑法》文本，实施于司法实践。刑法解释立场就是在刑法适用中，面对《刑法》文本的适用应立足于什么场域、持什么态度、对刑法的适用采用什么样的解释观并具体适用于什么案件。在司法实践中，由于刑法立法技术问题反映出其文本本身的不足，如立法概括的局限性、刑法规范中存在漏洞、刑法文本语言的模糊、刑法文本中文字多义、刑法立法的滞后性等原因，在刑法适用过程中就需要对文本进行解释才得以正确适用，而解释中持有何种立场事关案件结论的公正性。因此，在解释过程中秉持什么样的刑法解释立场最为重要。刑法解释持有不同的立场时，就会得出不同的解释结论，产生不同的刑法适用效果。一旦持有的解释立场出问题，就可能导致应当被处罚之人，逃出法网；或是不应当刑罚之人，受到了刑罚等，使刑法偏移刑罚目的，或失去社会治理功能，或出现罪责行不相适等。因此，持正确刑法解释立场解释是刑法价值得以实现的根本途径，是法治国家所必须遵循的有效治理途径。

第二节 刑法解释基本要素

一、刑法解释的主体

法律要更好地适用于具体案件，必须进行解释。法律解释有主体资格之分，解释主体源于不同的场合。“法律解释主体的范围取决于解释场合的认识。”[1]如果将法律解释限定在研究领域，那么法律解释的主体就包括那些对法律进行研究的人，如司法裁判者、法学专家以及当事人等；如果将法律解释限定在司法裁判过

〔1〕 张志铭：《法律解释操作分析》，中国政法大学出版社 1998 年版，第 23 页。

程中，那么法律解释的主体就是司法机关，如法院和检察院；如果将法律解释限定在抽象的立法领域，那么法律解释者就是立法者本身。

按照学界惯常的划分，法律解释根据解释主体和效力的不同，可以分为学理解释和法定解释。学理解释是不具有法律解释权限的主体基于自己对法律的理解而作出来的解释。法定解释又称为有权解释，是具有法定解释权的国家机关对法律作出来的具有普遍适用效力的解释。具体到刑法解释的主体而言，刑法解释的有权主体为全国人大常委会、最高人民法院和最高人民检察院。根据这三机关的性质不同又划分为全国人大常委会和刑法司法解释主体，其中，刑法立法解释主体唯有全国人大常委会，刑法司法解释主体有最高人民法院和最高人民检察院。

在我国，法律解释被视为一项特定权力，“把解释法律作为一种权力，并把这种权力归诸于少数法定主体，实际上反映了一种对法律解释活动的垄断或控制观念”[1]。这种观念在我国得到确立并得到广泛认同，在具体实践中还被权力机关通过法定形式予以法定化和授权化。法律解释主体的法定化最先出现在《宪法》中并予以明确。1954 年《宪法》规定了全国人大有权解释法律，随后的 1975 年和 1978 年《宪法》均保留了此项规定，1982 年《宪法》再次对此项权力加以明确，规定由全国人大常委会行使。刑法解释主体授权化始于 1955 年发布的全国人大常委会《关于解释法律问

〔1〕 张志铭：《法律解释操作分析》，中国政法大学出版社 1998 年版，第 25 页。

题的决议》(已失效),该决议明确规定,凡属于关于法律、法令条文本身需要进一步明确界限或作补充规定的解释权规定由全国人大常委会进行解释,凡关于审判过程中如何具体应用法律、法令的问题,由最高人民法院审判委员会进行解释。1981年,全国人大常委会通过了《关于加强法律解释工作的决议》,其中将刑法解释主体的权力范围扩大到了最高人民检察院和国务院主管部门。基于刑法解释主体中有权解释主体的立场,下文将探讨刑法解释主体中的刑法司法解释主体。

二、"两高"司法解释权力之来源

(一)法律法规对司法解释权的授权

根据我国《宪法》的规定,解释法律是全国人大常委会行使的职权之一。1955年6月,全国人大常委会作出的《关于解释法律问题的决议》(已失效)第2条规定:"凡关于审判过程中如何具体应用法律、法令的问题,由最高人民法院审判委员会进行解释。"该规定明确指出,审判工作中具体应用法律、法令的问题,由最高人民法院审判委员会负责作出解释。1981年6月,全国人大常委会在《关于加强法律解释工作的决议》第2条中更进一步规定:"凡属于法院审判工作中具体应用法律、法令的问题,由最高人民法院进行解释。凡属于检察院检察工作中具体应用法律、法令的问题,由最高人民检察院进行解释。最高人民法院和最高人民检察院的解释如果有原则性的分歧，报请全国人民代表大会常务委员会解释或决定。”该决议明确了最高人民法院和最高人民检察院的司法解释权的法律依据。在此之前，最高人民检察院也制定司法解释，但是该权力没有得到法律的明确授权。在1983年修订的《人民法院组织法》第33条中规定：“最高人民法院对于在审判过程中如何具体应用法律、法令的问题，进行解释。”该规定指出，最高人民法院是作出司法解释的机关，而并非仅限定于最高人民法院的审判委员会。

因此，最高人民检察院真正的有权解释是在1981年之后，之前所作出的司法解释虽没有法律明确授权，但是在当时的条件下是得到默认的。这是特定历史条件所形成的司法解释的实践实务。通过对中华人民共和国成立以来“两高”联合或单独出台的司法解释的收集整理，我们知道，中华人民共和国第一个司法解释是最高人民法院于1950年1月8日发布的《华东分院关于财产刑罚使用问题的指示》，第一个最高审判解释是最高人民法院于1950年5月29日发布的《关于送卷手续及整理诉讼卷证应注意事项的通报》，第一个最高人民检察院解释是原最高人民检察署于1952年10月18日发布的《关于处理战犯、汉奸、官僚资本家及反革命分子财产的初步意见》，第一个“两高”联合解释是最高人民法院、原最高人民检察署、司法部于1951年9月29日发布的《关于判处徒刑的反革命分子亦与判处死刑的一样一律不准上诉的指示》。在司法解释的权限上，法院作为司法机关在法律适用过程中解释法律，这一做法在世界各国几乎未受到质疑，其司法属性已深入人心。然而，检察院的司法属性却一直以来备受质疑和批判，在我国也不例外。对此，应当结合一国的国家制度构建来正确认识检察机关的司法属性及其所享有的权限。

（二）法律对最高人民检察院司法解释权的确认

2006 年 8 月 27 日，《各级人民代表大会常务委员会监督法》颁布，该法第五章专章规定了“规范性文件的备案审查”，其第 31 条、第 32 条、第 33 条中明确规定了最高人民检察院在检察工作中对具体应用法律的解释的备案制度和“两高”在司法实践中具体应用法律所作出解释的冲突的解决办法。[1]这是我国法律第一次明确确认最高人民检察院的司法解释权。对于最高人民检察院开展司法解释工作，以及解决社会纠纷、维护社会正义，都具有重大

---

〔1〕《各级人民代表大会常务委员会监督法》(2006 年）第 31 条规定：“最高人民法院、最高人民检察院作出的属于审判、检察工作中具体应用法律的解释，应当自公布之日起三十日内报全国人民代表大会常务委员会备案。”第 32 条规定：“国务院、中央军事委员会和省、自治区、直辖市的人民代表大会常务委员会认为最高人民法院、最高人民检察院作出的具体应用法律的解释同法律规定相抵触的，最高人民法院、最高人民检察院之间认为对方作出的具体应用法律的解释同法律规定相抵触的，可以向全国人民代表大会常务委员会书面提出进行审查的要求，由常务委员会工作机构送有关专门委员会进行审查、提出意见。前款规定以外的其他国家机关和社会团体、企业事业组织以及公民认为最高人民法院、最高人民检察院作出的具体应用法律的解释同法律规定相抵触的，可以向全国人民代表大会常务委员会书面提出进行审查的建议，由常务委员会工作机构进行研究，必要时，送有关专门委员会进行审查、提出意见。”第 33 条规定：“全国人民代表大会法律委员会和有关专门委员会经审查认为最高人民法院或者最高人民检察院作出的具体应用法律的解释同法律规定相抵触，而最高人民法院或者最高人民检察院不予修改或者废止的，可以提出要求最高人民法院或者最高人民检察院予以修改、废止的议案，或者提出由全国人民代表大会常务委员会作出法律解释的议案，由委员长会议决定提请常务委员会审议。”

的现实意义。以法律的形式将最高人民检察院的司法解释给予肯定，使其在司法实践中名正言顺。

面对受质疑的检察机关司法解释权，学术界和实务界也有人纷纷立足我国制度论证检察机关司法解释权的价值和实质合理性，并积极主张检察解释权法律明确化。在价值层面，最高人民检察院的司法解释具有如下重要意义：一是保障检察人员准确理解法律，促进司法办案标准的统一；二是弥补立法及立法解释的滞后性，为立法或立法解释积累司法实践经验；三是消除司法机关之间对具体应用法律问题的认识差异，促进司法公正，维护司法权威。〔1〕在实质合理性层面，最高人民检察院的司法解释展现出以下合理性：一是检察价值合理性，确保法律的统一正确适用，并发挥法律监督职能。最高人民检察院的司法解释不仅在诉讼监督中发挥着重要的监督作用，而且在维护法制统一、确保法律正确实施方面具有监督功能。二是检察目的合理性，具有填补法律条文漏洞的功能。三是检察实践合理性，有效应对司法（检察）工作中出现的新情况、新问题。具体而言，最高人民检察院的司法解释能够解释司法实践中出现的新情况、新问题，调整国家政策中的法律问题，对社会事件作出及时回应，还能够在个案处理中发挥重要作用。〔2〕

正是因为专家学者结合中国实际国情，分析检察机关司法解

〔1〕 参见孙谦：《最高人民检察院司法解释研究》，载《中国法学》2016年第6期。

〔2〕 参见黄硕：《论最高人民检察院司法解释的实质合理性》，载《政法论丛》2014年第3期。

释实践情况，认准中国司法需求、检察解释权存在的价值和合理性等，认为检察机关司法解释权具有极强的实质合理性，积极建言在《人民检察院组织法》中明确检察院司法解释权。在学术界和实务界的一致努力下，2018 年修订的《人民检察院组织法》在第 31 条第 2 款中明确了检察院司法解释权，即“最高人民检察院对属于检察工作中具体应用法律的问题进行解释、发布指导性案例，应当由检察委员会讨论通过”。这里明确检察院司法解释的出台是由检察委员会作出，最高人民检察院检察委员会是检察系统中检察业务最高决策机构，充分体现了检察机关对检察解释的重视程度，对于检察机关履行法律监督，维护法律统一正确实施，实现法治国家具有重要的意义。

（三）法律监督中的司法解释权

最高人民检察院是法定的法律监督机关，法律监督机关被法律赋予司法解释权。最高人民检察院的司法解释是否侵犯了最高人民法院的司法解释权？“两高”在司法解释权上究竟是何关系？笔者认为，最高人民检察院的法律监督权旨在确保法制统一、法律得以正确适用，其监督执法、司法的行为是合法且必要的，因此，最高人民检察院享有司法解释权具有充分的合理性和正当性。

1.法制的统一：法律监督中的司法解释权

我国《宪法》第 134 条、《人民检察院组织法》第 1 条均对检察院是国家的法律监督机关予以明确。以国家根本法和宪法性文件规定了我国检察机关的性质。

关于法律解释权的归属问题，我国历次《宪法》均有相关法条规定：

1954 年《宪法》第 31 条规定："全国人民代表大会常务委员会行使下列职权：……(三)解释法律；……"

1975 年《宪法》第 18 条第 1 款规定："全国人民代表大会常务委员会是全国人民代表大会的常设机关。它的职权是：召集全国人民代表大会会议，解释法律，制定法令，派遣和召回驻外全权代表，接受外国使节，批准和废除同外国缔结的条约，以及全国人民代表大会授予的其他职权。"

1978 年《宪法》第 25 条规定："全国人民代表大会常务委员会行使下列职权：……(三)解释宪法和法律，制定法令；……"

1982 年《宪法》第 67 条规定："全国人民代表大会常务委员会行使下列职权：……(四)解释法律；……"

由此可知，历次《宪法》均规定了法律的解释权属于全国人大常委会，其他机关不能行使该权力。全国人大常委会是全国人民代表大会的常设机关。它在全国人大闭会期间行使国家最高权力，受全国人大监督，对全国人大负责并报告工作。全国人大常委会内设宪法和法律委员会和全国人大常委会法制工作委员会，这两个内设机构履行不同的职能，依据全国人大常委会内设机构的分工，可知全国人大常委会法制工作委员会的职能主要是受委员长会议委托从事立法、修法、废止法律、立法解释、备案审查和制度建设等方面工作。因此，法律解释工作具体是由全国人大常委会法制工作委员会负责。

2000年发布的《立法法》第42条规定："法律解释权属于全国人民代表大会常务委员会。法律有以下情况之一的，由全国人民代表大会常务委员会解释：（一）法律的规定需要进一步明确具体含义的；（二）法律制定后出现新的情况，需要明确适用法律依据的。"可知，我国的《立法法》也再次对法律的解释权授予机关予以明确。在2023年修订的《立法法》中对此内容仍采用该条规范的陈述，没有作出任何修改。

司法，主要是同立法行为、行政行为相区别的检察、审判行为。[1]司法工作是具体适用法律办理案件的过程，法律是否符合社会现实的需要、司法工作人员是否正确统一适用法律、立法原旨是否真正应用于司法实践等，都需要在司法办案实践中体现。制定的法律要想完美地适用于司法实际和实践，需要司法机关及其人员在办案过程中对法律有正确的理解并作出正确的解释，以适用具体案件，作出可普遍接受的案件结论。解释法律是国家社会生活中一件极为严肃的大事，要确保法律解释得到普遍遵循，就必须确保其代表民意。而人民则通过国家权力机关来行使自己的权利。《宪法》规定法律解释权属于全国人大常委会，但全国人大常委会并非司法机关，不直接处理具体案件。因此，对于法律在适用过程中需要解释的问题，如何解释以及怎样解释更能体现公平正义等，法院和检察院相较于全国人大常委会来说可能更为了解。如果每遇到一项法律在司法实践中具体适用于案件的情况都

〔1〕 参见郭道晖：《法理学精义》，湖南人民出版社2005年版，第320页。

需要全国人大常委会来解释，那么这项工作对全国人大常委会而言将是极为庞大且复杂的。对于法律在适用于具体案件中如何解释，当然只有司法机关及其工作人员更了解，更知道怎么解释才能更加完善和更加体现法治精神，实现法治目的。《宪法》规定法律的解释权属于全国人大常委会，其具体的法律解释工作由内设机构的全国人大常委会法制工作委员会负责，这就出现了一个工作脱节现状，即有权解释法律的不用解释法律，不具体接触法律的适用，而法律适用者却没有法律解释权。

在司法实践中，“两高”已经在司法工作中制定司法解释，并应用于司法实务中，其制定的司法解释的效力得到人大常委会的默认，只是没有全国人大常委会的书面授权。“两高”和全国人大常委会均已认识到，该困境制约司法工作，影响司法机关的司法活动，于是“两高”是否享有司法解释权便进入讨论。1979 年颁布的《人民法院组织法》第 33 条规定：“最高人民法院对于在审判过程中如何具体应用法律、法令的问题，进行解释。”这是我国从法律上第一次赋予审判机关司法解释权。但在检察机关法律监督层面上，《人民检察院组织法》经过几次修正仍没有将检察院司法解释权纳入该法律中予以确认。在 1981 年 6 月 10 日，全国人大常委会作出《关于加强法律解释工作的决议》，该决议第 2 项第 2 句明确：“凡属于检察院检察工作中具体应用法律、法令的问题，由最高人民检察院进行解释。”至此，全国人大常委会才正式通过决议的方式授予“两高”司法解释权。这样才使“两高”司法解释具有合法性依据。最高人民检察院对司法解释工作十分重视，自《关于加强法律解释工作的决议》出台以来，1996年12月9日最高人民检察院制定《最高人民检察院司法解释工作暂行规定》（高检发研字〔1996〕7号，已失效），以规范最高人民检察院的司法解释工作。该暂行规范实施10年后，最高人民检察院在总结检察机关司法实践经验和存在的问题后，决定修正该规定。2006年5月10日，最高人民检察院制定《最高人民检察院司法解释工作规定》（高检发研字〔2006〕4号，已失效），这次修正将“暂行规定”改为“规定”，去掉“暂行”二字。从标题可见，本次修正是较为完善的，根据检察机关司法解释的实践经验和存在问题，提出了解决问题的措施。

司法解释主体只能是司法机关。在我国体制下，只有法院和检察院是司法机关，其他机关不具有司法属性，不是司法机关。最高人民检察院在具体应用法律、法令的检察工作中解释法律，使法律更加有利于在检察系统内正确实施，维护法律的正确统一适用，“法律监督的目的就是保证法律的统一有效实施”〔1〕。2012年8月16日，最高人民检察院公布了最高人民检察院主要职责，法律监督权有23项，其中第14项规定：“对于检察工作中具体应用法律的问题进行司法解释。”〔2〕同时，也更加能对公安等侦查机关的侦查活动和法院的审判活动进行法律适用活动的监督。

---

〔1〕 石茂生：《论检察权的宪政地位》，载《郑州大学学报（哲学社会科学版）》2008年第2期。

〔2〕 《中华人民共和国最高人民检察院主要职责》，载最高人民检察院网2019年1月3日，https://www.spp.gov.cn/rmjcyjj/。

西方国家的司法解释权通常统一由最高法院行使。究其原因，是因为西方的政治体制中，法院是审判机关，检察机关往往作为行政机关代替国家行使追诉权，其在本质上不同于我国的检察机关的性质。我国检察机关是法律监督机关，行使检察权维护法律的统一正确实施。因此，我国检察机关理应具有司法解释权。

随着新一轮司法体制改革，检察机关的宪法定位仍是法律监督机关，但具体的职能职权有所调整，如职务犯罪侦查权转移到监察委，但检察机关还保留一部分侦查权，即司法人员职务犯罪的侦查权，涉及14个罪名的侦查，具体为：(1)非法拘禁罪；(2)非法搜查罪；(3)刑讯逼供罪；(4)暴力取证罪；(5)虐待被监管人罪；(6)滥用职权罪；(7)玩忽职守罪；(8)徇私枉法罪；(9)民事、行政枉法裁判罪；(10)执行判决、裁定失职罪；(11)执行判决、裁定滥用职权罪；(12)私放在押人员罪；(13)失职致使在押人员脱逃罪；(14)徇私舞弊减刑、假释、暂予监外执行罪。据此笔者认为，现在最高人民检察院司法解释权源于以下三个方面：一是行使司法人员职务犯罪的侦查权中具体适用法律所作出的解释，二是监督司法活动中所适用法律作出的司法解释，三是履行公诉职能时具体适用法律所做出的司法解释。这三个方面构成最高人民检察院司法解释的内容。

有学者认为，从法制统一的角度来看，将司法解释权统一于审判机关是世界的通行做法，检察院是法律监督机关，既是监督机关又解释法律，无异于自己监督自己，极可能导致监督流于形式，无法发挥监督职能。再者，“两高”同时享有司法解释权，无疑是检察权对审判权的“入侵”，导致政出多门，出现施法混乱局面。笔者认为，该观点没有认识到检察机关是在我国体制下维护法制统一的职能机关。我们不能以国外的做法来要求和衡量自己，这从根本上忽略了制度基础前提去探讨问题。政出多门的现象是缺乏统一协作或监督规范的机制导致，这是可以用制度来解决的。在检察机关行使法律监督过程中，需要适用法律办理案件。在办理案件过程中，检察机关或检察官需要将目光往返于案件事实与法律规范之间，以寻找适用于案件的法律，“在将某个事实归入法律规范之前，必须首先对规范进行解释：即使从严格的逻辑角度来看，这种归入是可能的，也必须首先进行解释”〔1〕。因此，检察工作需要对法律进行解释，才能使案件与法律规范间无迹地契合。“司法解释与法律相比，它更为接近司法实践，为检察机关办理案件提供了更为直接、具体的依据。”〔2〕最高人民检察院司法解释在检察一体化体制下，对指导当前检察司法工作起到很大的作用，为检察系统统一适用法律提供了很好的现实条件。

在肯定最高人民检察院司法解释权的正当性地位后，有学者提出，最高人民检察院的司法解释应当限定于刑事方面和部分刑事诉讼程序方面的解释。对此，笔者认为，最高人民检察院的司法解释权限应当限定在其职能范围之内，对于属于最高人民检察院

---

〔1〕［德］卡尔·拉伦茨：《德国民法通论》，王晓晔等译，法律出版社2003年版，第100页。

〔2〕杨志宏：《论加强最高人民检察院的司法解释》，载《检察理论研究》1993年第4期。

职能范围内的法律监督事项，最高人民检察院享有相应的司法解释权。这个问题将在下文“两高”司法解释的关系中予以讨论，此处不再展开。

2.法律监督中“两高”司法解释的关系及法制规范

(1)法律监督中“两高”司法解释的关系现状

《宪法》第128条规定：“中华人民共和国人民法院是国家的审判机关。”该条规定了我国法院的性质是国家的审判机关。第132条第2款规定：“最高人民法院监督地方各级人民法院和专门人民法院的审判工作，上级人民法院监督下级人民法院的审判工作。”该款规定了最高人民法院与省市县三级法院及与专门法院之间是监督关系。可见，在我国法院系统上下级之间是监督与被监督关系，这里的监督是指业务监督，即对审判业务的监督，不存在上下级行政隶属关系。同时，《人民法院组织法》第18条规定：“最高人民法院可以对属于审判工作中具体应用法律的问题进行解释。”最高人民法院给自己的职能定位为：“最高人民法院是中华人民共和国最高审判机关，负责审理各类案件，制定司法解释，监督地方各级人民法院和专门人民法院的审判工作，并依照法律确定的职责范围，管理全国法院的司法行政工作。”[1]最高人民法院在自己的职能中规定“制定司法解释”，可见最高人民法院对于解释法律制定、司法解释的职能较检察机关而言具有“正统感”。而最高人民检察院官网显示，最高人民检察院只在其内设法律政策研究室

---

〔1〕“机构设置”，载最高人民法院网，https://www.court.gov.cn/jigou.html。

部门的工作职责之一项有规定："对检察工作适用法律问题提出司法解释意见。"笔者认为，这是检察机关将司法解释工作分化到相关的具体的部门负责完成，这在《最高人民检察院司法解释工作规定》中也有明确规定。检察机关在我国体制中属于司法机关，在检察工作中当然会应用到具体的法律、法令处理案件，对于不能直接适用法律、法令的规定时需要对法律作出解释才予以适用。因此，检察机关应当享有在检察工作中具体应用法律、法令的司法解释权限。

1954 年 9 月 21 日，一届全国人大一次会议通过《人民法院组织法》，该法并未对法院的司法解释权作出明确规定，然而在那个时期，法院实际上已经承担了制定司法解释的职能。

1955 年 6 月 23 日，一届全国人大常委会十七次会议通过《关于解释法律问题的决议》(已失效)，规定了最高人民法院审判委员会负责解释在审判过程中遇到的具体应用法律、法令的问题。[1]全国人大常委会第一次以决议的形式授权最高人民法院审判委员会司法解释权。这次授权是授予最高人民法院的审判委员会。审判委员会是法院的最高审判组织，负责审理重大疑难复杂案件以及对审判业务进行指导，其成员一般来说由院领导和资深法官组成，审判委员会的决议，合议庭必须服从。可见，全国人大常委会相当重视该工作，并要求最高人民法院的最高审判机关组织制定司法解释，但是该规定有一个显著的缺憾，就是该决议将最高人民法院

〔1〕 全国人大常委会《关于解释法律问题的决议》第 2 条规定："凡关于审判过程中如何具体应用法律、法令的问题，由最高人民法院审判委员会进行解释。"

审判委员会作为一个独立的机构对待，将最高人民法院和最高人民法院审判委员会同等对待。从这一决议中可以看出，当时人们对国家机构及其内设机构的认知存在模糊，对其职能的划分并未严格界定。

1979年发布的《人民法院组织法》第33条规定："最高人民法院对于在审判过程中如何具体应用法律、法令的问题，进行解释。"该法第一次以法律的形式规定法院在审判中对于"如何具体应用法律、法令的问题"享有解释权，使法院的司法解释权在检察机关的组织法中具有法定性。虽然《人民法院组织法》规定最高人民法院享有法律解释权，但是我国《宪法》明确规定法律解释权属于全国人大常委会享有。在没有全国人大常委会授权的条件下，《人民法院组织法》明确规定最高人民法院享有对审判中"如何具体应用法律、法令的问题"的解释权，是否存在矛盾？对此，我们要正确区分，全国人大常委会享有的"解释权"是立法中的解释权，而法院的"具体应用法律"的"解释权"是司法过程中对法律的适用的解释的权力。

为了规范权力的正确行使，1981年6月10日五届全国人大常委会第十九次会议通过《关于加强法律解释工作的决议》，该决议第2条规定："凡属于法院审判工作中具体应用法律、法令的问题，由最高人民法院进行解释。凡属于检察院检察工作中具体应用法律、法令的问题，由最高人民检察院进行解释。最高人民法院和最高人民检察院的解释如果有原则性的分歧，报请全国人民代表大会常务委员会解释或决定。"这是全国人大常委会根据司法实际和实践的需要以“决议”形式授权“两高”在司法工作中的司法解释权。该决议的授权不仅使最高人民法院司法解释权的正当性获得决议授权，而且授予最高人民检察院司法解释权，并规定“两高”司法解释存在原则性分歧时，由全国人大常委会解释或决定的解决办法。

在这次会议上，时任全国人大常委会原法制委员会副主任的王汉斌在《关于加强法律解释工作等三个决定（草案）的说明》中指出：“第五届全国人民代表大会第二次会议通过几个法律以来，各地、各部门不断提出一些法律问题要求解释。同时，在整顿社会治安工作中，由于对某些法律条文理解不一致或者不准确，也影响了法律的正确实施，发生一些该捕不捕，该判不判或者重罪轻判的现象，不利于加强同现行刑事犯罪活动进行斗争。”在当时，对一些基本的法律概念出现了不同的解释观，如“强奸罪”“故意杀人”“抗拒逮捕”等法律基本术语和概念，制定统一司法解释成为急迫的事情。正如王汉斌在该决议的说明中指出：“这些情况说明，加强法律解释工作，对于正确执行法律，健全社会主义法制，具有重要的作用。”可见在当时的条件下授权给“两高”司法解释权处理司法事务迫在眉睫。因此，在这次会议上，该决议顺利获得通过。

1983年9月2日，六届全国人大常委会第二次会议修正并通过的《人民法院组织法》第33条规定：“最高人民法院对于在审判过程中如何具体应用法律、法令的问题，进行解释。”在这次修正中，关于最高人民法院的司法解释权限并未作出任何改动。

最高人民法院获得授权解释后，这只是一个权限，如何制定司法解释，以及如何更好地规范司法解释，就需要制定具体制度。在这样的背景下，最高人民法院从1981年获得司法解释授权时起至1997年的16年间，制定了大量的司法解释，这些司法解释不同程度上表现出一些问题，例如，在体系上表现出规范性还有所欠缺、内容上表现出科学性还不够、在表现形式上表现出规范性不足等问题。因此，制定相关规则来规范最高人民法院司法解释成为必要。在这样的环境下，1997年7月1日最高人民法院发布了《关于司法解释工作的若干规定》(法发〔1997〕15号，已失效)，该规定一共17条，对最高人民法院自己制定的司法解释的目的、程序、表现形式等作了明确规定。

2006年10月31日，十届全国人大常委会第二十四次会议修正并通过的《人民法院组织法》第32条规定："最高人民法院对于在审判过程中如何具体应用法律、法令的问题，进行解释。"该次修改对最高人民法院的司法解释的权限规定未作任何修改。

随着法制的不断发展和社会对法治需求的日益增长，1997年颁布的最高人民法院《关于司法解释工作的若干规定》中的部分内容已显露出诸多不足，不再适应法治建设的需要，也无法满足当时的法治需求。因此，最高人民法院结合实际情况，着手谋划并研究对该司法解释工作规定进行重新修改。2007年4月1日，新修正的《关于司法解释工作的规定》(法发〔2007〕12号)颁布。该规定共计31条，对最高人民法院的司法解释工作作出了更为详细的规定，更有利于司法实践，具有较高的实践操作性和约束的规范性，对促进法院制定司法解释，规范司法解释的权限，促进法治建设等均具有重要意义。

我国的政治体制决定了司法机关仅包括法院和检察院，在“一府一委两院”的架构中，“两院”即指司法机关，其中法院行使审判权，检察院行使检察权，它们各自在宪法规定的职权范围内履行职责。审判权和检察权均属于司法权，在司法实践中均会遇到如何具体适用法律进而解释法律，制定司法解释的情景。因此，全国人大授予“两高”司法解释权具有权源的正当性，实务的操作性。“两高”的具体法律实务工作均需要司法机关和司法人员在办案中对案件事实与法律规范之间互动，对法律进行解释，体现司法结论的公平正义，“没有解释者在法律文本与事实之间进行目光之交的互相流转，不可能在法律与事实之间建立起理性的逻辑关系”〔1〕。法院是司法（审判）机关，是负责各类案件审理，解决纠纷争议的国家审判机构。在审判过程中，法院会对案件的性质进行认定，维护当事人的权利，确保正义得以回归，这些既涉及程序上的判定，也包括实体上的认定。而检察机关行使司法侦查权、公诉权、执行监督权等法律监督权，在检察办案中应立足法律监督职能的立场，在自己的职权范围内具体适用法律，需要对法律适用作出解释，以体现司法公正。有学者认为，最高人民检察院对刑法的解释是对审判权的干涉，这其实只是一种片面的看法，“最高人民检察院对刑法作出司法解释同样不能认为是在直接行使定罪和适用刑罚

〔1〕 陈金钊、焦宝乾、桑本谦等：《法律解释学》，中国政法大学出版社 2006 年版，第 21 页。

权”[1]。最高人民检察院的司法解释只是对应用于检察中的法律、法令的解释，是立足检察工作，在检察权行使过程中对法律使用的解释，并未对审判权进行干预。

全国人大常委会授予“两高”司法解释权后，如“两高”司法解释对某一法律认定的权限或司法解释的内容等出现争议，如何处理呢？对此，全国人大常委会对“两高”司法解释出现有“原则性分歧”的处理意见是：报请全国人大常委会解释或决定。关于该规定，笔者认为，严格来讲是很难出现分歧的，原因是只要“两高”依法在自己的权限范围内行使职权，因为“两高”职权职能没有重合的地方，所以难以出现有分歧的情况。如果有分歧，那只可能是在“两高”制定司法解释前，“两高”没有充分协商协调，存在揽权现象，才会出现这样的“原则性”的分歧。

(2)法律统一正确实施的三个因素

检察机关是国家的法律监督机关，依法履行法律监督职能，保证国家法律的统一正确实施。什么是法律的统一正确实施呢？笔者认为，对这个问题要从三个因素层面去认识，即文化因素、政治因素、法律因素。

首先，在文化因素层面，“统一”一词在我国有着悠久的历史，早在古代就已被较为广泛地使用。在古代汉语语言中“统一”主要有两个含义：①合为整体，与“分裂”相对应。如《汉书·西域传赞》：“西域诸国，各有君长，兵众分弱，无所统一。”又见宋代苏轼

---

〔1〕 杨志宏：《论加强最高人民检察院的司法解释》，载《检察理论研究》1993 年第 4 期。

的《周公论》:“昔高帝击灭项籍,统一四海,诸侯大臣,相率而帝之。”②归于一致,与“分歧”相对应。如《汉书·叙传下》:“武功既抗,亦迪斯文,宪章六学,统一圣真。”又见宋代叶适的《谢宰执登科》:“考之以无所统一之言语,寄之於不可测度之权衡,靡人不求,惟艺是择。”可见在古代“统一”常为此两种含义。经过人类不断向前发展,在文化交流中同一词汇的含义可能会发生一定的变化。

在现代汉语词汇中,“统一”一词在日常生活中随处可见,使用非常普遍。《现代汉语词典》中“统一”有以下几种较为常见的意思:①各部分联成整体,使分歧归于一致,如统一体、统一战线、大家的意见逐渐统一了等。②一致的、整体的、单一的,如统一调配、统一的意见、统一领导等。《辞海》中“统一”有三种含义:①国家由一个中央政府统治,没有分裂和割据的状态,如天下统一;②部分联合成整体,如归于一致,统一祖国,统一认识等;③一致的、集中的,如统一的认识、统一领导等。可见“统一”一词常见于日常生活中,但具体意思是根据具体的语境来理解。它最根本的意义是使事物趋于一致或形成一个不可分割的整体。法律本源是一种文化,是人们对待事物的处理方式的文化、态度的文化,这种处理社会事务(或纠纷)的各方面的方式或态度的文化,由所处一定区域的人所共同表现出来,就形成一种法律文化。文化是通过语言和文字来表达和传递,在记录和传递文化的过程中,文字较语言更具有保存性和延续性。法解释是通过文字来传达法律的精神和意图,因此,在研究司法解释时,应当从文化层面入手,对其文字表述进行深入追溯和探讨，这有助于我们更全面、深入地理解司法解释。

将“统一”与法制或法律结合，组成“法律统一”或“法制统一”，就有其深刻和特定的意义。从文化角度来讲，这样的词汇的结合不是偶然的，而是法治的必然，是国家司法机关的职责和职能。一个国家的法制首先是国家代表民意对社会的各个领域进行规范从而形成立法，不同的领域构成特定的调整对象，形成不同的部门法。在法律的适用中，不同的人或不同的执法机关或不同的司法机关对于同一法律规定可能有不同的理解，以至于形成不同的结论。人是理智的动物，人的行为是受其思想支配的，对事物的理解在人的脑海中逐渐形成一定的概念或思想，正常人的行为是受其思想所支配决定。因此，对于同一事项，不同的理解就会导致不同的行为，出现不同的结论。在相同法域之内，同一部法律中的同一内容应当也必然是相同理解适用于相同案件，相同案件形成相同案件结论，这样法律规范社会的功能才没有失范，这就是法律的统一正确适用，才形成司法权威，促进社会正义。

其次，在政治因素层面，政权组织形式即政体，是指特定的国家采取何种原则和方式去组织旨在治理社会、维护社会秩序的政权机关。它反映了政权组织内部结构的状况以及各个组成部分之间的相互关系，同时也反映了人民同国家机构之间的相互关系。因此，它是特定国家的民主制度的最基本的表现形式。我国的根本政治制度是人民代表大会制度。人民代表大会制度是中国历史和人民的选择，它适合我国的基本国情，是人民行使国家权力的新型政权组织形式，也是国家其他制度建立的基础，充分体现了国家一切权力属于人民这一根本属性。《宪法》第 2 条第 1、2 款规定："中华人民共和国的一切权力属于人民。人民行使国家权力的机关是全国人民代表大会和地方各级人民代表大会。"第 3 条规定："中华人民共和国的国家机构实行民主集中制的原则。全国人民代表大会和地方各级人民代表大会都由民主选举产生，对人民负责，受人民监督。国家行政机关、监察机关、审判机关、检察机关都由人民代表大会产生，对它负责，受它监督。中央和地方的国家机构职权的划分，遵循在中央的统一领导下，充分发挥地方的主动性、积极性的原则。"这种"一府一委两院"的国家机构设置，与西方的"三权分立"制度截然不同，具有自身独特的制度优越性。在我们国家的机构架构下，检察院是国家法律监督机关，依法履行法律监督职能，保证国家法律的统一正确实施。检察机关的法律监督职能是监督执法、司法和守法是否符合法律规定，并对违反规定的予以追究，维护社会公平正义。法律的统一正确实施需要一个专业机关来监督，而作为法律监督机关的检察院恰恰具有司法律监督职能。因此，由检察机关来监督法律的统一正确实施具有正当性和合理性。

不同的机关对于同一法律可能存在不同的理解，可能导致在司法实践中存在对于同一事实适用不同的法律，产生不同的结果，如出现这种现象对于社会的治理是危险的，是一个严格意义上的法治国家所不能接受的，因为其损害了司法权威，极可能导致民众不信法。因此，必须要有一个机构来统一行使或监督法律的统一适用。“当不同的执法单位、执法人对某一法律规则的理解、解释不一致时，就应通过专门的机构进行统一解释，以确保对法律规则理解、解释的统一。”〔1〕监督法律统一、正确实施成为必要。

在我国，公安机关属于“一府一委两院”的政府组成部门，是政府的职能机构之一，在其职能中对于较小、未达到犯罪的案件的处理具有一定的终局性。有学者就此认为公安机关是“准司法机关”，公安机关在其职责范围内具体应用法律享有解释权。笔者认为，这种观点是错误的。不能仅因公安机关对某些违法行为享有一定的处罚权和决定权，就贸然将其视为“准司法机关”并赋予其司法解释权。这类表述是不准确的。在我国的体制下，司法机关只有检察院和法院，其他机关不是司法机关，所作出的解释不是司法解释。

值得注意的是，1984 年 11 月 8 日，公安部发布的《关于印发最高人民法院、最高人民检察院两个司法解释文件的通知》指出：“根据全国人大常委会《关于加强法律解释工作的决议》规定，今后凡涉及司法解释问题，以最高人民法院、最高人民检察院下发文为准，公安机关应参照执行，公安部不再印发。”公安部以该通知正式取消了自己的“司法解释权”。公安部作出这一决定是符合国家法治建设，公正客观认识和对待自己的公安权属的行政性属性，实属一种正确对待自己权力的典范，对于统一法律正确适用法律具有重要的法治意义。

---

〔1〕 梁慧星:《关于法律统一解释问题及设立统一解释法律委员会的建议》，载《法学》1999 年第 3 期。

最后，在法律因素层面，法律在实施和适用的过程中，之所以需要统一的解释来确保法律的统一正确适用，主要基于以下五个方面的原因：

第一，法律是对社会生活现象的抽象概括的规范。“法律规则的抽象使得它远离现实生活，但法律的实施又必须和现实生活结合。”〔1〕社会生活具有相当的广泛性，而法律的制定是对社会现象的抽象概括，具有一定的稳定性、语言的概括性、立法治理的滞后性等。法律文本中往往隐含许多法律价值因素，这就要求司法机关处理案件时必须综合各种价值因素来考量判决的正义性。因此，法律文本会追求言简意赅，这就可能出现不同主体对同一法条有不同的理解，从而导致适用相同案件，产生不同的司法结论。司法机关及其工作人员在司法实践中往往会考虑许多法律价值因素而作出案件结论，保证处理结果的正义，这就需要司法机关在司法中作出合理的解释来处理案件，而解释的作出可能会因为不同主体持不同立场、不同考量，出现不同解释。“解释是一种彻头彻尾的蕴含着考量基本价值的事物。它只有通过对所有法律价值的反思和平衡的学习才能完成。”〔2〕因此，正确解释法律是司法机关处理案件，实现社会公平正义的关键。

第二，语言具有模糊性。人类通过语言进行交际，语言是人们

---

〔1〕 陈金钊：《法律解释学——权利（权力）的张扬与方法的制约》，中国人民大学出版社 2011 年版，第 68 页。

〔2〕 D. Neil MacCormick and Robert S. Sunmmers, *Interpreting Statutes: A Comparative Study*, Routledge, 1991, p.537–538.

进行沟通与交流的各种表达符号。语言在人类发展和延续中起着保存和传递人类文明优秀成果的作用，是人类交流思想的媒介之一，会对政治、经济、文化，社会、科技等产生影响。人们相互交往离不开语言。语言是文字的有声表达，对于同一文字表述的法律条文，不同的人通过不同的语言（语音、语调）所表达出来的法律理解、产生的效果极有可能存在差别，这就是法律中语言的模糊性。“法律都是用语言来加以表述的，语言本身的概括性、模糊性需要解释才能具体、清晰。”〔1〕在解释中存在语言的模糊性、理解的差异性等因素影响，为了走向对法律统一一致的理解，法律适用解释是需要规范的。因此，要对同一法律条文在法律适用中可能存在不同理解，产生不同含义，这就需要有统一的解释才能符合法律的精神和意旨。同时，法律语言的模糊性也促进法治，因为模糊性的语言更能适应复杂多变的社会发展，对法治建设具有一定的积极作用，有学者指出，从积极的方面看，法律的模糊性增强了法律适应社会的能力，为办案人员主动地把法律文本适用到社会提供了一些较为灵活的空间。〔2〕因此，法律的模糊性具有强大的适应力，促成法律解释成为法律适用的必要手段和方式。

第三，法律具有一定的地域性。法律是由国家有权机关统一制定并适用于全国的规范制度。由于历史、经济、文化等因素的影

〔1〕 陈金钊:《法律解释学——权利（权力）的张扬与方法的制约》，中国人民大学出版社 2011 年版，第 71 页。

〔2〕 陈金钊:《法律解释学——权利（权力）的张扬与方法的制约》，中国人民大学出版社 2011 年版，第 75 页。

响，一国内不同地区之间存在很大的差异，法律适用不可能“一刀切”，否则必然导致法律失去公正性。在这方面最为显著的是法律中有关数额的规定，例如，对于毒品犯罪，贵州省的规定与上海市的规定即有一定的区别。这不违反法律的统一性，相反这种存在地域性差异的不同数额规定有合理性和合法性，体现立法精神，展示法制的统一性。如贵州省贩卖毒品罪追诉起点数额相对于上海的追诉起点数额就要高。此外，还有民族地区法律统一适用问题。目前，由于历史、经济、民族等多重因素，国家法律在民族地区存在一定程度的变通执行情况，但这种变通执行必须经过严格的程序，并符合特定的条件。

第四，法律条款的规定存在一定的滞后性。随着社会快速发展，权利呈现多元化趋势，各类利益纠纷层出不穷，如数据权益等新兴权益的涌现。对于这些新兴权益的保护，法律不能置身事外。然而，法律的稳定性要求其不能朝令夕改。因此，在面对新的犯罪类型、新的权利产生以及这些权益被侵害的问题时，相对于社会发展的速度而言，法律因其稳定性而往往表现出一定的滞后性。“我们不能没完没了地立法，应当学会尊重法律的稳定性，在解释中完善法律，在解释中使法律适应社会的发展。”[1]面对社会的快速发展，司法实务中如遇到新型权利等需要用法律去规范其行为时，就需要司法人员立足立法精神，坚守法律原则，客观公正地对待事实，对现行法律进行解释适用，以规范行为，惩治犯罪，促进社会

〔1〕 陈金钊：《法律解释学——权利（权力）的张扬与方法的制约》，中国人民大学出版社 2011 年版，第 69 页。

的和谐、有序、平安。

第五，法律解释是解决法律存在漏洞的有效手段。立法机关在制定法律过程中，尽可能将社会纠纷的解决体现于法律文本中，但任何立法机关也无法做到将社会所有纠纷纳入法律规范之中。因为社会在向前发展，社会环境和法律环境均在变化，制定法就会或多或少显得不合时宜，出现漏洞。“制定法当前的语境和随后的进化，尤其是制定法的社会环境和法律环境都已经随着时间的变化而发生了实质性的变化。”〔1〕为了实现正义，面对这一困境，司法就需要对法律作出解释，以弥补漏洞。“现代的法律解释已不仅仅限于对法律的说明，而且还可以对法律作出一定程度的弥补，存在一定程度的创制法律规范。”〔2〕具体在我国，面对法律漏洞，“两高”在司法实践中必须对法律进行本旨性的解释，最高人民检察院还应当立足其职能对最高人民法院的司法解释进行监督，以此保证法律的统一正确实施。

上述五个方面均显示出司法解释的必要性，但是这些司法解释由谁来制定呢？在我国享有司法解释权的主体有最高人民检察院和最高人民法院。在案件办理中，法院和检察院因职能不同，参与办理案件的阶段不同，其因具体应用法律阶段不同适用内容就不同，如在一个司法人员职务犯罪案件的办理中，检察院行使的是侦查、管辖和移送起诉等阶段的职能，而法院行使的是审判职

〔1〕 See William Eskridge, *Dynamic Statutory Interpretation*, 135 University of Pennsylvania Law Review 1479(1987).

〔2〕 张根大等:《立法学总论》，法律出版社 1991 年版，第 336 页。

能。因此，两机构在履行职能中所应用法律的范围就“自然”区分出“检察工作中具体应用法律问题”和“审判工作中具体应用法律问题”。由于两个机构在适用法律的阶段、对法律的认识和理解、各自的工作重点，以及职能要求等方面存在差异，因此极有可能对同一法律规范产生不同的解读，并作出不同的司法结论。对于需要对法律进行解释的地方，由于上述因素也可能作出不同的解释。因为，在司法实践中两机构对同一法律规范极有可能形成各自的“思想”，进而有各自的解释，最终作出不统一的司法解释，这就出现了司法解释的不统一现象。在司法实践中，存在法院对检察院的司法解释不予认定的情况，这种情况下，检察院自然会启动监督职能进行抗诉，以此重新启动法律程序，如此反复，将会导致案件或久拖不决，或处理不公，甚至有可能由案件双方当事人的对抗演变为法院与检察院之间的对抗。因此，笔者认为，司法解释应当具有统一性，不应当对于同一法律规范出现不同的司法解释。“法治要求法律解释应该符合法律文本的原意和调整社会的目的。”〔1〕如何使“两高”的司法解释统一呢？笔者认为，应当从“两高”的职能和我国的政治体制的角度去统一司法解释，司法统一涉及解释立场问题，只有真正地统一了司法解释，才能从法制的统一走向并实现法治的统一。

（3）司法解释的监督权

在我国的政治体制中，法院和检察院都是司法机关，在各自的

〔1〕 陈金钊：《法律解释学——权利（权力）的张扬与方法的制约》，中国人民大学出版社 2011 年版，第 69 页。

具体工作中具体应用法律自然会产生司法解释，笔者不否定“两高”同时享有司法解释权。对于有学者认为检察机关不应当享有司法解释权的观点，笔者不予认同。因为，在笔者看来，这种观点是脱离了我国政治体制的空谈主义。

在当今世界上，无论何种政治体制的国家，其法院都属于审判机关，对案件进行审理作出案件结论，以此定分止争。在“三权分立”的国家，法院行使的司法权是与立法权、行政权相并列的权力。司法权在整个国家权力运行体系中占据重要地位。我国《宪法》和《人民法院组织法》明确规定，人民法院是国家审判机关，通过审判活动行使国家的审判权，“其职能在于对国家法律的适用，即运用国家法律处理诉讼案件或非诉案件，解决纠纷，维护良性的社会秩序”〔1〕。我国的政治体制是有别于西方的政治体制，在我国人民法院是由代表民意的人民代表大会产生，受其监督，代表最广泛的民意。《宪法》第131条规定：“人民法院依照法律规定独立行使审判权，不受行政机关、社会团体和个人的干涉。”任何公民、组织和社会团体有权拒绝其他任何机关和组织的非法审判。司法机关的判决是有其权威性和公信力。如何确保司法具有最高的公信力呢？笔者认为，关键在于在法律适用过程中正确解释法律，确保法律的统一正确实施。司法要做到在法律规定下“类似情况类似处理”，才能取信于民，才能产生司法信任。司法信任的重要因素是法律的统一正确适用。这要从司法机关的自身做起，“打

---

〔1〕 周叶中:《宪法》，高等教育出版社、北京大学出版社2000年版，第336页。

铁必须自身硬”，司法机关要自身做到“法律的统一正确适用”，才能保证司法是人民所期待司法，才能实现人民对司法的信任。统一司法解释是正确适用法律的前提。在西方国家，“法官应当去寻求法律文本的含义，这个含义就是那些对宪法赋予权威的批准者和当时各州的人民对宪法含义的一般理解”[1]。这些国家只有法院是司法机关，而我国除法院是司法机关外，检察院也是司法机关，更为重要的是，为了更进一步保障法院司法判决的公正性，还规定了检察机关对司法判决进行监督。因此，在制度设计上，最高人民检察院对最高人民法院的司法解释及其适用承担着监督职责，这是确保司法机关统一正确适用法律的重要保障。

如何实现法律的统一正确适用？笔者认为，这主要取决于以下两个因素：一是在宏观制度上需要有一系列法律制度来规范法制的统一正确实施。二是在微观上要有相应的制度去规范司法人员代表国家司法时持有正确的解释立场解释法律，适用法律。以此类制度去保障法律的统一正确实施，促进司法公正、司法正义。目前，在宏观上规范法院和检察院的司法行为的法律及相关制度较多，如刑法中的徇私枉法罪，民事、行政枉法裁判罪，执行判决、裁定失职罪，执行判决、裁定滥用职权罪，私放在押人员罪，失职致使在押人员脱逃罪，徇私舞弊减刑、假释、暂予监外执行罪等。对于严重侵害司法公正的行为，我国是以最为严厉的刑法加以规范。对于一些轻微的尚未构成犯罪的违反司法公正的行为，是从

---

〔1〕 See Transfer Lee J. Strang, *Originalism and Legitimacy*, 11 Kansas Journal of Law & Public Policy 659 (2002).

政治纪律上予以处理的，更符合中国实际。

司法是将立法活动所形成的法律应用到具体案件中的过程，它体现了司法工作人员对法律的正确理解和适用。案件能否得到公正判决，在很大程度上取决于司法工作人员对案件事实的准确认定以及对法律理解的正确性。只有在事实认定清楚的基础上正确理解法律并适用法律才能保证正确的司法结论（判决）。

我国《宪法》第134条规定："中华人民共和国人民检察院是国家的法律监督机关。""在我国，人民检察院通过行使检察权，对各级国家机关以及国家机关工作人员、公民是否遵守宪法和法律实行监督，以保障宪法和法律的统一实施。"〔1〕保证国家法律的统一正确实施是检察机关的职能。我国政治制度设计时，就将法律监督职能赋予检察机关，检察机关履行法律监督职能，维护社会秩序，实现公平正义。"我国法律监督的方式有四种：一是通过对职务犯罪案件的立案侦查监督国家工作人员依法履行职责，依法办事；二是通过对犯罪的追诉，伸张正义，督促全民守法；三是通过参与诉讼发现和纠正诉讼的违法行为，维护法律适用的合法性；四是通过对确有错误的各类判决、裁定的抗诉，维护司法公正。"〔2〕法律的统一正确实施有赖于检察机关法律监督职能的充分发挥，这样才能更加有效且专业地保障法律的实施。

鉴于上述原因，笔者认为，为了实现法律的统一正确实施，解构现在的司法解释体制，重建新的司法解释体制是一种很有效的

---

〔1〕周叶中：《宪法》，高等教育出版社、北京大学出版社2000年版，第339页。
〔2〕张智辉：《"法律监督"辨析》，载《人民检察》2000年第5期。

做法。立法通过制定明确的法律制度来规范各种社会现实问题，从而确保社会运行有序，促进健康发展。如果制定出来的法律不能得到统一正确的实施，不但解决不了社会纠纷，反而是司法对立法权的侵害和对立法成果的否定。对法治最为权威的定义是亚里士多德所作的经典表述："法治应当包含两重意义：已成立的法律获得普遍的服从，而大家所服从的法律又应该本身是制订得良好的法律。"[1]法治国家要求已经制定的法律获得普遍的遵从，遵从必须要求司法实践对法律的统一正确实施。目前，我国享有司法解释权的"两高"在很大程度上对司法解释是各自为政的现状，缺乏相应的协调、统一的机制。因此，笔者认为，当前的司法解释制定及其适用机制亟待完善。要确保法律的统一正确实施，必须根据我国政治制度中国家机构的权力分配来划分和行使司法解释权，并建立健全相应的监督机制，这样才能有效地实现国家法律的统一正确实施。

(4)司法责任对办案人员的要求

2020年7月31日，最高人民法院出台《关于深化司法责任制综合配套改革的实施意见》(法发〔2020〕26号)，其中第10条第1款规定："严格违法审判责任追究。健全法官惩戒工作程序，完善调查发现、提请审查、审议决议、权利救济等程序规则，坚持严肃追责与依法保障有机统一，严格区分办案质量瑕疵责任与违法审判责任，细化法官和审判辅助人员的责任划分标准，提高法官惩戒

〔1〕［古希腊］亚里士多德：《政治学》，吴寿彭译，商务印书馆1981年版，第199页。

工作的专业性、透明度和公信力。各高级人民法院应当积极推动在省一级层面设立法官惩戒委员会，进一步规范惩戒委员会的设置和组成，配合制定本级法官惩戒委员会章程、惩戒工作规则，科学设立法官惩戒工作办事机构，制定实施细则。”

随着社会的发展，规范权力的制度将会越来越严格，这有助于促进社会的公平正义。2020 年 3 月，中共中央办公厅印发《关于深化司法责任制综合配套改革的意见》，随后，为了贯彻落实中央文件精神，确保公平正义，让人民群众在每一个案件中感受到公平正义，“两高” 均要求本系统及人员严格执行规范，保证司法公平正义。最高人民检察院制定了相关文件，而最高人民法院仍适用 1998 年发布的《人民法院审判人员违法审判责任追究办法（试行）》。

2024 年 7 月 4 日，最高人民检察院出台《关于人民检察院全面准确落实司法责任制的若干意见》（高检发〔2024〕5 号），其中第 29 条规定：“独任检察官办理并作出决定的案件，由独任检察官负责。检察官办案组办理的案件，由主办检察官和其他检察官共同负责。主办检察官对其职权范围内决定的事项负责，其他检察官对自己的行为负责。检察官故意隐瞒、歪曲事实，或者因重大过失遗漏重要事实、证据或者情节，导致检察委员会、检察长作出错误决定的，主要由检察官承担司法责任。” 第 30 条规定：“独任检察官、检察官办案组根据检察长、副检察长、检察委员会专职委员、业务部门负责人对案件重新审查的要求，改变原决定从而作出错误决定，前述负有监督管理职责的人员存在故意或者重大过失的，承担监督管理责任；独任检察官、检察官办案组存在故意或者重大过失的，承担司法责任。”体现了最高人民检察院对于检察院人员违法办案明确而坚决的态度。

3.法律监督中“两高”司法解释权之再调整

笔者认为，为了实现法律解释的统一和正确实施，应当从以下几点着手。

（1）从立法上确立“两高”司法解释权，增强检察院司法解释权的再认识

在司法实践中，法院适用的法律条文在量上较检察院更为广泛，因“两高”的职能不一样，所涉及法律的适用范围也有一定的差异。从中华人民共和国成立后，“两高”组建并运行宪法赋予的国家权力始，“两高”的司法解释权成为必要，如“两高”不享有司法解释权，“两高”的国家司法权力就无法运行，即法院的审判权和检察院的检察权将会处于懈怠，甚至停滞状态。民意通过立法产生法律，法律对社会的规范经过解释才能适用于社会处理纠纷，以实现立法对社会规范之目的。法律实践于社会一般有两种方式，一是通过社会个体对法律的遵守，即公民自觉遵守法，践行法律，做守法的好公民。二是通过宪法赋予特定职能，并履行其职能打击违法犯罪的行为，实现法律规范社会的目的。这又具体划分为两种权力的实现以达到法律应用于社会生活，即行政执法行为和司法机关的司法行为。享有行政执法权的行政机关执行法律被授予执法权，即法律执行，是指国家行政机关严格依照法定职权和法定程序，行使行政管理职权、履行行政职责、贯彻和实施法律的

活动。司法机关的司法行为则是对公民、法人或其他组织违法和犯罪的行为予以确认并整治的行为，也是实践法律治理社会的重要途径之一。

司法机关通过开展司法活动来实践社会治理。司法，是指国家司法机关及其工作人员严格依照法定职权和法定程序，具体运用法律处理各类案件的专门活动。在我国，司法机关是检察院和法院，法院和检察院面对各类案件需要对案件所适用的法律作出正确的理解后解释法律，才能作出公正判决。当司法机关在适用法律的过程中法律和案件不能完全契合，法律条文没有“表面”明确规范该问题时，司法困境就出现了。在此，笔者使用“表面”一词，是因为法律是对社会现象和事实进行抽象概括及预测后所得出的社会规范，它是规范社会不当有的现实行为和可能的侵害行为的规范的总称。一边是法律未“表面”明确规范该问题，另一边是社会正义观念支持下不能放纵的犯罪。因此，法律条文不能穷尽社会生活，而是极易出现概括性和原则性的条款，不能直接适用于具体案件的就需要对“原始”的法条进行解释，或是对案件事实予以法律归纳，找出其适用的法律原则或概括性规则以适用案件，处理纠纷。这就需要司法机关对法律进行解释，方能将法律运用于案件作出判决。因此，司法机关享有司法解释权就具有自然的正当性了。

法律应当由代表民意的国家权力机关依据其职权和法定程序制定。但是，法律具有其固有的实践性，在实践中，任何国家都不可能因为需要对某个法条进行解释就重新制定法律，因为法律也注重效率和稳定性，而且立法过程也需要遵循严格的程序。在我国，代表民意的权力机关是人民代表大会。人民代表大会不具有司法职能，不从事司法活动。因此，具体的案件与法律规范间契合与否，权力机关较司法机关而言是不了解的，其对于司法活动来说是远离的，可以说立法权是远离司法权的。对法律适用的解释产生司法解释，司法解释是立法结果的司法活动实践的延续，司法解释直接适用于案件，产生法律效力。现行法律规定，法律解释权归属全国人大常委会，但“两高”在司法实践中遇到法律适用问题需要进一步解释时不能总是向全国人大常委会请示，让其作出司法解释，这也不切实际。全国人大常委会在技术上做不到对法律的完美解释，因为法律是一门实践的事业，全国人大常委会没有司法经验，其强项在立法，司法解释是为了法律规范与案件事实更好地契合，以使司法判决适用法律不偏差，不偏离法律旨意，得出公正的司法结论。可以说，全国人大常委会对法律的解释在法律具体适用上是“间接的解释”，是脱离司法实际实践的解释。事实上，仅从“两高”出台的司法解释的数量看，全国人大常委会也做不到对“具体法律适用”进行解释，从全国人大网站发布的信息即可见一斑：2000 年 1 月 1 日～12 月 30 日，最高人民法院出台司法解释及其文件 160 件，最高人民检察院出台司法解释及其文件 44 件；2019～2023 年，“两高”联合制定的司法解释高达 122 件。“两高”每年的司法解释数量均有几百件。

全国人大常委会的具体工作不是司法办案，司法办案机关是

“两高”，而司法实践需要大量的司法解释辅以法律，以使法律更加明确而具体。因此，全国人大常委会如何授权“两高”解释法律成为关键。

1981年6月10日五届全国人大常委会第十九次会议通过《关于加强法律解释工作的决议》，第2条规定：“凡属于法院审判工作中具体应用法律、法令的问题，由最高人民法院进行解释。凡属于检察院检察工作中具体应用法律、法令的问题，由最高人民检察院进行解释。最高人民法院和最高人民检察院的解释如果有原则性的分歧，报请全国人民代表大会常务委员会解释或决定。”该决议第一次同时明确规定了“两高”司法解释权。

2000年7月1日起施行的《立法法》第42条第1款规定：“法律解释权属于全国人民代表大会常务委员会。”据此规定，法律解释权仍然是全国人大常委会享有，其他机关不能享有。全国人大常委会授予“两高”的司法解释权，是限定“两高”在司法实践中对具体应用法律、法令的问题的解释权。“两高”在司法过程中需要对法律规范进行深入认识，对于案件应当适用哪些条款，如何适用法律条款都应当有真实、全面的认识。《宪法》、《立法法》及其他法律将法律解释权授予全国人大常委会，人大常委会根据司法实际需要将司法机关在司法过程中具体应用法律、法令的司法解释权以“决议”的形式授权“两高”。《立法法》中没有规定“两高”的司法解释权，因为司法解释是司法机关在司法过程中具体应用法律、法令时所享有的解释权力，它并不属于立法活动。笔者认为，这是符合我国政治制度和国情的选择。但在目前民众对司法解释权的归属认识还不够清晰。

1954 年颁布的《人民法院组织法》中没有涉及法院司法解释权问题，在 1979 年颁布的《人民法院组织法》及其于 1983 年、2006 年和 2018 年的三次修改中均规定了法院的司法解释权，如 2018 年《人民法院组织法》第 18 条第 1 款规定："最高人民法院可以对属于审判工作中具体应用法律的问题进行解释。"该条第 2 款规定："最高人民法院可以发布指导性案例。"与之前的规定有较大改变的是，新增加了指导性案列的发布工作，其目的在于，以向社会发布案例的形式，来促进司法统一，促进司法结论权威。

而无论是 1954 年发布的《人民检察院组织法》，还是 1979 年发布的《人民检察院组织法》及其于 1983 年、1986 年的两次修改，均未涉及人民检察院的司法解释权。可喜的是，在 2018 年，全国人大常委会修订《人民检察院组织法》，在第 23 条第 1 款规定："最高人民检察院可以对属于检察工作中具体应用法律的问题进行解释。"第 2 款规定："最高人民检察院可以发布指导性案例。"笔者认为，这次修改以法律并且是组织法的形式明确了检察院司法解释权，这是法学理论界和法律实务界呼吁检察解释权的结果，是法治对检察权的认可和肯定，对于检察机关正确履职及平息社会一部分人认为检察机关不具有司法解释权的声音等具有重要意义。此前社会对检察解释权的质疑主要是受到西方司法制度，特别是检察制度的影响，有一部分学者撰文讨论检察机关的属性时，将检察机关划定为行政机关，他们按照国际对司法的通常观点，从司法的终局性、中立性和独立性来考察检察权，认为检察权在本质上应当归并于国家行政权。[1]究其原因，系没有从我国政治体制来看待我国检察机关的属性。在他们看来，西方的检察机关很多属于行政机关，在一些国家，如美国"检察长不仅是联邦政府的首席法律顾问，而且是联邦司法系统的行政长官"[2]。在大陆法系国家，检察机关也有很多属于行政机关。但是，在检察机关属于行政机关的国家里，检察职能也存在很大的区别，例如，"在法国，德国及北欧国家，检察官隶属于司法部，有的国家法律规定司法部长只能对检察官工作发表一般性的指导方针，检察官遵从这些方针独立负责处理具体案件；有的国家法律规定司法部长不仅可以对检察官的工作发布一般的指导方针、原则，同时对具体案件也可以发布决定起诉与否的指令"[3]。事实上，"检察制度自设立以来，关于检察官的性质，即检察官属于行政官抑或司法官，各国学术界多有争论，历来有'司法官说'、'行政官说'和'双重(兼具司法与行政性质)属性说等'观点"[4]。这些学说，是不同国家、不同历史、不同国情、不同制度等综合原因下的选择。正确认识我国检察制度要从我国的政治制度、基本国情和文化传统等方面为出发点，我国的检察机关既不是行政机关也不是传统的纯粹的司法机关，而是法律监督机关。在我国，检察机关的职能是依法履行法律监督职能，保证国家法律的统一正确实施。

---

〔1〕 参见陈卫东:《我国检察权的反思与重构——以公诉权为核心的分析》，载《法学研究》2002 年第 2 期。

〔2〕 齐树洁主编:《美国司法制度》，厦门大学出版社 2010 年版，第 447 页。

〔3〕 陈国庆:《检察制度原理》，法律出版社 2009 年版，第 67 页。

〔4〕 陈国庆:《检察制度原理》，法律出版社 2009 年版，第 56 页。

综上所述，笔者认为，立法上确立“两高”司法解释权，对于加强对司法机关司法解释权的再认识具有重要的促进作用。从全国人大常委会授权“两高”司法解释权的《关于加强法律解释工作的决议》，到《各级人民代表大会常务委员会监督法》陈述“两高”司法解释权，再到“两高”组织法中明确司法解释权，这一过程的艰辛，足见司法解释权确权中的种种考量。任何事物在认识上都有一个导向问题，特别是在我国行政体系严密、等级森严的管理模式下。在我国，法治改革的观念和行为都是一种自上而下的改革，改革是从上级开始，改革是从观念开始的，观念指引人的行为。从法律层面规定司法解释，可以让民众从法律层面认识我国制度下的人民检察机关的属性，深入理解检察机关司法解释的合理性和合法性。

（2）采用“两高”司法解释权分治的当前模式，但检察机关承担对法院司法解释监督职能

在我国政治体制下，“两高”均是司法机关，这是一个不争的事实，在社会主义法治理念下，“两高”司法机关的属性已经趋于达成共识。行政机关执行法律属于行政执法范畴，司法机关应用法律属于司法范畴，行政重在管理社会，而司法重在解决社会纠纷，行政机关的执法有严格限定的范围，必须依据“法无授权即禁止”行使权力，管理行政职能管辖范围内的事务。因此，行政机关的执法活动不具有司法属性，行政机关在行政执法活动中对相关法律作出的解释不是司法解释，属于行政解释。“两高”在自己的职权范围内履行职能涉及法律的具体应用问题，需要对法律规范

的适用作出更进一步的解释，才能使法律得以适用于具体案件，才能使之从纸上的法律变成规范生活中案件事实的法律。尽管全国人大常委会在1955年授予最高人民法院司法解释权，在1981年授予"两高"司法解释权。但事实上"两高"自从中华人民共和国成立以来就实质上根据案件的需要制定司法解释来处理案件，解决法律适用中的困境。自1981年的全国人大常委会《关于加强法律解释工作的决议》授权后，"两高"为了进一步规范司法解释，先后各自在其系统内两次制定"规定"规范司法解释工作。"两高"在全国人大常委会的授权下形成了"两高"司法解释的分权模式，即在各自的职权范围内对具体应用法律、法令进行解释。当前"两高"司法解释工作经过多年的实践和摸索已经取得一定的实效，在法律适用、社会治理等方面作出了巨大的成绩。但是，透过当前司法解释的现状，我们也应看见我国司法解释存在可进一步改进的问题。要使我国法治建设更加快速、健康、有序发展，必须在巩固"两高"司法解释职权理念的基础上加强司法解释的规范化和统一监督，才能使司法解释沿着法治的轨道前行。对此，笔者认为，司法解释的监督权当属于最高人民检察院，由最高人民检察院统一行使司法解释监督职能，以此达到法律的统一正确实施。

首先，目前司法解释的监督职能是由全国人大常委会行使。笔者认为，全国人大常委会对司法解释的监督是软监督，还没有达到实质性的监督效果，仅仅是备案的职能。司法解释的监督应当由检察机关统一监督行使，全国人大常委会负责备案。前文已有论及，若由全国人大常委会进行司法解释监督，鉴于其职能定位和工作环境的限制，难以达到法律适用的实际效果。因此，由检察机关对司法解释统一监督，具有其正当性和合理性。

其一，检察机关是法律监督机关，是维护法律统一正确行使的司法机关，由其审查司法解释具有其正当性。

《宪法》规定法律的解释权属于全国人大常委会，全国人大常委会将司法解释权授权“两高”，这是实践的证明和事实的需要，因为全国人大常委会不是司法机关，对法律的具体应用问题中需要解释的事实是远离的、陌生的。但是，尽管全国人大常委会将司法解释权授予“两高”，全国人大常委会仍掌握着司法解释的审查权和备案权，没有授予相关部门。2007 年 1 月 1 日起施行的《各级人民代表大会常务委员会监督法》第 31 条规定“两高”制定司法解释应当自公布之日起 30 日内报全国人大常委会备案。笔者认为，人大常委会属于国家权力机关，要求司法机关作出的司法解释报送其予以备案当属职权职能的监管。但是，若“两高”制定的司法解释确实存在违法或侵害当事人权益的问题，全国人大常委会再根据相关规定撤销该司法解释，从制度构建的合理性以及司法资源的合理利用的角度来看，这种事后监督方式存在着不足。尽管在保护合法法益方面值得肯定，但就实现正义的时效性而言，这种保护却是迟到的。全国人大常委会对司法机关作出的司法解释进行审查还要经过召开专家会议或者进行论证等程序。一般来说，参与论证会的专家多属学界专家，在司法实务方面的经验相对较少，对司法实务中具体的法律运行了解不足，这不利于司法解释的审查工作。因此，笔者认为，全国人大常委会的备案审查实质为形式意义上的备案审查。2024 年修订的《各级人民代表大会常务委员会监督法》第 42 条规定:“国务院、中央军事委员会、国家监察委员会和省、自治区、直辖市的人民代表大会常务委员会认为最高人民法院、最高人民检察院作出的具体应用法律的解释同宪法或者法律相抵触,或者存在合宪性、合法性问题的,最高人民法院、最高人民检察院之间认为对方作出的具体应用法律的解释同宪法或者法律相抵触,或者存在合宪性、合法性问题的,可以向全国人民代表大会常务委员会书面提出进行审查的要求,由全国人民代表大会有关专门委员会和常务委员会工作机构进行审查、提出意见。前款规定以外的其他国家机关和社会团体、企业事业组织以及公民认为最高人民法院、最高人民检察院作出的具体应用法律的解释同宪法或者法律相抵触的,可以向全国人民代表大会常务委员会书面提出进行审查的建议,由常务委员会工作机构进行审查;必要时,送有关专门委员会进行审查、提出意见。全国人民代表大会有关专门委员会、常务委员会工作机构可以对报送备案的具体应用法律的解释进行主动审查,并可以根据需要进行专项审查。”第 43 条规定:“全国人民代表大会宪法和法律委员会、有关专门委员会、常务委员会工作机构经审查认为最高人民法院或者最高人民检察院作出的具体应用法律的解释同宪法或者法律相抵触,或者存在合宪性、合法性问题需要修改或者废止,而最高人民法院或者最高人民检察院不予修改或者废止的,应当提出撤销或者要求最高人民法院或者最高人民检察院予以修改、废止的议案、建议,或者提出由全国人民代表大会常务委员会作出法律解释的议案、建议，由委员长会议决定提请常务委员会审议。”该法规定了“两高”司法解释与法律相抵触的救济办法，彰显了全国人大常委会对司法解释的监督措施，但不足的是该法没有从司法解释的技术和内容上起到真正监督作用，如没有要求司法机关说明或论证制定该司法解释的理由。笔者认为，这主要是因为，全国人大常委会的职能性质决定了其监督仅是备案的作用，还未达到对司法解释进行监督的实质效果。

其二，法院是司法机关，在其履行职能的工作中遇有不能直接适用法律条文时需要对法律条文进行解释才能将法律条文间接用于案件，作出判决。2021年修正的最高人民法院《关于司法解释工作的规定》在第10条规定：“最高人民法院制定司法解释的立项来源：(一)最高人民法院审判委员会提出制定司法解释的要求；(二)最高人民法院各审判业务部门提出制定司法解释的建议；(三)各高级人民法院、解放军军事法院提出制定司法解释的建议或者对法律应用问题的请示；(四)全国人大代表、全国政协委员提出制定司法解释的议案、提案；(五)有关国家机关、社会团体或者其他组织以及公民提出制定司法解释的建议；(六)最高人民法院认为需要制定司法解释的其他情形。基层人民法院和中级人民法院认为需要制定司法解释的，应当层报高级人民法院，由高级人民法院审查决定是否向最高人民法院提出制定司法解释的建议或者对法律应用问题进行请示。”

最高人民法院通过六种列举式情形来明确何时作出司法解释。同时，该条款还采用了一种概括性的方式，对需要作出司法解释的情形进行了总体规定，并对基层人民法院和中级人民法院认为有必要制定司法解释的情形进行了规范。

2019 年 5 月 13 日，最高人民检察院发布了修订的《司法解释工作规定》，其中第 9 条规定：“制定司法解释，应当立项。最高人民检察院制定司法解释的立项来源包括：（一）最高人民检察院检察委员会关于制定司法解释的决定；（二）最高人民检察院检察长关于制定司法解释的批示；（三）最高人民检察院法律政策研究室、各检察厅提出制定司法解释的建议；（四）省级人民检察院向最高人民检察院提出制定司法解释的请示；（五）全国人大代表、全国政协委员提出制定司法解释的建议或者提案；（六）有关机关、社会团体或者其他组织以及公民提出制定司法解释的建议；（七）最高人民检察院认为需要制定司法解释的其他情形。省级以下人民检察院认为需要制定司法解释的，应当层报省级人民检察院，由省级人民检察院审查决定是否向最高人民检察院提出请示。”最高人民检察院是采用列举式列举出七种需要作出司法解释的情形，也与最高人民法院一样采用概括式，用“需要制定司法解释的其他情形”进行预留，以应对新情况、新情形的出现。

关于“两高”间司法解释的冲突解决办法，“两高”也有相应的规定。2021 年修正的最高人民法院《关于司法解释工作的规定》的第 7 条规定：“最高人民法院与最高人民检察院共同制定司法解释的工作，应当按照法律规定和双方协商一致的意见办理。”而 2019 年修订的最高人民检察院《司法解释工作规定》第 7 条规定：“对于同时涉及检察工作和审判工作中具体应用法律的问题，最高人民检察院应当商请最高人民法院联合制定司法解释。对于最高人民法院商请最高人民检察院联合制定司法解释的，最高人民检察院应当及时研究，提出意见。最高人民检察院与最高人民法院联合制定的司法解释需要修改、补充或者废止的，应当与最高人民法院协商。”

可见，“两高”对需要共同制定、修改和补充的司法解释是通过协商一致的办法来解决的。对于“两高”在司法解释中可能存在分歧，没有像先前“两高”的规定一样明确有具体解决办法的，均以“协商一致”决定带过。对此，笔者认为，如有原则性分歧的应先协商，协商不成的报全国人大常委会解释和决定。虽然上文已经分析过，司法解释由全国人大常委会解释不具有其合理性，但此处针对“两高”的司法解释分歧问题，笔者主张还是由全国人大来决定分歧的解决。笔者认为，在目前的制度下，“两高”对制定司法解释有原则性分歧的解决制度规定只是一种“制度”预设，事实上司法实践中较为少见，因为若最高人民法院在制定某项司法解释时，事先想到最高人民检察院可能有意见，往往是采用联合制定的方式，邀请检察机关联合发文，共同制定出台司法解释。

在当前“两高”司法解释分立的格局下，有学者也将其称为二元格局的制度。这种分立解释制度如在实践中遇到同一需要解释的问题，是否协商共同制定，或征求另一方意见联合制定，也存在很大的不确定性。因为在制定司法解释的过程中，可能存在争抢制定或相互推诿情形，实践中存在较多的问题是争抢制定。

如 2006 年 7 月 26 日，最高人民检察院发布《关于渎职侵权犯罪案件立案标准的规定》，其中第19条“环境监管失职案（第四百零八条）”中对于致使公私财产遭受重大损失或者造成人身伤亡的严重后果的行为的立案标准规定中的第6部分规定，“造成基本农田或者防护林地、特种用途林地10亩以上，或者基本农田以外的耕地50亩以上，或者其他土地70亩以上被严重毁坏的”。而最高人民法院2006年7月21日发布的《关于审理环境污染刑事案件具体应用法律若干问题的解释》（已失效）的第1条关于《刑法》第408条规定的“公私财产遭受重大损失”第2项规定，“致使基本农田、防护林地、特种用途林地五亩以上，其他农用地十亩以上，其他土地二十亩以上基本功能丧失或者遭受永久性破坏的”。“两高”在相差不足一周时间内发布司法解释在认定标准上存在如此差异，充分说明了“两高”在制定相关司法解释时，未协商过，更不用说协商一致而制定司法解释了。“两高”分制的制度极可能导致这样的司法解释不一致的局面。这一现象告诉我们，由一个机关来监督司法解释的统一性成为必要，以体现法制统一和提升国家治理能力，这是法治的基本要求，是国家治理能力的提升体现。“因此，由有权机关依法作出法定解释，统一口径，化解矛盾冲突，就可以避免适用上的困惑或混乱。”〔1〕

针对当前我国司法解释主体不唯一的现状，笔者建议，将司法解释的审查权交由检察院行使较为合适，以统一司法立场，同时全国人大常委会的备案制度保持不变。

---

〔1〕 郭道晖：《法理学精义》，湖南人民出版社2005年版，第263页。

检察机关法律监督的属性使其监督法院的司法解释具有正当性。检察机关的检察职能就是监督法律的统一正确实施。司法解释要根本符合法律本来的意旨才实现法律的统一正确实施，才不会偏离立法精神，符合人民意愿。事实显示任何权力都极易被滥用，正如孟德斯鸠所言："一切有权力的人都容易滥用权力，这是万古不易的一条经验。"我们可以看见最高人民法院这些年来制定的个别司法解释是存在越权之嫌的。如我国《刑法》第 67 条第 2 款规定："被采取强制措施的犯罪嫌疑人、被告人和正在服刑的罪犯，如实供述司法机关还未掌握的本人其他罪行的，以自首论。"这里的"其他罪行"，笔者认为，应当包括《刑法》中同种类罪和不同类罪，这样才符合立法精神和原旨，才能为普通民众所接受。1998 年 5 月 9 日，最高人民法院发布《关于处理自首和立功具体应用法律若干问题的解释》，该解释第 2 条规定："根据刑法第六十七条第二款的规定，被采取强制措施的犯罪嫌疑人、被告人和已宣判的罪犯，如实供述司法机关尚未掌握的罪行，与司法机关已掌握的或者判决确定的罪行属不同种罪行的，以自首论。"可见，最高人民法院的这一解释是对《刑法》规定的"其他罪行"的限制性解释，该解释可能导致整治犯罪不力，因为其缩小了"其他罪行"的范围。

最高人民法院的个别司法解释还表现出入侵立法解释之嫌，如 1998 年 8 月 28 日，最高人民法院发布《关于审理骗购外汇、非法买卖外汇刑事案件具体应用法律若干问题的解释》，该规定第 4 条第 1 款规定："……骗购外汇，数额在五百万美元以上或者违法所得五十万元人民币以上的，按照刑法第二百二十五条第（三）项的规定定罪处罚。”这是在当时《刑法》没有对骗购外汇罪作出规定的情况下，最高人民法院以类推解释的方法将骗购外汇的行为解释确定为“非法经营罪”。笔者认为，司法解释是对法律文本的解释，是在现有法律存在前提下的解释，而不是在无法律文本的情况下解释。在法律没有作出规定的情况下，就应当由立法机关作出立法解释，来解决司法困境，否则可能构成司法对立法的入侵。最高人民法院无权对非自己权域范围之事项作出解释。对此，在1998年12月29日，全国人大常委会发布《关于惩治骗购外汇、逃汇和非法买卖外汇犯罪的决定》，该决定第1条规定了“骗购外汇罪”，取代了最高人民法院的上述司法解释。

我国《刑法》第384条规定了构成挪用公款罪，必须是挪用公款“归个人使用”。而1998年4月29日最高人民法院发布的《关于审理挪用公款案件具体应用法律若干问题的解释》在第1条第2款规定：“挪用公款给私有公司、私有企业使用的，属于挪用公款归个人使用。”这个解释明显是对《刑法》规定的“个人”作了不当扩张，将“私有公司、私有企业”单位扩张解释为“个人”。全国人大2002年4月28日制定《关于〈中华人民共和国刑法〉第三百八十四条第一款的解释》，将挪用公款“归个人使用”的含义解释为三种情形：“（一）将公款供本人、亲友或者其他自然人使用的；（二）以个人名义将公款供其他单位使用的；（三）个人决定以单位名义将公款供其他单位使用，谋取个人利益的。”最高人民法院的上述司法解释扩大了“归个人使用”的范畴，使挪用公款的门槛降低。全国人大作出立法解释对最高人民法院关于“归个人使用”的错误解释进行了纠正。法律严厉当然是必要的，酷法能够起到威慑产生犯罪念头之人的作用。但是，法律的惩治范围不能无限扩大，否则将会导致无辜之人被错误地定性为“罪犯”，这违背了法律的初衷。因此，法律的扩张解释和缩小解释应当被严格限制。

从上述最高人民法院的三个司法解释的实例可以得知，对最高人民法院的司法解释有必要进行规范和管理。我国法律规定全国人大对“一府一委两院”进行监督，这里的监督主要是工作职责的监督，在具体职能业务技能上，人大对“两院”监督的可操作性较弱，这是由人大的职能及“两高”的司法专业性所决定的。因此，当前全国人大对“两高”的司法解释所进行的“专业监督”还需加强的问题，具体表现在监督的专业性不足、监督的时间存在滞后性，以及监督的运行机制应加强操作性等方面。

而检察机关对法院的司法解释的监督具有正当性。首先，在法律职能上，检察机关本属于法律监督机关，检察机关的职能就是履行法律监督，保证国家法律的统一正确实施。司法解释是司法机关在具体应用法律中对法律适用的解释，所作出的解释本该是也应当是法律原旨实践的具体化。因此，检察机关的司法解释权当属于检察机关监督法律实施的组成内容，是检察机关履行法律监督，保证法制统一，实现法律的统一正确实施的重要的职能。

其次，与全国人大机关远离具体的司法实务及法律实施不同，检察机关从事司法实践工作，深知司法实践中法律的具体困境及其如何克服的办法，即对法律在司法实践中的具体情况有较为全面、深入地把握和了解。因此，检察机关监督法院制定的司法解释具有现实性、专业性和必要性。

最后，检察机关对法院司法解释进行监督具有可接受性。社会公众对事物的接受性源自该事物的基本属性及其能力的尽责程度。检察机关的法律监督职能早已深入人心，自中华人民共和国成立以来，检察机关一直承担着监督职责，并取得了良好的社会和法律效果。民众在遇到需要法律监督的情况时，总是会首先想到检察机关。在民众眼里检察机关具有较高的社会正义感，具有法律监督的天然属性。因此，检察机关监督法律的统一正确实施具有较为广泛的民众观念基础和监督的可信赖性。

通过上述论证后，也许有人会说，检察机关监督法院的司法解释，那检察机关自身的司法解释由谁来监督呢？笔者认为，这一疑问之所以产生，是对我国政治制度缺乏深入的认识和理解，这样的问题就像“世界上是先有鸡蛋还是先有鸡”的悖论一样，容易让人陷入无休止的争论和旋涡之中。其实，检察机关制定的司法解释在司法实践的审判环节就处于法院的监督之中，且是实质性监督。也就是说，如检察机关制定的司法解释不符合法律的基本要求和实质精神等问题，那么法院在审判过程中是不会积极主动采纳适用的。

检察机关对法院的司法解释的监督是在我国的政治体制下的监督，是符合制度设计和司法现实的监督。在现有的司法解释制度上增加检察机关对法院司法解释的监督，人大备案制度仍然保存。笔者对此制度的思考结论是：

第一，“两高”在制定司法解释时涉及共同司法解释权限领域由“两高”协商确定制定司法解释。如协商不成，则报请全国人大常委会决定由谁解释及其解释内容。

第二，在最高人民检察院设置相关司法解释审查职能机构，专门审查司法解释的制定程序和实质内容是否具有合法性。法院的司法解释送最高人民检察院司法审查机构审查，由该机构作出是否具有合法性的审查认定。如不具有合法性，对其效力立即不予认定，这具有两个好处，一是司法解释能被进行实质审查，使司法解释真正具有司法实效性。二是这样的做法避免了司法生效后才被全国人大机关审查的时间上的滞后性。按照现行的规定，“两高”制定司法解释后 30 日送交全国人大常委会备案，30 日对于一个案件的处理而言太久了，并且这样的司法解释审查极易引起司法的混乱，即全国人大常委会一旦事后对司法解释作出否定性评价，那么对于已经依据该司法解释作出的判决是否又将重走司法程序，走向纠错阶段？这无疑是有损司法权威的。

第三，最高人民法院制定司法解释的应当在制定后 3 日内送交制定司法解释的材料，其材料包括：制定理由、制定依据、制定程序等。最高人民检察院收到该材料应当在 7 日内作出处理意见，并统一配以司法解释文号，以规范现实“两高”司法解释文号混乱的现状。检察机关履行好司法解释的监督职能，才能更好地履行法律监督职能，保证国家法律的统一正确实施，结束当前司法解释监督的不足之处，有必要从制度上设计一个机关来履行监督职能，保障法律的统一正确实施。因此，检察机关对法院的司法解释的监督就显得更为必要。司法判案首先需要法制的统一，才可能有法律的统一正确实施，才能具有公信力，具有权威性，才能获得民众的信任。

三、刑法解释的对象

刑法解释的对象是什么？在研究刑法解释立场时，首先需要明白解释的对象是解释立场的一个前提问题，是一个不可回避的问题，是我们在研究刑法解释立场中必须明确的问题，不然这个研究问题可能会偏离方向。“对象”一词常见于我们生活中，它通常有三种含义，一是指行动或思考问题时所指向的目标事物；二是特指恋爱的对方；三是北方方言中指物色配偶。显然，这里谈论的刑法解释的对象问题，是属于行动或思考问题时候所指向的目标事物。司法是具有公信力的权威司法机关对法律的适用活动，是一种法律的实践活动。刑法解释也要求有明确的对象，解释要有目标指向的事物。据此，刑法解释的对象是立法机关和司法机关在司法解释活动中所指向的目标事物。只有明确了解释的对象，解释才会有明确的目的和方向。

传统刑法解释的对象观念认为，刑法解释的对象，指的是刑法解释活动所指向和关注的具体内容或目标。在刑法学和法律解释学的语境中，刑法解释的对象主要涉及以下几个层面：

（1）刑法条文。刑法条文是刑法解释最直接和主要的对象。刑法条文是刑法的表现形式，它以文字的形式规定了犯罪与刑罚的具体内容。刑法解释的首要任务是对刑法条文进行解读和阐述，明确其含义和适用范围。包括对刑法条文的字面意义、语法结构、逻辑关系和上下文联系等进行深入分析，以揭示其内在的法律精神和立法意图。

（2）刑法规范。刑法规范是刑法条文所体现的法律准则和行为标准。刑法解释不仅要解释刑法条文的字面意义，还要揭示其背后的法律规范和法律原则。这涉及对刑法规范的法律效力、法律后果以及与其他法律规范的相互关系的分析和理解。通过刑法解释，我们可以更深入地把握刑法规范所蕴含的法律精神和价值追求，从而确保其在司法实践中的正确适用。

（3）刑法案例。在司法实践中，刑法解释还需要关注具体的刑法案例。刑法案例是刑法规范在司法实践中的具体应用和体现。通过对刑法案例的分析和解释，我们可以了解刑法规范在特定情境下的适用情况和实际效果，从而进一步丰富和完善我们对刑法规范的理解和认识。同时，刑法案例也为刑法解释提供了重要的实践经验和参考依据。

（4）刑法理论和刑法政策。刑法解释还需要考虑刑法理论和刑法政策的影响。刑法理论是刑法解释的重要理论基础，它为我们理解和解释刑法条文和刑法规范提供了重要的思路和方法。而刑法政策则是国家在一定时期内对刑法适用的总体方针和指导思想，它影响着刑法解释的方向和重点。因此，在进行刑法解释时，我们需要充分考虑刑法理论和刑法政策的影响，以确保解释结果的科学性和合理性。

事实上，刑法解释的对象是一个多层次、多维度的概念，它不仅涵盖刑法条文、刑法规范、刑法案例、刑法理论、刑法政策等各个方面，还包括刑法案件中的具体事实。在进行刑法解释时，需要全面考虑这些因素，准确确定刑法解释的对象，以确保解释结果的准确性和有效性。

刑法适用的司法解释属于刑法解释类型之一。关于司法解释主要有两种解释：一是《新编法学词典》认为，司法解释是司法机关在审判中适用法律时，根据自己对有关法律条文的理解所作出的解释。这种观点是把法律条文视为法律解释的对象。〔1〕二是《中国大百科全书·法学卷》认为，司法解释是司法机关将法律规范适用于具体案件或事项时，对有关法律规范的解释。〔2〕这种观点是把法律规范当成司法解释的对象。同属于两种具有权威性的典籍，却在定义上存在差异，那么，究竟什么是法律规范？什么是法律条文？法律条文是否可以被视为法律规范的一部分呢？在我国，对于法律规范的概念一直未能达成共识。张文显教授在《法学基本范畴研究》中也没有对该概念作出明确的解释，而在他主编的《法理学》教科书中，他将规范和规则等同使用，指出“这里，我们也将规则与规范作为同一概念使用”〔3〕。

在我国法学理论界，一向均是将 norm 翻译为规范，而将 rule

---

〔1〕 参见乔伟主编：《新编法学词典》，山东人民出版社 1985 年版，第 246 页。

〔2〕 参见中国大百科全书出版社编辑部编：《中国大百科全书·法学卷》，中国大百科全书出版社 1984 年版，第 81 页。

〔3〕 张文显主编：《法理学》，高等教育出版社、北京大学出版社 1999 年版，第 117 页。

翻译为规则。凯尔森认为，立法者创设的是规范，而法律科学表述却是规则，规范是规定性的，规则是叙述性的，这两种是存在区别的。[1]

在沃克看来，法律规则和法律规范都是规范人的行为的，只是规则较为具体，规范较为抽象，规范比规则抽象。郭道晖教授认为，法律规范（norm of law）是规定行为主体在法定条件下的行为模式及其法律后果，以作为调整人的行为的标准和检验的尺度。[2]可见，郭道晖教授也认为法律规则和法律规范有时是可以通用的。同时，法律规范与法律规则是有区别的，法律规范较为抽象和概括，而法律规则是较为具体的。

在现代法治国家，高度概括的法律条文通常能够直接以语言表达法律的意旨，然而，面对复杂多变的社会生活，法律在适用于具体社会情境时往往需要进行解释。司法也不仅限于法条的字面含义，更多的是需要法律精神和立法意图等实践于司法中，“在探求每一法律条款的意义之外，更需要考虑一个法律文本的总的立法意图”[3]。立法意图是体现制定法律的根本目的所在，否则立法就显得多余。“一般来说，立法规范的条文表述，应当是立法本旨的符号现象。但是无论是法典中的条文，还是判例中所援用或体现的具体规则，都有可能偏离立法的本旨。这不仅根源于人类文

〔1〕 参见［奥］凯尔森：《法与国家的一般理论》，沈宗灵译，中国大百科全书出版社1996年版，第48页。

〔2〕 参见郭道晖：《法理学精义》，湖南人民出版社2005年版，第229页。

〔3〕 苏晓宏：《论司法解释的对象》，载《华东政法学院学报》1999年第5期。

字在表述思想过程中所无法避免的缺陷，还缘于立法过程的多个环节，容易使立法者关于规范的文字表述有时不能完全充分地体现立法的真正意旨。”〔1〕可见，对法律条文的解释是司法中最重要的过程之一，没有解释的法律条文是难以应用于案件之中的，就要求司法对法律条文的解释，法律条文成为法律解释的对象。

在我国，法律规范与法律条文并不等同，这一点已得到广泛共识。“法律规范在成文法中当然要由法律条文体现出来，但是一个法律规范并不等于一个法律条文，一个法律规范可能包括在多个法律条文中；一个条文也可以包括几个法律规范。”〔2〕法律规范（或法律规则）是法律条文的内容，法律条文是法律规范（或法律规则）的表现形式，并不是所有的法律条文都直接规定法律规范（或法律规则），也不是每一个条文都完整地表述一个规范（或规则）或只表述一个法律规范（或法律规则）。法律规范蕴含在法律条文之中，当我们从法律条文中提炼出法律规范时，就找到了用以评判案件的具体规则。如果这种规范在条文中已经表述得十分明确，那么就不需要进一步的解释，这只是一种对法律条文的直接理解，而非对法律的解释过程。

事实上，不是所有的法律规范都在法律条文中直接显示出来，“法律的规则、概念、用语，或简言之，法律据以表达它自己的语

〔1〕柴发邦主编：《体制改革与完善诉讼制度》，中国人民公安大学出版社 1991 年版，第 55 页。

〔2〕参见中国大百科全书出版社编辑部编：《中国大百科全书·法学卷》，中国大百科全书出版社 1984 年版，第 81 页。

言，并不具有数学的精确或逻辑的严密，这使法律具有一种‘开放性质’或曰‘空缺结构’”[1]。这使司法过程中必然对法律规范进行解释，经过解释的法律才能更好地应用于案件之中，维护当事人的权益，实现社会正义。将刑法条文理解为刑法解释的对象，既缩小了解释范围，又不符合国家立法精神。1981 年全国人大常委会发布的《关于加强法律解释工作的决议》第 1 条明确规定：“凡关于法律、法令条文本身需要进一步明确界限或作补充规定的，由全国人民代表大会常务委员会进行解释或用法令加以规定。”第 2 条规定：“凡属于法院审判工作中具体应用法律、法令的问题，由最高人民法院进行解释。凡属于检察院检察工作中具体应用法律、法令的问题，由最高人民检察院进行解释……”从这两条规定可知道，法律条文不能直接成为司法解释的对象，司法解释的对象只能是在司法工作中对具体应用的法律、法令。[2]直接解释法律条文的权力属于立法权范畴，司法机关不能享有。

什么是具体适用法律呢？笔者认为，具体适用法律是司法机关在司法过程中，将具体案件事实与法律规范进行融贯寻找其一致的契合点，以此作出公正的司法判决，解决社会纠纷。在这个过程中，司法机关不可能仅就制定法的条文进行解释，还必须考虑法律事实，对其进行说明。如《关于办理危害药品安全刑事案件适用

---

〔1〕 梁治平：《解释学法学与法律解释的方法论——当代中国法治图景中的法解释学》，载梁治平编：《法律解释问题》，法律出版社 1998 年版，第 96 页。

〔2〕 参见陈金钊：《司法解释的对象辨析》，载《法商研究（中南政法学院学报）》1994 年第 4 期。

法律若干问题的解释》(高检发释字〔2022〕1号)中,“两高”的解释不仅要求司法实务中司法机关要对法律条款进行说明,还要对“足以严重危害人体健康”“对人体健康造成严重危害”等进行说明,这就是对法律事实的解释。因此,法律条文和法律事实均是司法解释的对象。“这就是司法解释的对象应包括两部分:一部分是作为‘本文’的成文法律,另一部分就是经过解释主体选择,并与成文法相关的事实,包括事件与行为。”[1]法国释义学家保罗·利科尔在《解释学与人文科学》中用的“本文”一词,到中国解释学中的通用概念为“文本”,这并非词序的差异,而是翻译的习惯,视为法律“文本”。“本文”属于广义的认识客体,其彰显出解释客体和解释对象的理论分野,而法律文本就是法律条文。法律条文是法律规范的文字表述形式,是规范性法律文件的构成要素,而法律规范是法律条文的内容,法律条文的基本内容是法律规范,但法律条文中除了法律规范外,还存在如法律原则等其他因素。在解释刑法时,不限于解释某个刑法行为规范,而可能是解释刑法原则,也可能是解释某些通用的刑法条文的含义,如“重大立功”“怀孕的妇女”“情节特别严重”等。因此,成文法律和法律事实都是司法解释的对象。

关于事实是否成为解释的对象问题,有学者认为,刑法解释的对象不包括事实。刑法解释主要针对的是刑法条文、刑法规范以及与之相关的刑法理论和刑法政策等法律文本和法律规定。这

---

〔1〕 陈金钊:《司法解释的对象辨析》,载《法商研究(中南政法学院学报)》1994年第4期。

些事项构成了刑法解释的核心要素，其目的在于明确和理解刑法规定的具体含义、适用范围以及法律效力等。而事实则是指实际发生的事件或具体情况，它是案件审理过程中必须查明并认定的客观基础。事实并不属于刑法解释的对象，而是刑法适用的对象。在司法实践中，法官需要根据查明的案件事实，结合刑法规定和相关法律解释，对案件进行裁决。当然，在解释刑法规定时，有时需要参考相关的案件事实或社会背景，以更好地理解刑法规定的含义和适用范围，但这些事实并不是刑法解释的直接对象，而是作为解释过程中的辅助材料或参考依据。因此，可以明确地说，刑法解释的对象不包括事实，而是针对刑法条文、刑法规范等法律文本和法律规定的解释和阐述。

该观点认为，司法人员在法律实务中，往往不是直接解释刑法条文，而是将案件事实进行法律涵摄，进而进行事实裁判。将事实归摄于法条之中，进行事实裁判，其实质是在解释法律的基础上进行裁判事实和陈述解释结论。因此，该观点反对将事实作为解释对象。〔1〕在刑法发展中，为了正义的实现，从恩吉施“目光往返来回于规范与事实之间”，到考夫曼“规范与事实的类推”，再到沃尔夫冈·费肯杰的“个案规范”，无不显示出法律规范与案件事实的有机统一。司法者在司法过程中不能脱离案件事实抽象地解释法律，否则将无法进行有效的案件裁判。因此，司法者在司法中是将案件事实进行法律涵摄，进而进行事实裁判，将事实归摄于法条

〔1〕 参见王凯石：《刑法适用解释研究》，西南政法大学 2006 年博士学位论文，第 43～44 页。

之中，进行法律裁判。苏力教授指出：“司法中所说的法律解释并不限于对法律文本的解释，甚至主要不是对法律文本的解释……司法上所说的法律解释往往仅出现在疑难案件中，这时法官或学者往往将这整个适用法律的过程或法律推理过程概括为‘法律解释’，其中包括类比推理、‘空隙立法’、裁剪事实、重新界定概念术语乃至‘造法’。”〔1〕可见，苏力教授也认为“裁剪事实”是进行法律解释。法律解释要对案件事实进行分析，进行法律裁判，释放法律意义。因此，案件事实也是法律解释对象，作为刑法解释对象，案件事实当然属于解释对象。

值得注意的是，我国正在从侧重于立法的法制社会迈向全面依法治国的法治社会。全面依法治国必然要求法律适用准确无误，而法律适用的正确性则必然依赖于法律解释的正确性。国家对社会生活的方方面面进行立法，虽从某些法律来看立法技术还需要提升，但总体而言是在快速前进，并处于不断完善中。在全面依法治国的背景下，立法所形成的法律需要通过解释以适用于具体的案件，因此法律适用中的解释尤为重要，具体到刑法中解释涉及立场的选择。在全面依法治国，建设社会主义法治国家的进程中，我们既要提升立法技术，强化立法的科学性、注重立法质量，也要注重法律适用中的解释。不管立法再怎么发达，对于立法语言中存在的概括性总结性的概念性语言总是绕不开，法律条文中概括性、总结性的概念性语言在法律文本中总是存在，当遇到具体

〔1〕 苏力：《解释的难题：对几种法律文本解释方法的追问》，载《中国社会科学》1997 年第 4 期。

案件时，需要司法者去解释法律适用于案件。

例如，《民法典》第1251条规定的“饲养动物应当遵守法律法规，尊重社会公德，不得妨碍他人生活”中的“社会公德”，法律不可能也做不到将“饲养动物”中违反社会公德的行为一一列举或用精练的语言概括出来，只能靠司法官在法律实践中根据具体情况，考虑社会公德在案件发生地的具体情形而通过价值判断来具体处理案件。同样，《民法典》第132条规定的“民事主体不得滥用民事权利损害国家利益、社会公共利益或者他人合法权益”中的“国家利益、社会公共利益、他人合法权益”，这里的“国家利益”“社会公共利益”也需要在具体办案中，对具体案件具体行为进行“国家”的、“社会公共”的利益考虑和价值判断后作出案件结论。

又如，《刑法》第2条规定“中华人民共和国刑法的任务，是用刑罚同一切犯罪行为作斗争，以保卫国家安全，保卫人民民主专政的政权和社会主义制度，保护国有财产和劳动群众集体所有的财产，保护公民私人所有的财产，保护公民的人身权利、民主权利和其他权利，维护社会秩序、经济秩序，保障社会主义建设事业的顺利进行”中的“维护社会秩序、经济秩序，保障社会主义建设事业”，什么是“社会秩序”，什么是“经济秩序”呢？立法上是不可能将这两种秩序具体而明确描述出来，需要在刑法适用中结合案件具体情形进行解释以适用。在我们的日常生活中，对“社会秩序”的认识是，它指的是一种动态、有序且平衡的社会状态，这一概念属于社会学范畴。其主要表现为一定社会结构的相对稳定状态。社会秩序需要规范予以调整才有既定的有序的状态。一定的有利于全民生活的社会关系体系要成为一种社会秩序并能维持下去，保持相对稳定有序，就必须借助反映与适合其需要的社会规范及规则来维持，同时这些规范和规则应被广泛遵守和执行。这些规范和规则直接体现着它们所代表、维护的社会秩序。遵守与维护这些规范、规则，即是遵守和维护有关的社会秩序。社会秩序要求所有社会成员都被纳入一定社会关系的体系中，每一个人都被置于一种确定的社会地位，各成员及各种社会地位之间的关系都被社会明确规定。刑法是保障社会秩序的有效手段，解决社会秩序问题最主要、最有效的途径是通过法律的制裁，从而达到维护社会稳定和谐的目的。社会秩序，是指社会生活中的各种要素、环节、方面以及过程之间，经过长期的互动与磨合，所形成的一种彼此协调、相互补充、共同维持的和谐状态。这种有序状态体现了社会生活的规则性、稳定性和可预测性，是社会正常运行和人们安居乐业的重要保障。司法官通过对“社会秩序”的通常理解以应用于具体案件，经过价值判断后，考虑其具体语境，对具体案件中的行为进行评判处理，形成可接受的案件结论，以维护社会秩序的既定状态。对“经济秩序”的理解则是，经济秩序是指使整个经济体系保持有机联系的内在机制。这种机制使经济体系能够自动运转，或者使某种指令能够通过这种机制传达到所有经济活动个体。经济秩序为经济活动提供了一个框架，使经济主体（如企业、个人、政府等）能够在其中进行有序的经济活动、获取经济效益。如果一个案件中的具体行为被社会认为是破坏了国家经济生活中的“经济秩序”，那么进入司法程序后，司法官会根据具体的语境，如国家经济环境、社会经济条件等因素对案件中具体行为进行考量而最终作出认定，以决定对该行为的惩处及幅度，保护既定的经济秩序。

法律文本中常出现的“社会秩序”“经济秩序”等概括性术语，其存在是必要的且可被理解的。尽管这些术语无法完全涵盖社会生活的某个方面或某种类型的所有概念，但在社会中却大量存在着侵害这类术语所涵盖概念的行为的案件。这似乎给人一种印象，好像没有明确的法律条文来规范这些现象，或者无法有效地规范这些现象。事实上，在法律上用类似诸如“社会秩序”“经济秩序”等词汇概括某方面或某类型的概括性现象是较为常见的立法技术。只有当这类案件出现时，司法机关的司法官才会依据这些概括性、原则性的法律术语进行价值判断，并作出相应的解释来处理案件，以惩治犯罪，维护社会正义。这时候法律解释对象就不只是法律条文和法律事实，还包括“社会公德”“社会公共利益”“国家经济计划”“社会经济秩序”等概括性法律概念。但是，这样的解释也是有限度的，常见于民事部门法、经济类部门法中。而在国家刑事法律制度中，如犯罪和刑罚、对公民政治权利的剥夺、限制人身自由的强制措施和处罚等，对这些基本制度国家通常是以立法的方式明确规范其领域和内容，较少采用司法解释予以处理，否则可能存在对立法权的入侵。这是法律的保留，主要涉及国家基本制度问题。但在刑事法律中，确实存在着这样的情况，如《刑法》文本中的“社会秩序”“经济秩序”等词汇。

通过上面的论述，可知刑法解释的对象是法律文本（规范）、法律事实、刑法案例、刑法理论、刑法政策，还有诸如“社会公德”“社会公共利益”“国家经济计划”“社会经济秩序”等法律不尽概括或难以概括的现象。

综上所述，可以认为，法律解释的对象也必须是发生在司法过程中的，是司法机关具体应用法律处理案件时所指向的对象。

四、刑法解释的目的

目的通常是行为主体根据自身需求，通过意识、观念的中介作用，预先设定的行为目标和预期结果，并以此为导向进行行为指向。作为观念形态，目的反映了人对客观事物实践关系的追寻。人的实践活动以目的为指向，目的贯穿实践过程的始终。人是有意识的动物，因此，人的行为通常具有目的性。人类对刑法予以立法后，为了刑法价值的实现，惩治触犯刑法规范的行为，维护社会秩序和促进美好生活，适用刑法规范于具体案件就必然要选择解释立场，进行刑法解释，才能将刑法规范应用于具体案件中，作出让绝大多数人可接受的案件结论。有了刑法规范为何仍需要进行刑法解释呢？刑法解释的目的何在？“法律解释的目的在于按照人类共同生活的公正的和谐的秩序原则之意义，理解法律规范既定的含义。”〔1〕理解法律规范既定的含义，是确保法律得以正确统

〔1〕 王祖书：《刑法目的论解释的功能界定》，载《北方法学》2016年第2期。

一实施的前提，旨在维护和促进一种和谐、既定的生活秩序。刑法解释的目的是准确理解和适用刑法。对于刑法解释的目的可以从以下四个方面进行深入理解。

首先，刑法的内容由文字表达，而文字具有模糊性和多义性。任何用语，哪怕其核心意义很明确，也会向边缘扩展，造成外延的模糊。同时，绝大多数用语都具有多个意思，如果没有合理的解释，就很容易造成误解。因此，通过刑法解释，可以明确《刑法》条文的真实含义，避免歧义和误解。

其次，刑法具有抽象性。《刑法》分则条文规定了各种犯罪类型，这些犯罪类型是犯罪行为的类型化。然而，抽象的刑法规定难以全面规定各种犯罪的具体表现形式，而现实的案件都是具体的。因此，通过刑法解释，可以将抽象的刑法规定与具体的刑事个案相结合，将目光不断往返于事实与规范之间，使刑法在司法实践中得到正确适用。

再次，刑法解释有助于解决刑法规范的不明确、不确定问题。刑法规范在制定时，可能由于各种原因而存在不明确或不确定的地方。通过刑法解释，揭示刑法规范的原旨含义，找准法律意涵，解决这些问题，可以使刑法规范更加明确而具体。

最后，刑法解释有助于实现司法公正。在司法实践中，法官需要根据查明的案件事实和刑法规范进行裁决。然而，由于案件事实的复杂性和多样性，以及刑法规定的抽象性和模糊性，司法官在裁决时可能会遇到困难。通过刑法解释，可以为司法官提供正确的理解和适用刑法的指引指导，从而确保司法裁决的公正性和准确性，以实现正义。

总之，刑法解释的目的是准确理解和适用刑法，解决刑法规定在理解和适用过程中存在的问题，以解决刑事司法实践问题，确保刑法的正确实施，维护社会的公平正义。

社会生活主体由形形色色的人构成，他们来自不同地域、拥有不同的文化背景、秉承不同的习俗、持有各异的生活理念等，这些差异共同构成了丰富多元的社会生活。各个体的意愿可能不同，极可能造成冲突，一旦冲突形成，如何适用现有的刑法予以规制成为必要，此时刑法解释目的就应运而生。冲突或涉嫌犯罪所适用的法律为立法者代表国家所制定，在刑法适用的裁判中，“要求作为‘立法者的助手’的法官对待法律要有一种‘进行思考的服从’，这是必然的结果”〔1〕。于是法官对刑法的解释就出现了。在司法裁判过程中，“法官不能把案情按照逻辑学的方法纳入各种秩序的概念里，他必须——从目的论上——探讨，按其社会道德的和实际的目的，法律的规则是否可以应用到案情上”〔2〕进行判断，作出有目的的解释。因此，实现刑法对涉嫌犯罪行为的惩治成为解释的目的指向。刑法解释目的必将体现其价值，刑法价值是刑法精神所在。“在法律判断中经常包括价值判断，例如决定特定行为是否有过失。当法官决定采纳类推适用的方式与否，当法官‘衡量’相互冲突的法益或利益时，或者，当法官考量生活关系的新发展及改变时（与以前相比，法官作此种考量的机会要多得多），他们都必须

〔1〕［德］科殷:《法哲学》，林荣远译，华夏出版社2003年版，第218页。
〔2〕［德］科殷:《法哲学》，林荣远译，华夏出版社2003年版，第219页。

要以价值判断为基础。”[1]基于此，在刑法适用过程中，缺乏价值判断的解释是没有法律基础的解释，这将导致法律的遵循难以实现。刑法的价值蕴含在其条文之中，法律解释也必须秉持正价值的原则进行。解释过程受法律价值的约束，因此，解释应当且必须是一个正确的解释。一个正确的解释源于法律文字和法律目的所指向的意涵，“一个正确的解释因此必须永远同时根据原文文字和法律的目的。仅仅满足两者中的一个标准是不够的”[2]。必须两者兼顾。刑法解释的目的是确保司法适用的准确性，它是实现刑法价值所必需的重要手段。在法律的适用过程中，对刑法的解释是一种有意识的活动，这种意识活动具有明确的目的性，即确保刑法适用正确，做到罪刑法定，实现罪刑相适应的惩治效果，从而体现刑法的价值。作为部门法之刑法，关注的是人的行为和法益侵害，注重的是社会秩序，保障的是人权等严肃且最为重要部分，在适用中更需要追求其解释目的的正确性，才能实现刑法价值，实现公平正义。

---

〔1〕［德］卡尔·拉伦茨：《法学方法论》，陈爱娥译，商务印书馆2003年版，第19页。

〔2〕［德］克劳斯·罗克辛：《德国刑法学总论》（第1卷），王世洲译，法律出版社2005年版，第85～86页。

— 第二章 —

刑法解释立场的本体论

刑法解释立场的本体是刑法解释活动所围绕的中心，是刑法解释者需要理解和阐述的对象。刑法文本作为刑法规范的载体，是解释者进行解释的直接依据。各构成要件说也有助于解释者在不同情境下作出恰当的解释选择，以适应社会发展的需要。本章论述刑法解释立场之主体和文本，解释立场与各犯罪构成要件之间的关系。

第一节 刑法解释立场之本体

一、刑法解释立场之主体

有社会才会产生法。法的产生是需要社会根源的，不像自然界物质因自然而生，法的产生需要一定的社会原因。关于法的产生，宗教神法论者认为，法出“神意”，根据现在的科学水平和对当前社会关系的分析可知，该观点没有任何依据。历史法学派认为，法是基于“民族精神”而产生的，但值得注意的是该学派始终没有进一步说明，这种“民族精神”到底是基于什么产生的。因此，该学说对于法的产生始终没能自圆其说，让人费解。英国法学家、法律实证主义的创始人之一奥斯丁认为，法出自“主权者的命令”。在他看来，法律是人制定的，被制定的法律离不开权力者的意志，但是这个意志不能恣意妄为，否则在法的适用中将会遇到种种阻力，难以施行。有人认为法源于“民意”，法是民意的概括反映和集中体现，人民将权力通过契约形式让渡给国家，由国家按照一定程序将民意集中提炼进行立法，从而形成法律，以治理国家和社会。当然，在这个立法过程中，国家将会在法律中融入自身最大限度的利益考量，以谋求自身利益的最大化。立法者在制定法律的过程中，将对社会已出现或将出现的法律事实进行概括和抽象提炼，以便寻找其共性，形成规则。因此，普遍认为法律是对各种法律事实进行概括，抽象出它们的共同特征而形成的权威性范畴。人类组成社会（或国家）需要一种制度来维系，以稳固社会秩序，保障人民安全，增进人民福祉。一方面，人是生活在社会中的，自然就具有社会属性，人本性对物的需求决定了人与人之间存在某种利益。另一方面，社会资源是有限的，而人类的需求是无限的，这就产生了社会资源的有限性与人类需求的无限性之间的矛盾，就需要一种规则来调整人与人、人与社会等关系，于是法作为一种规则就这样出现了，“法不但是共同生活秩序的原理，并且是生活组织的原理”。[1]在不同历史时期的法律中体现的民意的分量各不相同。法律中体现的民意越多，说明这个社会的法治状况越好，越进步。法律正是这样不断演进，以更好地为民众服务。“法律的生成及其演化，就是人类对冲突加以回应的结果。因此，作为对挑战加以回应的法律，自然可以认为是对人类生存状态的表达了”。[2]在法治社会，法律与人们的生活更加贴近，从某种意义上说法律与人类生活就是“自然”联系。哈耶克在其著作《法律、立法与自由》中引用本哈德·瑞菲德的一段话，即“立法现象的出现，意味着人类历史上一种艺术的发明，即规定合法与不合法的艺术。在此之前，人们认为，法律是不能制定的，而法律只能作为某种本来就存在的东西来加以适用。根据这种观念，立法作为一种发明，就可能产生某种严重的后果，与火的发现或火药的发明所具有的那种严重后果一样。这是因为，越加强立法，人类的命运就会越依赖于法

〔1〕 韩忠谟：《法学绪论》，中国政法大学出版社 2002 年版，第 8 页。
〔2〕 李琦：《法学关于法律是什么的分歧》，载《法学研究》2005 年第 6 期。

律”来阐述生活与法的关联性。随后他指出:“立法这种发明赋予了人类以一种威力无比的工具——它是人类为了实现某种善所需要的工具,但是人类却还没有学会控制它,并确使它不产生大恶。立法向人类开放出了诸多全新的可能性,并赋予了人类以一种支配自己命运的新的力量观或权力观。”〔1〕在社会成员的组成结构中,普通民众占据绝对多数。法律除了涵盖民众让渡给国家治理者的那部分公共权力外,更应当充分体现更多民意,以更好地为广大民众服务。

法律诞生后,随之而来的问题是:在法律适用过程中,应以何为主体立场进行解释?这涉及法律解释立场的定位问题,即刑法解释应当站在什么立场上发言,以谁的立场为出发点进行阐述。刑法作为部门法,是规定犯罪和刑罚的规则,刑法规范是义务性规范,以禁止性义务规范为主,命令性规范为辅,并以最严厉的法律制裁——刑罚作为威胁,以国家强制力作为后盾保障实施。禁止性规范以消极义务为内容,即禁止人们为一定的行为,人们只要消极地不实施刑法禁止的行为即可,它一般直接由《刑法》加以规定,而不需要其他法律再加以特别规定,这不像其他部门法,在最为严重行为出现时仍还需要其他法律(刑法)来规范;命令性规范是以积极义务为内容,即命令人们为一定的行为,它是禁止性规范的必要补充规范,也由刑法加以规定,但刑法之外的其他法律往往更为详细地规定了人们如何具体履行这一义务。刑法规范是规范

〔1〕［英］弗里德利希·冯·哈耶克:《法律、立法与自由》(第1卷—规则与秩序),邓正来等译,中国大百科全书出版社2000年版,第113页。

人的行为规范中最为严厉的行为规范。人们生活的社会需要一个自由、有序、正义、和谐且平安的环境，让生活在这个环境中的人不会整日感到恐惧、惊慌和不安。刑法代表民意，反映民意，维护民意，其刑法适用中的解释也应当体现民意。刑法是为民众服务的法律，体现民意的刑法解释才具有民众可接受性，“一国的法乃是民族财富的组成部分，是市民的共同财富、传统的成果和祖先的遗产，也是适用该法的社会表达方式”〔1〕。作为享有刑法解释权的司法主体在司法活动中以谁的立场解释刑法成为关键。刑法立法是代表民意通过法律程序而制定，一经制定并公布，刑法就进入实施阶段。一方面，我们面对的是原则性、概括性较强的刑法语言条文；另一方面，社会刑事案件千变万化，绝不存在完全相同的案件。在这样的环境下，站在谁的立场上解释刑法，以谁的意志为出发点进行刑法解释成为关键问题。在刑法解释时，司法者应当也是必须做的就是沿刑法立法顺序寻源刑法的立法代表意旨背后主体多数权利，或是倒行找寻刑法代表的意旨主体多数权利，进而立足于多数权利者的立场解释刑法、适用刑法，这样的解释才符合立法背后多数权利者的利益，以此形成的判决才能得到最为多数人的接受，而不是完全代表国家治理者的意旨的判决。《周礼》中也有“三刺”之说，“三刺：一曰讯群臣，二曰讯群吏，三曰讯万民”〔2〕。可见，在我国古代，民众对刑法解释的认可就已成为衡量刑法适用的重要标准。在今天的法治社会，这一标准更应得到秉持。简言

〔1〕［日］大木雅夫：《比较法》，范愉译，法律出版社1999年版，第14页。

〔2〕高潮、马建石：《中国历代刑法志注释》，吉林人民出版社1994年版，第39页。

之，刑法解释的立场应以社会绝大多数民众的权利为立足点，以保障其权益为核心，力求形成社会可接受的判决，从而维护社会秩序，保障民众安全，进而维护国家稳定，实现良好的国家治理。

二、刑法解释立场之文本

在我国语境中，“文本”一词是指书面语言的表现形式，从文学角度说，通常是具有完整、系统含义的一个句子或多个句子的集合体。法律文本是法律语言表现形式，它记载了法律的权利和义务，是执法和司法的基本依据和界限。刑法文本就是刑法法律条文的组成，是经立法程序运作的产物；它运用规范的立法语言，追求表意上的平实、直接、严谨和准确，不掺杂个别化的独特语言风格，“法律是一种人民所不了解的语言写成的，这就使人民处于对少数法律解释者的依赖地位，而无从掌握自己的自由，或处置自己的命运”〔1〕。它所针对的是法律主体的外部行为；它的形成必然要受到人们关于立法活动的各种“预设”的制约，立法者在文本中应该使用规范的普通语词或专门语词，“法律的用语，对每一个人都要唤起同样的观念”〔2〕。法律用语应该遵行宪法，应该避免荒谬或明显不公的结果出现。同时，法律文本是具有权威性的文本，在执法和司法裁判的法律适用过程中，解释者在对法律文本进行解

〔1〕［意］贝卡利亚：《论犯罪与刑罚》，黄风译，中国大百科全书出版社1993年版，第15页。

〔2〕［法］孟德斯鸠：《论法的精神》（上），张雁深译，商务印书馆1982年版，第297页。

释时，必须首先承认其权威性，并且必须遵守相关的制度和程序约束。

在研究刑法解释与刑法文本时，中外刑法解释研究者都将刑法文本作为解释的对象进行研究。在这样的研究路径中，文本主义作为一种研究路径，进而将刑法文本（或文本主义）作为刑法解释的研究路径。把刑法理解为一种由语言文字写成的规范文本，可谓当下常识性的法律观念。事实上，这种文本主义观念看到的是法律的文本表现事实，却忽视了法律文本只不过是法律的记载而已，文本不过是一个文字载体。回顾法的历史，可以发现，原始的习惯法与最初的国际法并不包含在刑法规范中，但它们往往以习惯的方式存在，以非法律文本的形式表现出来，并得以在社会中实施。刑法的实际运用广泛存在于社会生活的各个领域，这正是习惯刑法和国际刑法（或国际刑法惯例）得以形成的基础。从刑法的发展历史来看，刑法规范最初并不是以文本形式出现的，而是在社会共同体的生活中，依靠人们对习惯、习俗的尊重和遵从来保持其明确性、稳定性和效力。那么，既然法律在尚未形成文本时也能得到人们的遵从，为什么后来又出现了刑法文本呢？究其原因，主要基于以下三点：一是人类社会空域不断扩大，而民族性又表现为一定的地域性，这使仅靠人们之间的自发互动、遵循习俗、刑法观念难以保证刑法规范的明确性、稳定性和有效性，刑法要求人们做什么，以及违反后承担什么样的后果都是需要“立字为据”予以明确的；二是国家统治者（或治理者）为了国家管理的需要，为了自身的利益，对原有的习惯法加以改造或补充，使之形成一种制度借以作为国家管理的工具，于是选择文本作为载体；三是文本载体的发明技术不断更新，经过石器、龟甲、木材（或竹块）后，造纸术的发明使人类记载文字语言的工具进入一个新的时代，为人类文明的记载提供了载体，这样的条件使文本记载成为现实。在刑法文本产生之后，人们又产生误解，认为文本上的以文字为载体的意思表述便是刑法意涵的全部。事实上，刑法文本只是刑法立法实践的结果，而真正的、全面而完整的刑法实践，是立法实践和司法实践的统一，即罪刑法定下的刑法解释的适用。

据考究，法律“文本主义”一词最先出现在美国的法律文献中。1952 年，法官罗伯特·杰克逊在“扬斯顿钢铁公司诉索耶案”的附随意见中写道，“列举的权力应有伸缩的空间以支持那些看起来合理的，切合实际的蕴含，而不应有教条的文本主义所要求的僵硬性”[1]。此后，“文本主义”一词就被广泛应用。在当时该词具有明显的贬义色彩，指固守法律文本的僵化保守态度。文本主义作为一种法律适用解释的方法、经历了早期的平白意义规则和后来的新文本主义两个阶段。在 20 世纪 20 年代，文本主义与意图主义处于竞争状态，随着法治的进步，意图主义逐渐成为主流，这与美国属于判例法国家分不开。到了 20 世纪 80 年代，美国联邦最高法院大法官斯卡利亚和联邦法院法官伊斯特布鲁克等人对意图主义解释进行批判，并在对早期平白意义规则进行扬弃的基础上，力倡了一种“新文本主义”的制定法解释方法。以斯卡利亚为

---

〔1〕 See Yongstown Sheet & Tube Co. *v.* Sawyer, 343 U.S.579.640(1952).

代表的新文本主义派认为，对于宪法解释，背景性材料无所不包。但在对制定法进行解释时，背景性材料却有着严格的限制。〔1〕该观点强调法律文本在解释中的压倒性地位，主张不应从立法史等文本之外的材料去辨明立法者意图进而偏离甚至违背法律文本的做法。平白主义倾向于恪守法律文本字面意义的严格主义解释方法，拒绝在解释过程中对制定法目的、意图以及文本背后掩藏的经济、文化、社会政策等进行探究。与平白主义相对的意图主义解释方法强调在宪政范围内应遵循立法至上，司法机关作为立法机关忠实代理人的角色，应把立法机关的法律文本输出活动等同于个体的言说，并指出作为议会忠实代理人的法院必须尽可能准确地确认和执行议会的命令，制定法是积极的政策工具，以服务于一些潜在的目的。〔2〕意图主义者认为制定法的目的与意图先于和高于法律文本。对此，新文本主义者则认为："我们不探究立法者意欲如何，我们只问制定法的意思是什么。"〔3〕

在我国刑法解释中，应当如何对刑法文本进行解读呢？刑法作为法律规范中最为严厉的一种，其立法必须充分反映国民对刑法的需求和期望，这是刑法得以有效实施的基本前提。国民对刑法的要求和期待都应当明确体现在刑法文本之中。这一点在我国

---

〔1〕 See Antonin Scalia, *A Matter of Pnterpretation: Federal Courts and the Law*, Priniceton Uninve Press, 1997, p.37.

〔2〕 参见刘翀:《美国制定法解释方法向文本主义的回归》，载《西南政法大学学报》2013 年第 6 期。

〔3〕 Oliver Wendell Holmes, *The Theory of Legal Interpretation*, 12 Harard Law Review 419 (1899).

古代就已有反映，如《汉书·刑法志》说："圣人……制礼作教，立法设刑，动缘民情，而则天象地。"[1]这是刑法文本在刑法适用中解释的国民基础，刑法文本有了民众基础，在解释中才能沿文本进行国民基础（或价值）的解释，解释的结论才能获得国民的接受，"因此，法律解释必须考虑他人——尤其是社会共同体——对解释的容忍可能性。"[2]罪刑法定是刑法的基本原则，它要求刑法明确具体，以至于不产生合理怀疑，"如果刑法的条文含糊其词，人们就不清楚刑法所要禁止的究竟是什么样的行为，禁止到何种程度。"[3]含混不清的词汇文本无法对人进行指引，明确性是法的基本品行。但是，事实上，要将刑法的每一个条文进行唯一性理解，这在技术上也是很难达到的，刑法在技术上也需借助一些范围性、概括性副词来给予司法实践空间以促进判决的公平，这一点常常是靠司法解释来进行文本意旨填补，以实现司法正义。明确性原则作为罪刑法定的实质侧面，是对刑法文本的基本要求和追求，其目的在于减少适用的模糊性，增进明晰性，其真正的价值在于保障民众在刑事法律方面的权益，免受无辜和随意的伤害。1979 年制定《刑法》后，经过 1997 年的修订，现在已在 1997 年修订的基础上进行了 12 次修正案，至今在刑法文本中仍可见诸如"情节""数额""其他"等模糊性词汇。这些模糊性词汇在刑法文本中不能直

---

〔1〕 高潮、马建石:《中国历代刑法志注释》，吉林人民出版社 1994 年版，第 5 页。

〔2〕 聂立泽、庄劲:《从"主客间性"到"主体间性"的刑法解释观》，载《法学》2011 年第 9 期。

〔3〕 张智辉:《论刑事立法的明确性原则》，载《法学研究》1990 年第 6 期。

接获得明确的意思，但刑法也只有借助这些模糊性词汇才能应对千变万化的社会生活，使刑法可以处理千变万化的案件，以实现每一个案件的公正。刑事案件中的犯罪问题不仅要看犯罪构成的符合性、构成要件违法性，还要看构成要件的有责性主体。在刑罚中也要看主观恶性和客观的社会危害性等，在刑法文本中很难用明确的词汇对不同情形的案件进行刑罚的一致性描述。法典的明确性要求是“无法无罚原理的最低限度”[1]，法律的明确性往往在刑罚中较为多见。因为，“世界没有完全相同的两片树叶”，所有案件不可能完全一致，为了罪刑相适应，刑法得给定一个适当的范围，以保证不同案件均获得处理公正。因此，在立法技术上不得不采用一些模糊限定（或划定）的词汇来实现公正。在司法实践中，往往是通过享有刑事司法解释权的主体根据社会治理和法治的需要制定司法解释来弥补模糊性，以防止司法判决的随意性。

前文有述，在刑法文本的解释过程中，曾出现过平白主义、意图主义和新文本主义三种解释方法。然而，在现实生活中，很难找到完全直白、无歧义的词汇来准确概括千变万化的案件情形，因此，平白主义的解释方法很难满足当今复杂多变的社会和层出不穷的案件下对刑事司法的需求。意图主义的解释方法则容易导致司法判决的不公，因为司法者在衡量立法者意图并进行价值判断时，很难确保判决的公平性，这种立法意图的价值判断可能会受到多种因素的影响。相比之下，新文本主义的解释方法在刑法文本

---

〔1〕［德］克劳斯·罗克辛：《德国刑法学 总论》（第1卷—犯罪原理的基础构造），王世洲译，法律出版社2005年版，第100页。

解释中显得较为合理，也更具有可接受性。在司法实践中，对刑法文本进行解释时，应坚持以刑法文本主义为原则，遵循罪刑法定原则，按照文本的“通常意义”进行解释，注重体系解释，从整体上把握法律文本，公正地追寻法律文本应有的价值，将刑法文本的意旨进行阐述，以实现案件的公正处理。对于刑法文本中模糊性的词汇，应严格依据司法解释规范来对待案件、解释法律，秉持法治精神，立足法治立场，处理案件，确保实现公平正义。

第二节　刑法解释立场考量因素

一、刑法解释立场与自由

刑法是强制性规范，其义务性要求十分明确，而且必须履行，不允许人们以任何方式加以变更或违反。这种规范是否限制人的自由呢？洛克说：“法律的目的不是废除或限制自由，而是保护和扩大自由。这是因为，在一切能够接受法律支配的人类状态中，哪里没有法律，哪里就没有自由。”“当其他任何人的一时高兴可以支配一个人的时候，谁能自由呢？”〔1〕孟德斯鸠认为：“如果一个公民能够做法律所禁止的事情，他就不再有自由了，因为其他人同

〔1〕［英］洛克：《政府论》（下篇），叶启芳、瞿菊农译，商务印书馆1964年版，第57页。

样有这个权利。"[1]卢梭更是将法律比喻为"一种有益而温柔的枷锁","最骄傲的头颅也柔顺地戴上这种枷锁","如果人民企图摆脱约束,则他们就更加远离了自由,因为他们把与约束相对立的那种放肆无羁误解为自由"[2]。梁启超在《新民说》中认为:"文明自由者,自由于法律之下……故真自由者,必须服从。服从者何?服从法律也。法律者,我所指定之保护我自由,而亦以钳制我自由者也。"郭道晖教授认为:"法律的本质是自由。自由的法律化旨在使之得到法律的保护,但任何法定的自由也是对自由的法律限制。这种限制,则主要是为了保护自由的实际享有和正当行使。"[3]

匈牙利诗人裴多菲·山陀尔在那首著名的《自由与爱情》诗中感叹:"生命诚可贵,爱情价更高。若为自由故,两者皆抛。"更是说明了自由、生命、爱情三者的地位阶次。所有这些关于自由的言辞无不表明自由对于社会主体人的价值的位置。法律是使人生活更加美好的社会规范。因此,在法律中必须体现自由的品性,否则便属于恶法,难以获得人们普遍遵从。

在现代法治国家,自由存在于法律中,法律必须遵从自由,保护自由。《世界人权宣言》第3条规定:"人人享有生命、自由和人身安全。"人的生命、自由和安全之所以被宣布为权利,是因为人们享有这些利益本身并不构成对他人的任何威胁和侵害,为使每

---

〔1〕 [法]孟德斯鸠:《论法的精神》(上卷),张雁深译,商务印书馆1961年版,第154页。

〔2〕 [法]卢梭:《人类不平等的起源和基础》,李常山译,商务印书馆1962年版,第82页。

〔3〕 郭道晖:《法理学精义》,湖南人民出版社2005年版,第77页。

个人都有道德义务对他人的这些利益加以尊重，国家应当（有义务）通过法律形式对它们加以保护。我国《宪法》第51条规定："中华人民共和国公民在行使自由和权利的时候，不得损害国家的、社会的、集体的利益和其他公民的合法的自由和权利。"这是我国根本法对自由的明确规定。法律规定了自由，就需要我们在遵法、守法、用法和司法中正确理解自由，并实践自由。

但法律对自由是有限度的，解释立场应充分考虑自由的价值。自由是一个不断发展的概念，不同时代对自由的理解各不相同。随着社会的进步，自由的限度也在不断扩大，它深深植根于时代的变迁和社会观念的演变之中。在社会生活中，"并不是人们想得到什么自由，法律就赋予人们自由。恰恰相反，人们每一次都不是在他们关于人的理想所决定的和容许的范围之内，而是在现有的生产力所决定和容许的范围之内取得自由"[1]。"文化上的每一进步，都是迈向自由的一步。"[2]法的时代性决定了自由的限度，同时自由在法律中的体现会受到社会的文化、政治条件和社会环境的影响。作为法中强制性规范的刑法更是如此，相对于其他部门法而言，其自由度的限制更明显。我们遵从刑法，在刑法适用中解释自由，必须考虑所处时代、环境、社会的文化、政治条件和社会环境条件等，作出正确的解释，既不能无限地扩大，也不能有意地缩小

〔1〕《马克思恩格斯全集》(第3卷)，中共中央马克思恩格斯列宁斯大林著作编译局译，人民出版社1960年版，第507页。

〔2〕《马克思恩格斯全集》(第3卷)，中共中央马克思恩格斯列宁斯大林著作编译局译，人民出版社1960年版，第154页。

加以限制。在刑法适用中，牢记“我们都是法律的奴隶，正因为如此，我们才是自由的。如果没有法律所强加的限制，每一个人都可以随心所欲，结果必然是因此而造成的自由毁灭”[1]。在刑法解释中，不能为“自由”而无拘束地解释刑法，而应当在法律蕴含的自由中解释自由，适用自由，在这样的语境中才能构建一个自由的法治环境，才能使人的自由体现于刑法中，获得刑法的保护。

二、刑法解释立场与正义

在人类社会的发展史上，法与正义始终相伴相生，密不可分。正义是法不可或缺的价值内核，可以说，缺乏正义的法不能称为良法。在拉丁语中，法译为“Jus”，正义译为“Justitia”，可见两词具有同一词根“Jus”。Justus 则具有正义、合法等含义。在英语中，法官、司法、法庭与 Justice（正义、公正），都具有相同的含义，这就是法与正义“原始”的联系。

柏拉图在其《理想国》中指出，天生不平等的人各有其物，各尽其责，互不干扰，就是正义。正义就是要求各自按照自己的职责行为，不得干扰别人。[2]亚里士多德认为，正义、公平与公正等属于同一范畴的概念，因此这几个词汇在他的著作中是通用的。他

---

〔1〕［英］彼得·斯坦、［英］约翰·香德：《西方社会的法律价值》，中国人民公安大学出版社 1990 年版，第 174 页。

〔2〕参见［古希腊］柏拉图：《理想国》，郭斌和、张竹明译，商务印书馆 1989 年版，第 128～129 页。

指出，"城邦以正义为原则。由正义衍生的礼法，可凭以判断（人间的）是非曲直，正义恰恰正是树立社会秩序的基础"〔1〕。他还指出，"所谓公正，一切人都认为是一种由之而做出公正的事情来的品质，由于这种品质，人们行为公正和想要做公正的事情"〔2〕。"公正就是给予和维护幸福，或者是政治共同体福利的组成部分。"〔3〕可见，在亚里士多德看来，正义涵括两个方面：第一，正义是维持社会秩序的基础。因为正义的存在，才能有礼法和秩序，才能使社会安定祥和，才能使政治共同体获得福祉。第二，正义是一种根本的，甚至是整个善，这个善体现在人们的品德上，即善性。西塞罗指出，正义是"使每个人获得其应得的东西的人类精神意向"〔4〕。上述对正义的阐述有三个一致的地方：一是正义是人的一种内在的精神愿景；二是这种精神愿景是伴随人类社会发展的，永恒不变的；三是这是一种应当给予每一个人的部分，这部分源自行为主体的行为状况。罗尔斯认为："正义是社会制度的首要价值，正像真理是思想体系的首要价值一样。""某些法律和制度，无论它们如何有效率和有条理，只要它们不正义，就必须加以改造和废除。""不正义只有在它们避免更大的不正义所必需的情况下才是可以容忍

---

〔1〕［古希腊］亚里士多德：《政治学》，吴寿彭译，商务印书馆1965年版，第9页。

〔2〕［古希腊］亚里士多德：《尼各马科伦理学》，苗力田译，中国社会科学出版社1990年版，第88页。

〔3〕［古希腊］亚里士多德：《尼各马科伦理学》，苗力田译，中国社会科学出版社1990年版，第90页。

〔4〕［美］博登海默：《法理学：法律哲学与法律方法》，邓正来译，中国政法大学出版社1999年版，第264页。

的。作为人类的首要价值，真理和正义是绝不妥协的。”[1]罗尔斯认为社会不能因为某些人的利益而牺牲另一些人的利益，法律和制度必须考量正义的价值体现，无正义的法律应当被废除，并把正义同真理看成人类首要价值。人类法律的演进史，就是正义在法律中不断得到彰显和增进的历史。法律本应体现正义的价值，而作为部门法之一的刑法，更是直接规范人的行为的，因此，正义的体现应当具体落实在行为上，而非仅停留在观念层面。

关于正义在法律中的地位的论述，郭道晖教授全面总结出五个方面：一是正义是体现法的时代精神和衡量法的良恶的基准；二是推进法治文明的动力；三是矫正权力腐败的社会力量依托；四是人民权利的最终保护神；五是实现社会公正的可靠保障。[2]随着社会文明的演进、法治的进步，正义在法律规范中的体现将会越来越明显，“正是正义观念，把我们的注意力转到了作为规范大厦组成部分的规则、原则和标准的公正性与合理性之上。秩序，一如我们所见，所侧重的乃是社会制度和法律制度的形式结构，而正义所关注的却是法律规范和制度性安排的内容、它们对人类的影响以及它们在增进人类幸福与文明建设方面的价值”[3]。正义进入法律，如何在法律中实现正义就成为关键。法律的适用在于解释，作为时代的刑法，在适用中应当将其刑法中正义的价值、地位、蕴含内

---

〔1〕［美］罗尔斯：《正义论》（第1编），何怀宏、何包钢、廖申白译，中国社会科学出版社1988年版，第1～2页。

〔2〕郭道晖：《法理学精义》湖南人民出版社2005年版，第196～197页。

〔3〕［美］E. 博登海默：《法理学——法哲学及其方法》，邓正来、姬敬武译，华夏出版社1987年版，第252页。

容等体现出来，形成于具体个案中，以使每个人享有他所应当得到的、以使每个人能够得到他所应当得到的，以使每个人应当对他的行为负责，这就是刑法的正义精义。同时，在刑法适用中对文本蕴含正义的解释应当是基于文本本身所具有的正义观念和文本本身所具有的时代正义精神进行解释，既不能缩小，也不能扩大地去解释正义，更不能突破刑法的罪刑法定基本原则解释刑法、适用刑法，要保持刑法本身稳定的品性。

三、刑法解释立场与社会秩序

秩序是“自然界与社会进程运转中存在着某种程度的一致性，连续性和确定性”[1]。秩序按照属性划分可以分为自然秩序和社会秩序。自然秩序是宇宙间万物的产生、运行、灭亡所遵循的自然规律，如星球运转，动植物的生与亡等，都是自发而有序地发生，体现出一种延续性、井然性。当然也存在例外情形，那就是突发性的变化，如动物界的突发疾病或疫情、自然界的灾害等。但这些是非常态化的现象，属于秩序中的特殊情况。

社会秩序则形成于社会主体人的关系中，是人类生活于社会共同体中所遵循的一定的社会规律和社会规则，是人类社会共同体存在、运动和变化过程中形成的相对稳定、协调的一种状态。社会规律是基于人的自然属性而形成的秩序，如生活方式、伦理道德

〔1〕［美］E. 博登海默：《法理学——法哲学及其方法》，邓正来、姬敬武译，华夏出版社 1987 年版，第 207 页。

秩序、人际交往礼仪等。而社会规则则是作为社会主体人的共同体为了维护自身的生活、生存和发展需要而制定的各种社会规范，在这些规范中最为重要的是法律规范，法律规范中最为严厉的是刑法规范。

人要生活在一个有序的社会环境中，就必然离不开社会秩序，而一定的社会秩序总是与特定的社会规范紧密相连。在社会秩序中社会规范是核心，社会秩序并不等同于社会规范，社会规范是社会秩序的保障，社会秩序是社会规范的规范结构和状态。社会规范需外化于人的行为，才能形成于社会秩序。

秩序是法的基本价值之一。在秩序中，社会秩序与自然秩序不同，社会秩序是人们的意识活动的结果。由于人类社会环境中各个体意识活动之间存在差异，有人理性、有人狂躁，有人不讲秩序为非作歹、有人循规蹈矩遵循法则，这样的环境下就需要一种社会规范对人的行为进行约束，以使各个社会主体的人的行为符合社会共同需求，形成一个良好有序的社会状态来保障人的自由和安全，这就需要法律秩序的形成和确立。法律与秩序相伴而行，“与法律永远相伴随的基本价值，便是社会秩序。……社会秩序要靠一整套普遍性的法律规则来建立。而法律规则又需要整个社会系统地、正式地使用其力量加以维持”[1]。社会秩序在内容上可以划分为社会结构秩序和行为秩序。社会秩序的内容与刑法保护范畴密切相关。什么行为必须加以刑法保护？什么社会关系需要刑

---

〔1〕［英］斯坦、［美］香德:《西方社会的法律价值》，王献平译，中国人民公安大学出版社1990年版，第38页。

法保护以及如何进行保护？这就是刑法和社会秩序的关系问题。社会结构秩序是指人类各个基本要素之间基于社会生活而共同形成的相互联系，相互作用所形成的稳定性和一致性状态。刑法对社会秩序的保护首先体现在社会结构上，它致力于维护已形成的人与自然、人与社会、人与人、人与组织等社会的既定状态，一旦这种状态遭到破坏，将导致社会失序，进而出现混乱的社会局面。刑法对社会结构秩序的保护主要表现为以下三类："第一类是人的劳动生产活动形成的人同自然界的关系；第二类是人在劳动生产活动中形成的人和人的关系，即生产关系；第三类是生产关系这一经济基础之上的各种社会关系。"[1]在法律对社会的保障中，刑法的功能较为突出和可靠。因为刑法规范是最为严厉的，是其他部门法规范所不能规范的法律关系，并且具有极强的威慑力和强制力，要求人们必须遵循，否则将会受到严厉的惩治。

刑法的保护范围较为宽泛，如对人的权利的保护、对权力的约束、对财产的保护、对生命的保护等，这些维护社会秩序的规范形成了法律条文后又如何体现和施行于案件中呢？这就必然需要刑法解释将法律中的社会秩序于案件事实中实现。刑法解释者在刑法适用过程中，应当根据刑法规范中的社会秩序选择持何种解释立场，解释刑法以适用于案件，将刑法规范中的秩序规范内容适用于案件处理中，以维护社会秩序，形成良好有序的社会秩序，给民众安全、安定的生活环境。

---

〔1〕 曲新久：《论社会秩序的刑法保护与控制》，载《政法论坛》1998年第4期。

四、刑法解释立场与人权保护

人权是所有人与生俱来的权利，不分种族、性别、性倾向、国籍、族裔、语言、宗教或任何其他身份地位。人权包括生命和自由的权利、不受奴役和酷刑的权利、意见和言论自由的权利、获得工作和教育的权利，以及其他更多权利。人人有权不受歧视地享受这些权利。

随着社会发展，世界各国交流不断加深，世界各国与人权有关的理念和思想在逐步统一，人权的普遍性原则已为世界各国所公认。《世界人权宣言》指出："人人生而自由，在尊严和权利上一律平等。"我国《宪法》也明确规定："国家尊重和保障人权。"

目前，国际社会对于人权的内容与分类尚未达成共识，各理论之间既存在冲突也不乏共性，但在一些人权的基本内容上，大家的理解是一致的。以下列举部分共识：

一是生命权。生命权是指公民依法享有的生命不受非法侵害的权利。生命权是最基本，最重要的人权，如果无法充分保障人的生命权，那么一切其他权利都是空中楼阁。无端剥夺人的生命，或者肆意对人施加恐吓、虐待和折磨，就是一种非人权的待人方式。任由这种情况发生，个人权利就无从谈起。所以一般各国的刑法中侵害他人生命权的罪行量刑最重。

二是自由权。自由权是指人身自由、通信自由、言论自由、宗教信仰自由等个人的基本权利。自由是相对纪律而言的，没有绝对的自由权，行使自由权不能超出法律允许的范围，不得损害国家的、社会的、集体的利益和其他公民合法的自由和权利。我国刑法积极保护人的自由，要求在法律赋予的权利内自由从事自己的活动。

三是财产权。财产权是指支配自己正当所得的权利。财产权看似一种物权，但其实质为人支配物，支配自己正当所得权益，财产权是生命权和自由权的延伸。如果一个人要生存下去、要有能力选择他喜欢的方式生存下去，一定要有物质作为支持，那么，对自我劳动的所得进行排他性的占有，就是生命权与自由权必不可少的保障。人能够工作，能够靠自己的劳动成果生活，并把生活剩余的钱存起来留给子女或者在自己晚年使用，这都是人尊严的一部分。我国刑法有专章对财产权进行保护。

四是尊严权。尊严权是指个体受他人尊重，而不受他人言语与非言语所造成的个体损失的权利。尊严权是对个体人格尊严的保障，是生命权和自由权的合理延伸。如果一个人无尊严，那么他的生命至多是一种无人格的形式。我国《宪法》明确规定："中华人民共和国公民的人格尊严不受侵犯。禁止用任何方法对公民进行侮辱、诽谤和诬告陷害。"《刑法》中也有专门条款保护人的尊严，如《刑法》第243条规定的诬告陷害罪，第246条规定的侮辱罪、诽谤罪就是保护人的尊严的刑法条文。

五是公正权。公正权是指在尊严和权利方面，每一个人都受到公平合理的对待。《世界人权宣言》第1条就宣称："人人生而自由，在尊严和权利上一律平等……"第2条第1款规定："人人有资格享有本宣言所载的一切权利和自由，不分种族、肤色、性别、语言、宗教、政治或其他见解、国籍或社会出身、财产、出生或其他身分等任何区别。”公正权是为了将人权扩展到每一个人身上。公正权不仅是人权的重要组成部分，更是实现人权中其他部分的必要条件。我国《刑法》第4条明确规定：“对任何人犯罪，在适用法律上一律平等。不允许任何人有超越法律的特权。”

我国的法律法规中，与人权相关的内容颇为丰富，这充分彰显了我国法律对人权的全面保护。例如，我国的根本大法《宪法》在第33条对人权作出了明确规定：“凡具有中华人民共和国国籍的人都是中华人民共和国公民。中华人民共和国公民在法律面前一律平等。国家尊重和保障人权。任何公民享有宪法和法律规定的权利，同时必须履行宪法和法律规定的义务。”又如，《民法典》第13条规定：“自然人从出生时起到死亡时止，具有民事权利能力，依法享有民事权利，承担民事义务。”第14条规定：“自然人的民事权利能力一律平等。”第990条规定：“人格权是民事主体享有的生命权、身体权、健康权、姓名权、名称权、肖像权、名誉权、荣誉权、隐私权等权利。除前款规定的人格权外，自然人享有基于人身自由、人格尊严产生的其他人格权益。”再如，《残疾人保障法》第3条规定：“残疾人在政治、经济、文化、社会和家庭生活等方面享有同其他公民平等的权利。残疾人的公民权利和人格尊严受法律保护。禁止基于残疾的歧视。禁止侮辱、侵害残疾人。禁止通过大众传播媒介或者其他方式贬低损害残疾人人格。”第21条第1款规定：“国家保障残疾人享有平等接受教育的权利。”这些法律法规及政策性文件共同保障了我国公民的基本人权。

我国人权发展道路根植于5000多年的悠久文化传统，源自近代以来170多年的艰辛探索与实践，得益于1949年以来的不断发展，特别是在改革开放中，尤其是党的十八大以来的伟大实践中得以蓬勃发展。我国坚持人权的普遍性与特殊性相结合，坚持民主和民生相促进，坚持和平与发展相协调，坚持在发展进程中促进和保护人权，谱写了人权进步的历史篇章，拓宽了国际人权保障的现实方案。

在法治社会，人们注重权利，在谈论权利的时候，“人权”最为被人们所关注。那么什么是人权呢？关于人权的概念，不同的学者有不同的理解。因此，就有不同的概念，但最被大家认同的概念是：“人权是人之所以作为人而享有的权利。”〔1〕该概念将人作为人应该享有的权利范畴作为人权，这就排斥了其他不属于人所享有的权利。这包含两个关键因素：首先，人权是唯有作为主体的人才享有的权利，它不因族别、性别、年龄、国家、民族、出身、职业或财富等差异而有所区别，应平等对待每一个人；其次，人权是一种权利，这种权利被纳入国家法律规范之中，是对人的生存与发展至关重要的基本权利。刑法直接关涉公民的基本人权，人权保护是刑法法治理念的基本要求，是刑事法治蕴涵的重要精神。国家对犯罪人实施刑罚是为了保障更多人的人权，对行为人而言：“行为人实施的犯罪行为，直接或者间接侵害了全体公民的基本人权，国家

---

〔1〕 张恒山：《法理学要论》（第3版），北京大学出版社2009年版，第376页。

对其动用刑罚，限制或者剥夺犯罪人最基本（当然也是一个人最为重要的）的权利，根本的目的乃是为了从整体上保护代表全体社会成员福祉的国家法律制度。”〔1〕

刑法通过规定犯罪和刑罚，惩治犯罪以维护社会秩序，为广大公民提供一个安静祥和有序的生存环境。同时，刑法限制国家刑罚权，防止权力被滥用，以保护犯罪人权益，使其不会受到不正当的处罚，“人权的主流精神始终是防止和抵抗公权力走向恶政”〔2〕。这正如德国刑法学家冯·李斯特指出的，“刑法既是善良人的大宪章，也是犯罪人的大宪章”〔3〕。“刑法既是善良人的大宪章”是指只要公民遵守法律，不触犯刑法规范，就不可能对其施以刑法。“也是犯罪人的大宪章”是指在犯罪嫌疑人实施犯罪行为的条件下，免受刑法规定以外的不正当刑罚。“对司法有关者来说，刑法作为一种制裁的规范是妥当的，这就意味着当一定的条件具备时，才可命令实施科刑，同时当其条件不具备时，就禁止科刑。从这一点看，可以说刑法是无用的，是一种为不处罚人而设立的规范，人们之所以把刑法称为犯人的大宪章，其原因就在此。”〔4〕在当今世界，绝大多数国家都将人权写进法律加以保障。我国《宪法》和《刑事诉

---

〔1〕 蔡英:《保护人权——刑法的终极目的》，载《西南大学学报（社会科学版）》2009年第3期。

〔2〕 徐显明:《法理学教程》，中国政法大学出版社1994年版，第392页。

〔3〕［德］李斯特:《论犯罪、刑罚与刑事政策》，徐久生译，北京大学出版社2016年版，第137页。

〔4〕［日］西原春夫:《刑法的根基与哲学》，肖荣等译，法律出版社2004年版，第45页。

讼法》均规定“国家尊重和保障人权”，现行《刑法》条文中没有“国家尊重和保障人权”的法律条文，这是因为《刑法》是规定犯罪和刑罚的法律，但并不意味着《刑法》不保护人权。其实，人权的保护贯穿于《刑法》的整个法律文本之中。事实上，人权的刑法保护在有关人权的法律保护中更是具有特殊的地位和意义。由于刑法所保护利益具有广泛性和重要性，以及对犯罪行为惩罚的特殊性和严厉性，刑法对人权的保护可以说是人权法律保护的最后一道防线或屏障，在人权保护中具有重要的地位。人权的刑法保护，从广义上讲，应是保障一切人之所以成为人应有的法律权利。就刑法的保障机能而言，对犯罪人（刑事被告人）的人权依法保护；就刑法的保护机能而言，对被害人及社会上一般人（守法公民）的人权依法保护。人权的刑法保护，正是通过刑事立法活动和刑事司法实务运作，发挥刑法的机能以维护每一个人之所以成为人应当享有的权利。通过刑事立法活动和刑事司法实务的运作对人权进行保护离不开刑法解释，尤其是刑法解释立场的选择。

我国《刑法》经过几次修改，在人权方面发生重大变化，主要表现在以下几个方面：一是废除类推制度，确立了罪刑法定，原则；二是改进分则体系，改善其保证功能，如将“反革命罪”改为“危害国家安全罪”，废除口袋罪型的流氓罪；三是对公民人身权、民主权以及财产权予以明确的规定；四是确立法律面前人人平等；五是确立罪责相适应原则；六是刑法更加人道主义，如限制和减少死刑，改进死刑的执行方式等。这些进步体现了国家人权的进步、反映了刑法对国家刑罚权运行的限制，“从权力运作角度看，刑法的人权保障机能起到了限制国家刑罚权的动用之功效，避免了无限度动用刑罚权对公民权利带来的侵害”〔1〕。

刑法中人权保障的关键在于刑法适用中解释立场的选择。在人权已被写入《宪法》和刑事法律的前提下，有权解释者应当坚守人权立场，将刑法中的人权理念、价值和观念等具体运用到案件中，确保刑法中的人权得到正确解释和有效实践，从而在司法实践中切实保障人权。在刑法解释中选择正确的解释立场，减少超越权限的可能，无论是采用哪种解释方法，都不能违反法律的意旨进行解释。作为享有司法解释权限的司法机关，在刑法适用过程中对刑法进行解释时，应当坚守罪刑法定的原则底线，秉持保障人权的立场，力求实现刑法社会保护机能与人权保障机能的有机统一。

五、刑法解释立场与刑事政策

认识是主体收集客体知识的主动行为，是认识意识的表现形式。认识源于他人对事物的认识基础或是通过实地调查研究以获得信息的行为。海德格尔在其《存在与时间》一书中就指出：“把某某东西作为某某东西加以解释，这在本质上是通过先有、先见和先把握来起作用的。解释从来就不是对某个先行给定的东西所做的无前提的把握。如果像准确的经典释文那样特殊的具体的解释喜欢援引‘有典可稽’的东西，那么最先的‘有典可稽’的东西无

〔1〕 赵秉志：《当代中国刑法中的人权保护》(上)，载《中共中央党校学报》2004年第4期。

非只是解释者的不言自明的无可争议的先人之见。任何解释一开始就必须有这种先人之见，它作为随同解释就已经‘被设定了’的东西是先行给定了的，也就是说，是在先有、先见、先把握中先行给定了的。”〔1〕基于此认识论，谈论刑事政策就当先从刑事政策的概念入手，才能对其有深入的了解和把握。

关于“刑事政策”的最先提出者，普遍认为是被西方学者誉为“刑事政策之父”的德国学者费尔巴哈，其于1800年最早使用“刑事政策”(Krimnialpoitlki)一词〔2〕，并认为：“刑事政策是国家据以与犯罪作斗争的惩罚措施的总和，是‘立法国家智慧’。”〔3〕与费尔巴哈同时代的德国刑法学家克兰斯洛德认为：“刑事政策是立法者为了预防、阻止犯罪、保护公民自然权利并根据各个国家具体情况而采取的措施。”〔4〕法国学者德瓦布尔认为：“刑事政策(PolitiqueCriminelle)就是国家对犯罪所做出的反应，其作用是对犯罪进行惩治。”〔5〕法国另一位著名的刑事政策学家马克·安赛

---

〔1〕［德］海德格尔：《存在与时间》，1979年德文版，第150页。转引自汉斯－格奥尔格·加达默尔《真理与方法》(上卷)，洪汉鼎译，上海译文出版社1999年版，译者序言，第7页。

〔2〕参见［日］藤木哲也：《刑事政策讲义》，台北，青林书院1987年版，第3页，该书作者认为费尔巴哈在1803年出版的《德国普通刑法教科书》中首先使用该词汇。转引自［法］米海依尔·戴尔玛斯－马蒂：《刑事政策的主要体系》，卢建平译，法律出版社2000年版，译序，第1页。

〔3〕［法］米海依尔·戴尔玛斯－马蒂：《刑事政策的主要体系》，卢建平译，法律出版社2000年版，第1页。

〔4〕卢建平：《社会防卫思想》，载高铭暄、赵秉志主编：《刑法论丛》(第1卷)，法律出版社1998年版，第134页。

〔5〕杨春洗：《刑事政策论》，北京大学出版社1994年版，第4页。

尔认为："刑事政策是由社会，实际上也就是由立法者和法官在认定法律所要惩罚的犯罪、保护'高尚公民'（更确切一点说）时所作的选择。"〔1〕日本法学家藤木英雄认为："刑事政策系以犯罪之镇压、防止为目的之公私组织之活动。"〔2〕日本法学家大谷实认为："所谓刑事政策，是国家机关（国家和地方公共团体）通过预防犯罪、缓和犯罪被害人及社会一般人对于犯罪的愤慨，从而实现维持社会秩序的目的的一切措施政策，包括立法、司法及行政方面的对策。"〔3〕我国台湾地区学者谢瑞智博士认为："刑事政策者，国家或自治团体为预防或镇压犯罪所讲求之各种措施也。"〔4〕马克昌教授在其主编的《中国刑事政策学》中认为，我国的刑事政策"是指中国共产党和人民民主政权，为了预防犯罪，减少犯罪，以至消灭犯罪，以马列主义、毛泽东思想为指导，根据我国的国情和一定时期的形势，而制定的与犯罪进行有效斗争的指导方针和对策"〔5〕。何秉松教授在其主编的《刑事政策学》中认为："刑事政策是指国家基于预防犯罪、控制犯罪以保障自由、维持秩序、实现正义的目的而制定、实施的准则、策略、方针、计划及具体措施的总称。"〔6〕谢望原教授认为："所谓刑事政策，是指国家立法机关与司法机关等部门，根据我国国情和犯罪状况制定或运用的预防犯罪、惩罚犯罪

〔1〕［法］安赛尔：《新刑法理论》，卢建平译，天地图书有限公司1990年版，第6页。
〔2〕谢瑞智：《刑事政策原论》，台北，文笙书局1978年版，第5页。
〔3〕［日］大谷实：《刑事政策学》，黎宏译，法律出版社2000年版，第3页。
〔4〕谢瑞智：《刑事政策原论》，台北，文笙书局1978版，第17页。
〔5〕马克昌：《中国刑事政策学》，武汉大学出版社1992年版，第5页。
〔6〕何秉松：《刑事政策学》，群众出版社2002年版，第39页。

以及矫治犯罪人的各种刑事对策。”[1]

通过国内外不同时代学者对“刑事政策”概念的定义可以看出，没有完全相同的两个概念，这正如储槐植教授所说，“至今几乎所有关于刑事政策的著述，找不到两个完全相同的刑事政策定义。”[2]事实上，“刑事政策”一词中，“政策”是主词，“刑事”只是修饰限制词，因其政治因素较强，政策在世界各个国家本来含义就难以统一，导致刑事政策概念自然难以统一。这正如陈兴良教授所指出的：“我国刑事政策学与大陆法学国家的刑事政策学相比较，在内容上存在重大差别。这主要是因为政策这个词，在我国政治生活中广泛使用，并通常是指党的政策。这种政策往往是指政党为实现一定历史时期的路线和任务而规定的行动准则。在我国以往的刑法研究中，本来就论述了对于刑法具有指导意义的有关刑事政策，例如惩办与宽大相结合。而我国当前的刑事政策学基本上就是对这些现存的刑事政策的注释与解说。在这种情况下，所谓刑事政策学充其量不过是现行刑事政策之解释，而不能称其为一门独立的理论学科。考虑到当前我国‘刑事政策’一词特定的政治含义，即使采用了刑事政策学这一名称也无法与国际上的学术接轨。”[3]

在中华人民共和国成立至1979年间，由于没有《刑法》作为

---

〔1〕 谢望原：《论刑事政策对刑法理论的影响》，载《中国法学》2009年第3期。

〔2〕 储槐植：《刑事政策：犯罪学的重点研究对象和司法践的基本指导思想》，载《福建公安高等专科学校学报：社会公共安全研究》1999年第5期。

〔3〕 陈兴良：《刑法的人性基础》，中国方正出版社1996年版，第373页。

判案依据，在我国，刑事案件在很大程度上是依据刑事政策来处理的。在那个以阶级斗争为主的时代，刑事政策发挥了一定的作用。20 世纪 80 年代初期，由于刚刚经过“文化大革命”，我国的社会治安状况严重恶化，各类暴力性犯罪案件时有发生，人民的生命、财产受到严重威胁，国家治安面临严峻挑战。为了有效地遏制和打击犯罪，保障人民的生命和财产安全，获得一个平安而有序的环境，中央决策层及时提出了“严打”、要求采用“从重从快”的刑事政策，1983 年，中共中央制定了《关于严厉打击刑事犯罪活动的决定》。于是我国的第一次“严打”就这样展开了。在当时的实践中，一些刑事政策因过分突出其政策效用而忽视了刑事政策应当受刑法约束的问题，脱离罪刑法定轨道，因而受到刑法理论界和社会的尖锐批评和质疑。有学者旗帜鲜明地批评“严打”“从重从快”刑事政策存在严重缺陷。中央决策层也注意到这些情况，及时调整刑事政策指向，提出了“宽严相济”的刑事政策。“宽严相济”刑事政策改变了“严打”刑事政策片面追求“打击”“惩罚”，而忽视了“宽容”“谦抑”的政策导向。可见，“宽严相济”的刑事政策更为科学、理性、法治，且符合我国国情，更具有民众可接受性。

2010 年 2 月 8 日，最高人民法院颁布《关于贯彻宽严相济刑事政策的若干意见 》，第 6 条规定：“宽严相济刑事政策中的从‘严’，主要是指对于罪行十分严重、社会危害性极大，依法应当判处重刑或死刑的，要坚决地判处重刑或死；对于社会危害大或者具有法定、酌定从重处罚情节，以及主观恶性深、人身危险性大的被告人，要依法从严惩处。在审判活动中通过体现依法从‘严’的政策要求，有效震慑犯罪分子和社会不稳定分子，达到有效遏制犯罪、预防犯罪的目的。”第 14 条规定：“宽严相济刑事政策中的从‘宽’，主要是指对于情节较轻、社会危害性较小的犯罪，或者罪行虽然严重，但具有法定、酌定从宽处罚情节，以及主观恶性相对较小、人身危险性不大的被告人，可以依法从轻、减轻或者免除处罚；对于具有一定社会危害性，但情节显著轻微危害不大的行为，不作为犯罪处理；对于依法可不监禁的，尽量适用缓刑或者判处管制、单处罚金等非监禁刑。”第 25 条规定：“宽严相济刑事政策中的‘相济’，主要是指在对各类犯罪依法处罚时，要善于综合运用宽和严两种手段，对不同的犯罪和犯罪分子区别对待，做到严中有宽、宽以济严；宽中有严、严以济宽。”

无论是强调对罪行十分严重的犯罪人予以“从严”处罚，还是对情节较轻、社会危害性较小的犯罪予以“从宽”处罚，抑或“宽严相济”的政策目的设定，都会对司法实践中刑法的适用解释产生影响，极有可能成为客观目的解释论的新导向，也是刑法解释中最根本的目的所在。可见，刑事政策对刑事立法、刑事司法具有较强的约束力，进而强调刑事立法与刑事司法应该以刑事政策为导向，这已经成为当下刑法对国家治理的新指向标。基于此，宽严相济的刑事政策对犯罪的认定和刑罚的量刑应当选择正确的刑法解释立场，以促进刑事公正。

当下我国刑事政策“宽严相济”的指导方针是比较准确的，它被明确定位于刑事司法政策层面，对于指导刑事司法实践具有直接的、现实的意义。但不能把它作为总的刑事政策或基本的刑事政策对待，更不能用其代替刑罚。

刑事政策已成为我国刑法的一个法源，在刑事司法实践中要解释刑事政策，防止误解和滥用刑事政策。刑事政策是国家制定的预防和控制犯罪的行动准则，在贯彻实施刑事政策过程中必须要对刑事政策予以准确的解释，只有准确的解释，才能使刑事政策的精神深入人心，使刑事政策得到民众的理解和支持，使刑事政策转变成国家、社会和民众预防和控制犯罪的行动，才能达到刑事政策的价值。司法者在司法实践中处理案件时，在遇到困境时，可以考虑依据刑事政策裁判案件，因为“在实在法模棱两可或未作规定的情形下，政策构成了法官可以适当诉诸的法律的非正式渊源，同时法官对于实施与基本正义标准相冲突的政策应当具有否决权”〔1〕。以使案件判决形成可接受的裁判。在刑事司法中要坚持罪刑法定、罪刑相适应等刑法原则，深刻理解刑事政策的内核，将刑事政策体现在刑法精神中，在个案中考量刑事政策，以在案件处理中达到良好的社会效果。如果在刑事司法实践中片面地曲解或误解刑事政策，就将会影响刑事政策的实施效果及效力，进而影响刑法的司法实践效果。

刑事政策也应当对刑法解释进行制约，刑法解释有其自身的政治基础。也就是说，刑法解释应该结合当前社会中民众最根本的利益诉求和国家治理需求进行解释，违背当下民众之利益诉求和国家治理需求的刑法解释，在法律效果和社会效果上很难达到

〔1〕［美］E. 博登海默:《法理学:法律哲学与法律方法》，邓正来译，中国政法大学出版社 1999 年版，第 465 页。

统一，更有可能带来民众情绪或行动上的抵抗，导致民众对刑法适用的不接受，从而失去刑法的民众根基。司法者在刑事裁判论证中应当考虑政策与情理判决案件，“刑法中的论证，主要是指对罪之有无的论证。在更多情况下，是对有罪的论证。一个人的行为是否有罪，当然是以犯罪构成为根据加以认定的。但犯罪构成只是一种法律标准，行为是否符合犯罪构成仍然是一个需要论证的问题。……当然，刑法论证绝不仅仅是一个逻辑的问题，在更大程度上是一个政策问题与情理问题”〔1〕。张明楷教授也认为：“考虑到一般正义与个别正义的关系，联系现实的司法实践，不仅在科处刑罚时需要作刑事政策的考量，而且在定罪时也要作刑事政策的考量。”〔2〕因此，在刑事判决中充分考虑刑事政策和情理因素进行裁决，其判决结论将更能体现合理性，也更易于被社会所接受。

“宽严相济”的刑事政策为当下刑法适用提供了刑法解释适用空域，它从政策层面深度展现了刑事政策与刑法解释之间的某种复杂勾连。在当下刑法解释陷入多元化“危机”之际，在宽严相济刑事政策的实施中，刑事政策充分展示了寻求正当的刑法解释立场之合法性、有效性、合理性和可接受性。刑事政策展示了国家治理中的“预防犯罪”“保障人权”“社会和谐”等核心价值与和谐生活诉求的有效联系，成为刑法解释得以升华的政治支撑。〔3〕

---

〔1〕 陈兴良：《刑法教义学方法论》，载《法学研究 》2005 年第 2 期。

〔2〕 张明楷：《犯罪构成理论的课题》，载《环球法律评论》2003 年第 3 期 。

〔3〕 参见姜涛：《刑法解释的刑事政策化》，载陈兴良主编：《刑事法评论》(第 30 卷)，北京大学出版社 2012 年版，第 434 页。

第三节 刑法解释立场观与构成要件

一、刑法解释立场与构成要件

刑法规定了犯罪与刑罚，解释刑法就是解释何为犯罪以及如何刑罚的问题。在刑法所规定的犯罪中，如何认定犯罪是核心所在，以何种标准判定构成犯罪，一直是刑法学界关注的焦点。为了深入理解这些问题，需要对构成要件的历史演变进行清晰的梳理。

我国传统刑法中，本无“构成要件”一词，其最初是日本学者向德国学习刑法时，根据德文 Tatbesttand 翻译而来，并在日语中翻译为“構成要件”。[1]在我们借鉴和学习日本刑法时，这一用语就进入中国刑法体系。又因日文与中文在某些词汇意思上相似，日本刑法的“構成要件”进入中国刑法知识体系就直接翻译为“构成要件”了，并在民国时期刑法教材中开始使用该词汇。[2]德文 Tatbesttand 最先由德国学者克莱因在 1796 年根据意大利语 Corpus delicti 一词翻译而来。在 Corpus delicti 之前在中世纪时期的意大利还使用 Constare de delicti（犯罪的确证），该词被广泛使

〔1〕 参见李立众:《犯罪成立理论研究——一个域外方向的尝试》，法律出版社 2006 年版，第 179 页。

〔2〕 参见陈瑾昆:《刑法总则讲义》，吴允锋勘校，中国方正出版社 2004 年版，第 64 页。

用于意大利的纠问程序中。当时的纠问程序区分为一般纠问程序和特别纠问程序，一般纠问在于确证犯罪事实是否存在，特别纠问是针对特定犯罪嫌疑人进行的纠问。一般纠问中所能确证的犯罪事实被称为“Corpus delicti”，它意味着舍弃了与行为人联系后的一种外部客观实在。〔1〕“Corpus delicti”最先是由意大利刑法学者法利那休斯作为“指示已被证明的犯罪事实的东西”使用，传到德国普通法时代就被通用了。〔2〕18世纪末，克莱因在其《普通德国刑法纲要》中将“Corpus delicti”翻译成“Tatbesttand”，其仍然是一个诉讼法学上的概念。将“Tatbesttand”纳入实体法概念的是德国学者斯鸠别尔和费尔巴哈二人。在19世纪初，费尔巴哈明确地把构成要件引入刑法这一实体法中，使之成为实体法概念。〔3〕费尔巴哈从罪刑法定主义出发，坚持在确认任何行为作为犯罪并对其进行刑罚时，都必须要由法律的规定来确定。从这一理论出发，费尔巴哈把刑法中关于犯罪成立的条件称为构成要件，并进一步指出：构成要件是违法行为中涵括的各个行为的或者事实的要件总和，他强调：只有存在客观要件的情形，才可以被处罚。〔4〕这一思想也体现在费尔巴哈主持制定的1813年《巴伐利亚刑法典》，该法第27条规定：“当违法行为包括依法属于某罪概念的全部要件时，就

---

〔1〕 参见张明楷：《刑法学》(第4版)，法律出版社2011年版，第117页。

〔2〕 参见[日]小野清一郎：《犯罪构成要件理论》，王泰译，中国人民公安大学出版社1991年版，第2页。

〔3〕 参见[日]小野清一郎：《犯罪构成要件理论》，王泰译，中国人民公安大学出版社1991年版，第3～4页。

〔4〕 参见樊凤林、曹子丹编：《犯罪构成论》，法律出版社1987年版，第370页。

认为是犯罪。”1805年,斯鸠别尔在《论犯罪构成》中提出并论述犯罪构成要件。斯鸠别尔从刑罚的角度出发,认为构成要件就是那些应当判处法律所规定的刑罚的一切情况的总和。在19世纪,构成要件理论主要是研究犯罪构成的概念,区别主观要件与客观要件等问题,直到20世纪初期,构成要件才成为大陆法系犯罪构成理论,经历了从古典派犯罪构成理论到新古典派犯罪构成理论再到目的主义犯罪构成理论的历史演进。[1]

(一)古典派的犯罪构成论

古典派犯罪构成论以德国刑法学家贝林为代表。贝林是依据构成要件建立犯罪论体系的第一人,其理论基础源于宾丁的规范论。宾丁认为:规范是法规的前提,与法规本身应当区别开来。就刑法而言,犯罪不是对法规的违反,而是对法规所展示出来的规范的违反,法规之后所隐含的规范才是犯罪人违反的对象。贝林据此认为,犯罪乃违法的行为,其意义尚不明确。贝林构建的构成要件是以罪刑法定为背景,期许犯罪类型明确化,其具有以下特征:一是构成要件是刑法所预定的犯罪行为的客观情形,与主观无关;二是构成要件与违法性亦无直接关系,但存在交叉部分;三是构成要件的该当性与有责性之概念是有区别的。贝林系统地论述了构成要件,并把它等同于犯罪类型。随着研究的深入,贝林在晚年时候对自己的理论进行修正,将犯罪类型与构成要件加以区别。

[1] 参见陈兴良:《本体刑法学》(第2版),中国人民大学出版社2011年版,第145页。

（二）新古典派的犯罪构成论

1.麦耶的犯罪构成论

德国刑法学家麦耶在1915年出版教科书，以犯罪构成和违法性的关系对贝林的犯罪论体系进行修正。他指出，在犯罪要件中存在规范要素，并将构成要件要素区分为两种：一是通常的构成要件要素，即客观的要素；二是含有评价因素的不纯正构成要件要素，如“他人财物”“猥亵”等，这些要素需结合价值判断才能确定其含义，而不只是贝林理论中的纯客观、描述性要素。例如，“猥亵”需根据社会文化规范进行评价。麦耶尽管发现了构成要件中的规范要素，但没有将构成要件与违法性关系从理论上划分开来，增加了混乱。麦耶的犯罪构成理论通过引入规范要素与主观要素，重构了构成要件与违法性的关系，推动了犯罪论体系从形式化向实质化的转型。其理论不仅完善了贝林的古典体系，更为新古典学派及现代阶层犯罪论的发展提供了关键理论支撑。

2.迈兹格以“不法”丰富构成要件

德国刑法学家迈兹格在1926年发表《刑法构成要件的意义》，在该文中将“不法”引入构成要件概念，认为：构成要件是可罚的违法行为而应由刑法加以类型化的记叙，只要行为与类型化相符合的，除了有阻却违法情形外，具有违法性，因为刑事立法对于构成要件该当之行为规定刑罚效果，就是为了明确该行为的违法性。迈兹格突破了贝林的“构成要件与违法性无涉”的古典理论，提出构成要件符合性直接推定违法性，即符合构成要件的行为原则上具有违法性，除非存在违法阻却事由（如正当防卫、紧急避险）。这一观点被称为“存在根据说”，与麦耶的“认识根据说”形成对比。这一观点的提出将违法性判断实质化地融入构成要件，使构成要件成为违法性的类型化表现，强化了构成要件的实质评价功能。

在构成要件与违法性的实质统一上，迈兹格认为，构成要件是违法行为的类型化体现，其本身已包含对法益侵害性的实质判断。例如，在“故意提供不合格军事设施罪”中，构成要件需同时满足“明知不合格”的主观要素与“造成法益侵害”的客观要素，体现违法性的实质要求。这一观点的实践意义在于，这种实质化判断使构成要件成为连接事实与价值的桥梁，避免了形式化构成要件可能导致的机械司法。

在规范构成要件要素的引入上，迈兹格主张构成要件中不仅包含描述性要素（如“杀人”“财物”），还应包含规范要素，即需要法官进行价值判断的要素（如“猥亵”“公共秩序”）。例如，认定“猥亵”需结合社会伦理观念，而不只是客观描述。这一观点使构成要件从纯客观形式转向实质化，要求法官在构成要件阶段即进行社会价值的实质性判断，从而将违法性的实质评价提前至构成要件符合性阶段。

迈兹格除主张客观违法性外，还主张主观违法要素，这展示了其客观立场不彻底的一面。在主观违法要素的承认上，迈兹格进一步提出构成要件中应包含主观违法要素，如特定犯罪的目的或意图（如盗窃罪的“非法占有目的”）。这些主观要素不仅是责任层面的内容，更是构成要件符合性判断的一部分，如在不纯正、不作为犯罪中，作为义务的来源（如法律义务、职务要求）需要结合行为人的主观认知，构成要件需同时满足客观义务与主观明知。

迈兹格的刑法理论促进了我国关于“社会危害性”与“法益侵害性”的讨论，部分受其构成要件实质化思想影响。

（三）目的主义的犯罪构成论

1.威尔泽尔的犯罪构成论

威尔泽尔是20世纪德国刑法学的重要代表人物，他提出的目的行为论对现代犯罪论体系产生了深远影响。其犯罪构成理论的核心在于将行为的目的性作为犯罪论的基础，并强调主观要素在构成要件中的重要性。

威尔泽尔认为，行为并非单纯的因果过程，而是有目的的活动。他提出，行为是行为人基于特定目的选择手段并加以实现的过程，而非古典犯罪论中认为的“纯粹的身体动作”。因此，威尔泽尔提出了构成要件主观要素，并把故意和过失作为构成要件要素。这一观点突破了传统的因果行为论，将行为的目的性作为犯罪论的核心。威尔泽尔的这一观点的提出，促进了对行为概念的革新，认为行为不再是中立的因果链条，而是具有目的性的活动。

同时，其引入了主观要素，认为故意和过失不仅是责任要素，也是构成要件的一部分，从而将主观要素纳入构成要件阶层。

威尔泽尔的犯罪构成论通过引入目的行为论，推动了犯罪论体系从客观主义向主客观统一的转型。其理论不仅修正了古典犯罪论的机械性，也为现代刑法学提供了新的分析框架，深刻影响了德日刑法学及中国刑法理论的发展。

2.墨拉哈犯罪构成理论

墨拉哈是目的主义的另一代表人物。墨拉哈的犯罪构成理论是目的行为论，其理论核心在于强调行为的目的性和主观要素在犯罪构成中的基础地位，突破了传统客观主义犯罪论的框架。墨拉哈提出，行为并非单纯的因果过程，而是有目的的活动。他认为，人的行为是行为人基于特定目的选择手段并加以实现的过程，而非古典犯罪论中认为的“纯粹的身体动作”。这一观点将行为的目的性作为犯罪论的核心，主张行为是主观意志与客观表现的统一体。其意义在于革新行为概念，认为行为不再是中立的因果链条，而是包含主观目的的有意识活动。

同时，其亦引入了主观要素，认为促进故意和过失不仅是责任要素，也是构成要件的一部分，从而将主观要素提前至构成要件阶层进行评价。

墨拉哈认为刑事立法设立犯罪构成要件，不只是禁止法益侵害，还要关注侵害行为的种类、方式以及环境等，将其纳入刑法中是为了能对不同行为予以不同评价，以区别刑罚的轻重程度。墨拉哈排斥以往的狭隘的法益侵害因果论，认为只有有目的的行为才是洞察反社会的意识和违背法律秩序的真相，才能构成犯罪。

墨拉哈的犯罪构成理论通过引入目的行为论和人的不法论，推动了犯罪论体系从客观主义向主客观统一的转型。其理论不仅修正了古典犯罪论的机械性，也为现代刑法学提供了新的分析框架，深刻影响了德日刑法学及中国刑法理论的发展。

经过上述诸多法学家的研究和努力，犯罪构成要件最终从诉讼法进入刑法实体法，从客观结构扩展到主观结构，形成一个综合的构成要件，丰富了犯罪论体系。

（四）苏俄犯罪构成要件理论

苏俄刑法学家特拉伊宁通过研究，揭示刑事古典学派的犯罪构成的客观结构与刑事实证学派的犯罪构成的主观结构之间存在对立性。特拉伊宁从马克思列宁主义关于犯罪的阶级性出发，主张将犯罪构成要件的客观因素和主观因素辩证统一起来，根据犯罪主体和犯罪所有的情况辩证地研究犯罪行为，从而进行惩治犯罪。特拉伊宁在 1946 年出版《犯罪构成的一般学说》中明确了其所倡导的犯罪构成理论的特点：犯罪构成以社会政治的实质内容，在社会危害性的基础上构建犯罪构成，使犯罪构成成为社会危害性的构成。在犯罪构成要件上，特拉伊宁认为，犯罪构成的四要件应当是指：(1)表明犯罪客体的构成因素；(2)表明犯罪客观方面的构成因素；(3)表明犯罪主体的构成因素；(4)表明犯罪主观方面的构成因素。[1]特拉伊宁将犯罪主体和犯罪客体均纳入犯罪构成要件中进行认定。

---

〔1〕 参见［苏］A. H. 特拉伊宁：《犯罪构成的一般学说》，王作富等译，中国人民大学出版社 1958 年版，第 100 页。

（五）我国刑法中犯罪构成要件的确立

中国法律受到西方影响始于晚清时期，在变法革新的思潮推动下，法学研究开始从封建传统法制转向对西方法制的学习、借鉴。在这一过程中，中华法系中最为根深蒂固的刑法也受到了影响，开始借鉴国外刑法理论，以期为我所用。在变革维新的思潮下，刑法学主要以大陆法系的德国、日本的理论为基础，在20世纪三四十年代初步形成了中国近代“德日式”刑法体系。中华人民共和国成立后，在共产国际思潮下，我党在思想、政治、法律、经济等方面均学习苏联，在刑法理论上亦向苏联学习以建立我国的刑法体系。但苏俄式刑法在我国全面传播的时间并不长，这主要归因于“文化大革命”的影响。改革开放之后，随着法制建设被高度重视，刑法学在这样一个万象更新的时代背景下蓬勃发展起来。此时，不仅有“苏俄式”刑法，还引入了“德日式”“英美式”刑法，在这样的学术氛围中，我国的刑法学科和知识体系出现了争鸣，形成了刑法理论和知识的多元化发展格局。

改革开放40多年来，刑法学科的发展路径开始呈现分化。其中，在犯罪构成问题上，形式解释与实质解释的争论尤为激烈，逐渐形成两大派别。争论的焦点在于，是采用“苏俄式”的四要件说，还是采纳“德日式”的三阶层理论。这种开放的研究方式和路径，有力推动了学术的深入发展，将学术研究引向更深层次，为完善我国刑法学科建设、促进刑事司法实践、确保刑事案件公正判决发挥了积极作用。

（六）构成要件是犯罪的标准

刑法由犯罪和刑罚构成，犯罪是刑罚的前提，有犯罪不一定必须受刑罚，但有刑罚必有犯罪，“只要存在刑法，就存在犯罪构成”，[1]对构成要件的历史演进的梳理，有助于我们建立对刑法解释的正确性的基础性认识，有清晰的构成要件理论，对于认定罪与非罪是关键——必须实质性地判断是不是有值得处罚的行为的存在。[2]从构成要件的构成来衡量一个行为是否构成犯罪，即以构成要件作为犯罪的标准，是刑法解释的前提和基础。

二、主要犯罪论体系模式

世界刑法领域存在三种主要的犯罪论体系模式。一是苏联等国家采用的犯罪构成理论体系模式，该模式将犯罪构成要件划分为主体要件、客体要件、主观要件和客观要件四部分，即通常所说的犯罪构成四要件说；二是英美等普通法系国家所采用的犯罪论体系模式，该模式将犯罪成立条件分为犯意和犯行两部分；三是以德国和日本为代表的三阶层理论，该理论认为犯罪构成要件由构成要件该当性、违法性和有责性三个阶层递进式地组成。就我国而言，中华人民共和国建立之初曾学习苏俄的四要件犯罪构成要

〔1〕 陈兴良:《四要件:没有构成要件的犯罪构成》,载《法学家》2010 年第 1 期。

〔2〕 参见[日]大谷实:《刑法总论》,黎宏译,法律出版社 2003 年版,第 102 页。

件，但从 20 世纪 80 年代开始有学者就对四要件说提出了疑问和批判，进入 21 世纪后对四要件说的争论更是激烈。有学者提出以“德日式”的三阶层作为犯罪构成较为合适。中国刑法学界聚焦于四要件说和三阶层理论，既是历史路径依赖的结果，也反映了两种理论在补充性与竞争性上的张力。英美法系犯罪构成理论因法律传统差异、功能定位不同及学术资源分配倾向，尚未成为我国学界的主流议题，故后文只论及四要件说及三阶层理论。

（一）四要件说

四要件犯罪构成理论由犯罪客体、犯罪客观方面、犯罪主体和犯罪主观方面四个要件构成。从四要件的组合来看，它们构成了一个主客观相统一的有机整体，揭示了犯罪主体所实施的危害社会的行为：主观方面需要通过客观方面来展现，客观方面源于主观方面的行为动机和意图。

1. 犯罪客体

犯罪客体是刑法所保护而被犯罪行为所侵害的社会关系。那么，为何需要保护这些社会关系？这首先需要对社会关系有一个清晰的认识。社会关系，是指人们在共同的物质和精神活动过程中所结成的相互之间的关系的总称。简言之，就是人与人之间的一切关系。从关系的双方来看，社会关系包括个人之间的关系、个人与群体之间的关系、个人与国家之间的关系；一般还包括群体与群体之间的关系、群体与国家之间的关系。这里的群体的范畴，小到民间组织，大到国家政党组织。这里的国家在实质上是指一方领土之社会，即个人与国家之间的关系就是个人与社会之间的关系，而个人与世界的关系就是个人与全社会的关系。从关系的领域来看，社会关系的涉及面众多，主要的关系有经济关系、政治关系、法律关系。经济关系即生产关系。此外，宗教、军事等也是社会关系体现的重要领域。不同的社会关系之间存在着从属、包含、相互渗透和相互制约的关系，它们各自居于一定的地位，分别起着不同的作用。物质关系决定思想关系，思想关系又反作用于物质关系。社会关系整体决定和制约着作为这一系统构成部分的各个社会关系，各个社会关系又对整体社会关系起着一定的影响作用，特别是占据主要地位的社会关系，对整体社会关系的性质和发展、对其他社会关系的发展均起着决定性的影响作用。一般说来，经济关系的性质决定着整个社会关系系统的性质。社会关系的主体是人，社会关系是围绕人的行为而展开的各种关系，社会关系的背后表现出来的是人的权益和人的集合体的权益（或称国家权益）。由于社会关系具有多样化，所以社会关系中具体表现出来的客体也具有多样化，“由于犯罪的社会危害性集中表现在犯罪对社会关系造成的或可能造成的侵害上，因此，犯罪客体是任何犯罪成立都不可缺少的要件，只不过不同的犯罪所侵害的犯罪客体有所不同”，〔1〕权益的存在需要制度的保障，否则极易被破坏。刑法是最为严厉的法律规范，刑法将社会关系作为客体加以保护，其目的是维持特定的社会关系，增进社会主体人的权益，各国家均采用刑法

〔1〕 陈兴良：《本体刑法学》（第2版），中国人民大学出版社2011年版，第159页。

来维护社会关系，以维持社会关系的秩序、增进各关系主体权益和促进社会关系的公平正义。正确认识刑法的客体，明白什么是刑法保护的社会关系，对于刑法解释的司法实践而言具有重要意义，它指引刑法解释的司法者在司法实践中依据罪刑法定原则划定刑法保护的社会关系的界限，维护刑法保护的社会关系健康发展。

2. 犯罪客观方面

犯罪客观方面是指刑法规定的构成犯罪在客观活动方面所必须具备的条件，包括危害行为、危害后果、危害行为与危害后果之间的因果关系，是成立犯罪所必须具备的客观事实特征。犯罪客观方面是表明行为人行为在客观上表现出来的外在表现的要件。成立犯罪客观方面必须具备的客观事实包括危害行为和危害结果。犯罪客观条件分为两类：一类是必要条件，即任何犯罪都必须必备的条件，如危害行为。另一类是选择条件，即某些犯罪所必须必备的条件或者是对行为构成因素的特别要求，如某些行为是需要特定的时间、地点、方法等才能成为犯罪构成客观方面的选择构成要件。犯罪客观方面在司法实践的刑法解释中使解释者在案件事实与刑法规范之间找寻犯罪活动的客观外在表现，具体而言是在案件事实与刑法规范之间找寻是否存在危害行为，是否发生了危害社会的结果，行为与结果之间是否存在因果关系等。通过解释者在司法实践中把握犯罪客观方面来认定案件是否构成犯罪，进而实现罪刑相适应。

3. 犯罪主体

犯罪主体是指实施危害社会的行为、依法应当负刑事责任的自然人和单位。自然人主体必须是达到刑事责任年龄、具备刑事责任能力、实施危害行为的自然人。单位主体是实施危害社会行为并依法应负刑事责任的公司、企业、事业单位、机关、团体。犯罪主体是表明犯罪行为由谁实施才能构成犯罪的要件。有些犯罪需要行为人具备特定身份才能构成，因此称为特殊主体。认定犯罪主体在刑法解释上是在案件事实与规范之间找寻承担责任的犯罪行为人（或组织），犯罪和刑罚最终的目的均需要一个行为主体人（或组织）来承担责任，以实现刑罚功能，惩治犯罪，维护社会关系，实现公平正义。犯罪主体指的是实施犯罪行为的个人（或组织）。对于非社会主体（如自然界）所导致的侵害，如果这种侵害与社会主体人的行为无关，如自然灾害等，那么这种情况下就没有特定的行为主体。对于这类后果，国家会提供救助和帮助，以慰藉受害人。

4. 犯罪主观方面

犯罪主观方面是指行为人对自己危害社会的行为及其结果所持的心理态度。行为人在实施犯罪时的心理状态是十分复杂的，概括起来存在故意和过失这两种基本形态，以及犯罪目的和犯罪动机这两种心理要素。罪过是犯罪行为承担责任的必需主观要件，犯罪主观方面是行为人实施犯罪行为时所持有的主观心理状态，即是否存在故意或过失。行为人主观上既无过失也无故意，即使行为在客观上造成了损害结果，行为人也不承担刑事责任。另外，还存在某些犯罪必须存在特定目的才构成的情形。因此，犯罪目的是某些犯罪的主观方面的条件，只有具备时才构成犯罪。在刑事司法实践中进行法律解释时，犯罪主观方面是一个疑难困境，因为在很多案件中，要对行为人的主观进行分析，根据案件事实进行“揣测”，其结果往往很难以与行为人实施行为时的应有心理态度相一致，甚至可能相反，除行为人之外，对行为人的心理态度的认知均是一种猜测，这个猜测就存在一个概率问题，要正确认定行为人心理态度，就必须对案件事实有全面的深入的了解，并对法律规范运用非常精准，进而作出的对行为人的心理态度的认定才能使行为人和民众所接受和信服。

（二）三阶层理论

在犯罪构成要件上，以德日为代表的国家采用的是三阶层理论。前文已有述及，四要件说的四个要件之间是并列的，并无阶序性，而三阶层理论的三个要件，即构成要件该当性、违法性和有责性，存在层层递进的阶序关系。

1. 构成要件该当性

构成要件该当性是指行为符合刑法所规定的某个具体特征。该当性也称为构成要件符合性，是指案件的客观事实符合刑法所规定的具体犯罪构成要件。客观事实符合构成要件，客观事实具备了构成要件所要求的要素及其内在联系。行为是否具有该当性一般考虑如下因素：（1）构成要件的行为，即该当性构成要件的行为；（2）因果关系，即行为与结果之间的关系；（3）构成要件的心理态度，即行为人所持有的心理态度是故意还是过失。“构成要件符合性的判断，是一种价值关系的事实判断，或者说既是事实判断又是价值判断,既是形式判断又是实质判断。”[1]

2. 违法性

违法性是指行为已经对刑法所保护的法益构成了侵害。违法性不仅要求犯罪行为符合构成要件,而且该行为实质上必须是法律所不允许的行为,即必须是违法的。判断行为是否具有违法性,关键看是否存在违法阻却事由。违法阻却事由是指能够排除符合构成要件的行为的违法性的情形,一般包括正当防卫、紧急避险、法令行为、被害人承诺等。

3. 有责性

有责性指能够就满足该当性和违法性条件的行为对行为人进行非难和谴责。一个行为是否构成犯罪,除行为具备该当性且具备违法性外,该行为还必须具有有责性。对有责性应从以下四个方面进行考察:(1)责任能力,即进行非难和谴责的前提资格。(2)故意责任,是指在认识构成要件的基础上,具有违法性意识以及产生这种意识的可能性。(3)过失责任,主要是指违反主观注意义务而存在非难和谴责的可能性。(4)期待可能性,即在行为当时的情况下,期待行为人作出合法行为的可能性。如果有期待可能性,即能够期待行为人在行为时实施合法行为,行为人违反此期待实施了违法行为,即产生责任;如果无期待可能性,即行为人在行为时只能实施严重违法行为,不能期待其实施合法行为,此为阻却责任事由,行为人不负刑事责任。

---

[1] 张明楷:《刑法学》(第4版),法律出版社2011年版,第133页。

三阶层构成要件的犯罪论构成要件的该当性、违法性和有责性，三个环节环环相扣，层层递进，在一个条件满足后，才进入下一个环节的判断，只要是不符合条件的，就会被排除在外，三个要件之间这种明确的递进关系，为司法实践提供一种明确的检验，把是否承担犯罪责任放在最后认定。

三、我国犯罪构成要件的演进趋势

在党的十一届三中全会后，我国进入快速发展阶段，刑法研究和实务得到迅速发展。改革开放后，由于国外法学理论被引入并在国内得到深入研究，司法实践中逐渐暴露出我国犯罪构成的四要件存在的一些问题。有学者通过比较研究德日式的三阶层理论，发现其在学术研究和司法实务中凸显出科学性、合理性和实践性。

1979 年《刑法》颁布以后，我国刑法研究得到恢复，从刑法学研究的著作中可以探寻对犯罪构成研究的成果。高铭暄教授在 1982 年出版的《刑法学》中认为："犯罪构成就是我国刑法所规定的，决定某一具体行为的社会危害性及其程度而为该行为构成犯罪所必须的一切客观和主观要件的总和。"其中将犯罪构成分为四个要件：（1）犯罪客体，指刑法所保护而为犯罪行为所侵害的社会主义关系；（2）犯罪客观方面，指行为人所实施的危害社会的行为、产生的危害结果、行为方法、时间、地点等；（3）犯罪主体，即达到责任年龄、具有责任能力实施危害行为的人；（4）犯罪主观方面，即行为人主观上的罪过（故意或过失）特定目的等。高铭暄教授这一观点在我国的法学研究及国家开始重视法制建设的特定历史时期发挥了非常大的引领作用，在随后的法学研究中多采用该观点，并在司法实务界得到了适用和遵从，产生了一定的影响。在国家法制建设兴起的背景下，法学研究也兴起了。1986 年何秉松教授在法学权威期刊《法学研究》上发表《建立具有中国特色的犯罪构成理论新体系》一文，认为“犯罪构成不是负刑事责任的基础，只有犯罪行为才是负刑事责任的唯一基础，而任何犯罪行为都必须是行为符合构成要件与行为的社会危害性的有机统一”〔1〕。何秉松教授提出把犯罪构成分为行为要件和主体要件，其中行为要件包括行为主观要件和客观要件，行为主体又划分为一般主体和特色主体（如身份犯等）。何秉松教授的文章在当时引起了很大的反响，使人们对犯罪构成要件开始重新认识和思考。但该文的发表也受到批评和质疑，认为这种探索没有从实质上和根本上促进犯罪构成的发展，而是乐道于花样的变换。〔2〕尽管何秉松教授的这一理论尚未建立起来，但是这一尝试性研究打破了犯罪构成四要件说在中国的绝对权威，在改革开放中，学术也随之开放，这为学术研究提供了良好的氛围。1986 年，由福田、大塚仁编写的《日本刑法总论讲义》在我国得到翻译并出版，这是中华人民共和国成立后日本

〔1〕 何秉松：《建立具有中国特色的犯罪构成理论新体系》，载《法学研究》1986 年第 1 期。

〔2〕 参见高铭暄、王作富主编：《新中国刑法的理论与实践》，河北人民出版社 1988 年版，第 171 页。

刑法较早在我国传播。该书介绍了日本刑法的犯罪构成要件，指出："要使犯罪成立，必须具备构成要件该当性、违法性与责任这三个要素。这三个要素形成了理论的结合，责任以违法性为前提，违法性以构成要件该当性为前提。也就是说，只有该当构成要件的行为，才可以把它提到刑法上来评价其违法性与责任，构成要件则是犯罪论体系的基础。"〔1〕

这为我国学者了解、研究犯罪构成要件提供了资料。进入20世纪90年代以后，国外一些刑法学名著被翻译并介绍到中国，像日本学者小野清一郎的《犯罪构成要件理论》(王泰译)是1991年由中国人民公安大学出版社出版的，而德国学者贝林的《构成要件理论》(王安异译)则是在2006年由中国人民公安大学出版社出版的。此外还有李斯特的《德国刑法教科书》、耶赛克的《德国刑法教科书》(徐久生译)、罗克辛的《德国刑法学总论》、日本学者野村稔的《刑法总论》、大谷实的《刑法总论》、大塚仁的《刑法概说》等书翻译译本进入我国，均为我国刑法学术和法治实践注入了新的学习研究内容，为我国对犯罪构成要件进行深入研究、思考和反思提供了有用的价值材料。陈兴良教授在1992年出版的《刑法哲学》中对苏俄和我国耦合式〔2〕的犯罪构成四要件说以及日本的三阶层理论进行比较后指出："用通俗的话来说，耦合式结构用的是加法(整合法)，而递进式结构用的是减法(排除法)。这

〔1〕［日］福田平、［日］大塚仁编：《日本刑法总论讲义》，李乔等译，辽宁人民出版社1986年版，第40页。

〔2〕陈兴良教授根据将我国犯罪构成要件的特点，将其称为耦合式犯罪构成。

两种犯罪构成体系都是要为司法实践中正确地认定犯罪提供一个法律模式，那么从认识论或者方法论上来说，哪一种法律模式更有利于认定犯罪呢？对此，有必要对这两种定罪模式进行功能上的比较。”〔1〕陈兴良教授从功能上分析我国犯罪构成要件的缺陷时指出：“在功能比较上，我揭示了耦合式结构的主要缺陷是将犯罪构成要件之间的关系确定为一种共存关系，即一有俱有、一无俱无。只有四要件全部具备了，才说得上是犯罪构成的要件。在具体论述时，又分别作为犯罪构成的要件加以阐述。这样，在部分与整体的关系上存在逻辑混乱的现象。”〔2〕还有学者研究发现，在四要件中，犯罪构成与犯罪成立区分不清，对此王政勋教授指出：“传统的犯罪构成理论（指四要件的犯罪构成体系——引者注）将犯罪构成理解为形式与实质的统一，无法科学解释正当行为与犯罪构成的关系，也无法解决正当行为的地位问题。”〔3〕2003年由陈兴良、周光权教授主编的《刑法学》第一次在我国的刑法教科书中采用三阶层犯罪理论，指出，“目前，我国刑法教科书通行的是来自苏联的、以闭合式四大要件（犯罪客体、犯罪客观方面、犯罪主体、犯罪主观方面）为内容的犯罪构成体系，这种犯罪构成体系自有其简便易懂的特点，但是也存在着内在逻辑上的某些缺陷，受到刑法理论界越来越多的批评和质疑。随着大陆法系递进式犯罪成立理论和

---

〔1〕 陈兴良：《刑法哲学》，中国政法大学出版社1992年版，第549页。

〔2〕 陈兴良：《犯罪构成论：从四要件到三要件一个学术史的考察》，载《中外法学》2010年第1期。

〔3〕 王政勋：《犯罪构成与犯罪成立条件》，载陈明华等主编：《犯罪构成与犯罪成立基本理论研究》，中国政法大学出版社2003年版，第3页。

英美双层次的犯罪构成体系引入我国，在犯罪构成理论上的研究日益深入。尤其是大陆法系递进式的犯罪成立理论体系，反映了定罪的逻辑过程，也使得被告人获得了较多的辩解机会，具有理论上的优越性。在这种情况下，我们在刑法学教科书中首次直接采用了大陆法系的递进式犯罪成立理论。”〔1〕

张明楷教授是国内较早提出犯罪客体不是犯罪构成要件的学者之一，他提出了将犯罪构成的共同要件确定为犯罪客观要件、犯罪主体要件与犯罪主观要件，认为犯罪客体不是犯罪的构成要件，而犯罪对象则是犯罪客观方面的一个内容。〔2〕他在《刑法学》(第 4 版)中指出：“我国刑法理论将成立犯罪所必须具备的条件称为‘犯罪构成’。不言而喻，我国犯罪构成，就是犯罪成立条件。”〔3〕“基于以下理由，本书采取两阶层体系，亦即犯罪构成由违法构成要件与责任要件组成。违法构成要件不等于犯罪的全部成立条件，只是成立犯罪的一个要件。违法构成要件是表明行为具有法益侵害性(违法性)的要件(由于在责任阶层不使用构成要件概念，故可以将违法构成要件称为构成要件，也即构成要件 = 违法构成要件；由于违法性由客观要素决定，故也可以称为客观构成要件)，其中讨论违法阻却事由；责任要件是表明行为具有非难可能性(有责性)的要件，其中讨论责任阻却事由。”〔4〕2009 年高铭

〔1〕 陈兴良主编：《刑法学》，复旦大学出版社 2003 年版，“序”第 1 页。
〔2〕 张明楷：《犯罪论原理》，武汉大学出版社 1991 年版，第 36 页。
〔3〕 张明楷：《刑法学》(第 4 版)，法律出版社 2011 年版，第 98 页。
〔4〕 张明楷：《刑法学》(第 4 版)，法律出版社 2011 年版，第 105 页。

暄教授在《对主张以三阶层犯罪成立体系取代我国通行犯罪构成理论者的回应》中将主张采用三阶层理论的学者称为“推倒重来论”者，并对“推倒重来论”的观点进行了回应，其认为：一是“推倒重来论”强行切断了我国刑法理论的历史连续；二是“推倒重来论”有意无意地漠视了四要件犯罪构成理论所具有的现实合理性；三是“推倒重来论”曲解了四要件犯罪构成；四是三阶层理论并非完美无缺。高铭暄教授指出：“那种不顾我国犯罪构成理论体系的历史延续性、现实合理性而简单地加以抛弃，并移植一个本身更存在这样或那样矛盾的体系的做法，必然会把中国刑法学引向歧途，我反复思考，对于我国犯罪构成理论这样的重大问题，如果要全盘推倒，移植另外一种体系，至少需要三个方面的理由：紧迫性、必要性、可行性。”〔1〕基于对四要件说和三阶层理论的争议，中南财经政法大学周详教授提出四要件说与三阶层理论“共生论”，指出：“从逻辑的视角看，德日三阶层犯罪论体系比我国的四要件体系更具有逻辑性；从应用的视角看，四要件知识形态与过去我国各种现实条件基本相适应，具有一定实用性，但现存的不一定合理，四要件知识体系有条件的适用并不构成反对引进德日三阶层体系的理由。四要件体系与三阶层体系虽然在某种意义上属于异质的体系，但体系的异质性不是体系难以共生的理由，相反这是共生的前提。二者在知识形态属性上并不存在非此即彼的排斥关系，二者完全可能在共存的基础上形成一种拾遗补阙、良性互动的

---

〔1〕 高铭暄：《对主张以三阶层犯罪成立体系取代我国通行犯罪构成理论者的回应》，赵秉志主编：《刑法论丛》（第19卷），法律出版社2009年版，第6页。

共生关系。"[1]

采用哪种理论，至今这场争论仍未停止，但意义深远，因为它"不仅事关刑法理论的核心与基础，亦直接决定中国刑法学发展的未来走向。"[2]经过争议后，现行《刑法》仍然采用四要件说，但许多学者和实务界人士更倾向于适用三阶层理论，因为三阶层理论具有逻辑严密性、符合罪刑法定、适应现代刑法理论、实务高效性及辩护灵活性，在司法实务（尤其是刑事辩护和疑难案件）中更受青睐。而四要件说虽在我国长期占据主流，但因缺乏位阶关系、易导致主观归罪、概念模糊等问题，正逐渐引发学界和实务界的反思。在上述论战中，形成了两种截然不同的立场。一派以高铭暄教授为代表，坚持目前的四要件说，主张维持四要件说的通说地位，因此被称为"通说维持论"派。另一派则力主采用三阶层理论，主张对现有体系进行重构，因此被沿用高铭暄教授文章中的命名，称为"推倒重来论"派。高铭暄教授认为，四要件说是历史的选择，是老一辈刑法学家的智慧结晶，他指出，这个犯罪构成理论体系是苏联刑法学界以特拉伊宁为代表的诸多刑法学家集体学术智慧的结晶，是客观历史传承和严肃现实选择的结果，而并非政治冲动或者阶级斗争的产物。[3]其实我们从过去的刑法教科书就可以看出来，如在1962年全国政法工作会议上讨论关于《刑法》的"前言"时写道："中华人民共和国的任务，是用刑法同一切

---

〔1〕周详：《四要件与三阶层犯罪体系共生论》，载《中外法学》2012年第3期。

〔2〕赵秉志：《刑法论丛》（第19卷），法律出版社2009年版，第1页。

〔3〕高铭暄：《关于中国刑法学犯罪构成理论的思考》，载《法学》2010年第2期。

反革命分子和其他犯罪分子做斗争，以保卫工人阶级领导的人民民主专政制度，维护社会秩序，保护公共财产，保护公民人身和其他权利，保障国家的社会主义革命和社会主义建设事业的顺利进行。”〔1〕由此可见，那时对刑法的定义总是蕴含着一定的阶级观念。高铭暄教授进一步指出，“有人突然提出要‘推倒重来’，要用日本所谓三阶层的犯罪成立理论来代替四要件犯罪构成理论，一方面要‘去苏俄化’，另一方面却来个‘日本化’，引起了这场争论，这怎么能让人信服？”〔2〕对于质疑，张明楷教授这样回应：“即使在某段时间内，一国之内的多数学者赞成或倾向于某种犯罪论体系，也不意味着必须永远维持这种犯罪论体系。”〔3〕关于刑法中是否蕴含政治性话语，陈兴良教授较为中肯地指出：“这是一个刑法理论的话语转换过程，也是刑法理念上一个祛意识形态之魅的过程，我们应当回归对刑法的规范思考而放弃习惯了的政治话语。”〔4〕法的适应是随社会发展而发展，没有不变的制度，制度要适应社会发展，更应促进社会制度发展。“法律的适应性问题，它不仅是所有法律制度的核心问题，也是整个法学理论的核心问题。……可以说，刑法之适应性是一个与实践理性相一致的概念。”〔5〕我们必须坚持刑

〔1〕 参见高铭暄：《中华人民共和国刑法的孕育诞生和发展完善》，北京大学出版社2012年版，第3页。

〔2〕 高铭暄：《对主张以三阶层犯罪成立体系取代我国通行犯罪构成理论者的回应》，载赵秉志主编：《刑法论丛》（第19卷），法律出版社2009年版，第5页。

〔3〕 张明楷：《构建犯罪论体系的方法论》，载《中外法学》2010年第1期。

〔4〕 陈兴良：《刑法机能的话语转换》，载《环球法律评论》2008年第1期。

〔5〕 周少华：《刑法之适应性及其法治意义》，载《法学》2009年第4期。

法的实践理性。在依法治国、建设社会主义法治国家的今天，法治需要积极回应社会需求，紧跟社会发展步伐，这就要求理论必须与时俱进，不断跟进和革新。

在刑法中首先就需要犯罪体系的跟进。“犯罪论的体系是实现刑法目的的体系，因此，随着刑法目的中重点的变迁，体系论也会发生变化，在此意义上讲，不可能有绝对唯一的犯罪论体系。”〔1〕

在国家治理中，社会发展面临许多新问题、疑难问题和复杂问题，这些问题严重到一定程度就需要刑法去解决，这就需要刑法理念不断更新以适应社会发展需要。从现在的实践情况看，四要件说是逻辑性较为欠缺的平铺性犯罪构成理论，“四要件之间不存在逻辑上的位阶关系，各要件之间的顺序可以随意打乱。其结果是：价值判断往往先于事实判断、主观判断往往先于客观判断、实质判断往往先于形式判断、个别判断往往先于定型判断，由此造成定罪错误”〔2〕。判断案件事实，适用法律本身就需要逻辑的严密性，以减少错案，只有严密的思维和逻辑才能让民众对案件说理叙事产生信服。三阶层构成要件应用于司法判案、说理，及其对司法人员法律思维的培养均具有合理性、现实性和急迫性。关于三阶层理论的严密逻辑性和现实合理性，张明楷教授指出：“德日的犯罪成立条件为阶层型（或阶梯型甚至立体型），对行为是否成立犯罪的判断，是由形式（外部）到实质（内部）、由抽象（一般）到具体（个

---

〔1〕［日］大谷实：《刑法总论》，黎宏译，法律出版社2003年版，第71页。

〔2〕陈兴良：《犯罪构成论：从四要件到三阶层一个学术史的考察》，载《中外法学》2010年第1期。

别)、由定型到非定型、由客观到主观的逐层递进判断。"[1]陈兴良教授指出,"犯罪论体系通过阶段性的深入,即由形式性判断进入实质性判断、由对客观性要素的判断进入对主观性要素的判断,从而力图确保裁判官的判断正确、适当。"[2]

鉴于上述两派观点的阐述,结合司法实践,笔者认为,在刑法功能上,犯罪构成四要件说因其逻辑关系不够严密,导致司法判决的说理中逻辑性稍有欠缺,在令人信服方面存在不足。而三阶层理论思维严密、逻辑性强,依此形成的判决更容易被人接受,且经过德、日等大陆法系国家的长期适用,具有较强的理论基础和实践合理性。因此,笔者坚信,随着社会的不断发展和刑法理论的持续深入,以及司法实践的不断丰富,犯罪构成要件在我国刑法领域将会不断演进。犯罪构成中的四要件在完成其历史使命后,终将让位于阶层式构成要件,并进一步指导我国刑事的司法实践,充分发挥刑法对社会的治理功能。

---

〔1〕 张明楷:《犯罪构成理论的课题》,载《环球法律评论》2003年第3期。

〔2〕 陈兴良:《犯罪构成论:从四要件到三阶层一个学术史的考察》,载《中外法学》2010年第1期。

— 第三章 —

刑法解释立场演进的动因论

任何事物都是在发展中不断完善，在完善中不断发展。事物前进的过程中，总有一种或多种组合的力量驱使其不断演进，促使其不断完善，否则它就会停滞不前，或成为历史中的滞留物或最终消失。当然，促使事物发展的力量可能来自其内部，也可能来自外部，或内外部共同作用，即事物发展是内因和外因共同驱动作用的结果。刑法解释立场也是在不断演进中发展和完善的，其演进过程同样受到其内因和外因的共同作用，在这些力量的共同推动下，刑法解释立场不断演进，以适应社会发展，以更好地保障国家安全、服务社会发展、保障人民合法权益，为国家社会发展贡献法治力量。

第一节 刑法解释立场演进的内因

内因是事物发展变化的内在原因，即内部矛盾，是事物内部各要素之间相互作用和矛盾运动，是事物存在和发展的核心和基础。在事物发展中，内因起着至关重要的作用，如决定事物发展的基本方向和趋势、提供事物发展的内在动力、决定事物的本质特征、在内外因相互作用中起主导作用等。刑法解释立场演进也一样有其内因作用，这些内因概括起来主要源于对刑事司法的实质正义的不断追求、完善刑法本身缺陷的需要、刑法立法意图驱动、刑法理论深化和立法技术的提升、人权发展等。解释立场的演进，在各内因的共同作用下，日益符合现代刑法对社会的治理需求，对维护国家安全、促进社会有序、充分保障民众合法权益、促进和谐社会生活发挥着重要作用。

一、实质正义追求促进刑法解释立场的演进

实质正义，又称“实体正义”，是指通过刑事诉讼过程而实现的结果上的实体公正和结果正义。它关注的是法律适用的最终结果是否符合公平正义的要求，即善人（或善行）应得到善报，恶人（或恶行）应得到恶报，得到的善与恶来源于其行为的程度。具体而言，实质正义要求法律的制定与实施能够确保善行得到应有的

回报，恶行受到应有的惩罚，且资源分配和利益调整应当公平合理，不得存在歧视和排斥现象。实质正义是法律追求的核心价值之一，也是衡量法律体系完善与否的重要标准，因为法律的实施所获得的正义能够指引民众的行为，达致制度认同，形成制度思维，因为“社会成员在认同制度的良善或正义之后，则会将制度内化为自己的行为方式和思维方式，并进而形成遵守制度要求、扮演好制度安排角色的特定的行为习惯和思维习惯。简言之，制度的持续运行和有效实施塑造着行动者的行为方式形成固化的行为习惯，进而塑造着行动者的思维方式，形成固定的思维习惯。我们可以将这种由基本制度塑造的基本思维习惯称为制度思维。法治思维、民主文化、臣民文化、权威人格、独裁者人格、计划经济思维等，都属于这种制度思维的具体表现”〔1〕。实质正义的实现需要适用刑法，且选择正确的解释立场。

实质正义的概念并非现代所独有，其历史渊源可追溯至古代。在中国古代，“法不阿贵，绳不挠曲”“天子犯法与庶民同罪”等思想直接体现了对实质正义的不懈追求。而在西方法律体系中，实质正义也始终是法学理论和司法实践中的核心议题。随着时代的不断演进，实质正义的内涵得以不断丰富和完善，现已成为现代法治国家普遍崇尚的价值目标。

（一）实质正义促进刑法解释立场的演进

实质正义推动刑法解释立场向实质化方向发展。随着社会发

〔1〕 何增科：《论社会制度与思维习惯》，载《北大政治学评论》2019年版第1期。

展，人民群众对实质正义追求的不断提升，刑法解释立场逐渐从形式主义解释观向实质主义解释观方向发展，趋向实质正义，因为"任何一个纠纷的处理结果要想得到社会的公认，必然是符合实质正义的"〔1〕。形式主义解释观注重法律条文的字面意义和逻辑结构，而实质主义解释观则更加强调法律条文背后的立法意图和社会正义。在实质正义的指导下，刑法解释者开始关注法律条文在具体案件中的适用效果，以及是否符合公平正义的价值观要求。这种关注推动了刑法解释立场向更加实质化的方向发展。

（二）实质正义强调法律解释的社会效果

实质正义的追求要求刑法解释不仅要符合法律条文的规定，还要注重法律解释的社会效果，这是时代前进中民众对法治与时俱进的时代要求，"而新时代社会矛盾综合治理机制应当更加关注个案正义、实质正义，追求案结事了基础上的'人和'"〔2〕。这意味着刑法解释者需要在解释过程中充分考虑社会现实和人民群众对法治的期待，确保刑法解释的结果符合社会的公平正义观念。这种对社会效果的关注促使刑法解释立场更加关注法律与社会的良性互动关系，以及刑法解释对社会的影响。

---

〔1〕 刘现珍：《面向实质正义的后果导向裁判方法》，载《国家检察官学院学报》2024年第6期。

〔2〕 龚宇润、刘宏伟：《新时代社会矛盾综合治理机制的出场语境、科学意涵及实践进路》，载《领导科学》2024年第4期。

（三）实质正义促进解释方法的创新和多样化

为了实现实质正义，刑法解释者需要不断探索和创新解释方法，包括引入心理学、社会学、政策学等多学科的知识和方法进行解释，以及采用体系解释、历史解释等多样化的解释方法。这些创新方法的运用使刑法解释更加全面、深入而准确，有助于实现刑法的公正和有效实施。

（四）实质正义促进刑法解释与其他法律领域的互动与协调

实质正义的追求要求刑法解释不仅要关注刑法领域的问题，还要加强与其他法律领域的互动与协调，包括与民法、行政法等领域的协调和配合，以及与国际法、比较法等领域的交流和借鉴。这种互动与协调将有助于促进案件处理结果的公平正义、实现民众对正义的期待，正如瑞士神学家布伦纳指出的："无论是他还是它只要给每个人以其应得的东西，那么该人或该物就是正义的；一种态度、一种制度、一部法律、一种关系，只要能使每个人获得其应得的东西，那么它就是正义的。"[1]以此获得民众对法律的信服，从而推动法治社会的进步和发展。

（五）实质正义推动刑法解释的灵活性和适应性

随着社会的不断发展变化，新型犯罪和复杂案件不断涌现，如

---

〔1〕［美］E. 博登海默：《法理学：法律哲学与法律方法》，邓正来译，中国政法大学出版社 1999 年版，第 278 页。

高科技犯罪、智能犯罪等。在实质正义的追求下，刑法解释立场将更加注重灵活性和适应性。这意味着解释者需要根据案件的具体情况和社会现实，灵活选择解释方法和路径，以确保法律解释的结果能够符合公平正义的要求，实现人民群众对美好生活的新时代期待，"人民群众对美好生活的向往更多向民主、法治、公平、正义、安全、环境等方面延展"[1]。这种灵活性和适应性将有助于提高刑法解释的针对性和实效性，以促进刑法解释立场的演进。

二、刑法制定缺陷促进刑法解释立场的演进

任何事物都可能存在不完善或不完备之处，这被称为事物的缺陷。缺陷是伴随事物发展而存在的，正是因为事物有缺陷，才有不断完善和发展的空间，没有缺陷就不会有事物的进步和提升。刑法也不例外，其缺陷主要源自两个方面：一方面，在立法时，立法者的认识有限，可能存在应当立法而未立法，或不应立法而立法的情况，或者立法论证不充分，导致立法规范不到位，或立法语言模糊等技术问题；另一方面，随着时代的发展，原本完善的法律可能变得不再适应时代需求，表现出缺陷。由此可见，立法是一项艰巨的任务，因为"立法终究不能脱离现实的社会生活条件，而社会的发展具有无限性和难于准确预见性。法律作为行为规则是为规则制定后的行为选择设计的，如果同意社会在不断发展的结论，

〔1〕 习近平：《论坚持全面依法治国》，中央文献出版社 2020 年版，第 224 页。

法律规则的设定就不仅要基于过去已经发生的事项设计，还要预测未来可能发生的事项进行设计”[1]。这一现状的解决需要完善法律，进行立法。无论是完善法律，还是适用先前制定的法律，均需要解释法律，选择解释立场处理案件。在这一过程中涉及刑法解释立场的选择，因此可以说，刑法制定中的缺陷促进解释立场的演进。

（一）刑法制定中的缺陷与解释立场的互动关系

所谓刑法文本，是指刑法的语言文字表现形式，即刑法的制定法形态，也就是刑法条文的总体集合。刑法解释源于对刑法文本规范内容的阐述。在法律体系中，刑法制定存在缺陷是难以避免的问题，这些缺陷可能源自法律的滞后性、语言表述的模糊性、逻辑上的矛盾性、刑罚幅度设置的不合理性，以及立法者认知的局限性等多种因素。就法律语言方面的缺陷而言：“法律是通过语言、文字的形式加以构建的，不能脱离语言而独自存在。作为规范人们行为的准则，法律语言应该具有精确性，以便社会成员清楚的懂得法律的规定。”[2]然而事实上，“语言具有模糊性，作为语言的一个分支的法律语言，也存在一个认知和信息解码的问题，其模糊性同样有其存在的合理性”[3]。“法律是一种语言产品，法律规范的语

---

〔1〕 田鹏辉：《论风险社会视野下的刑法立法技术——以设罪技术为视角》，载《吉林大学社会科学学报》2009年第3期。

〔2〕 聂玉景、王国新：《刑法文本中的模糊语现象分析》，载《中州大学学报》2010年第4期。

〔3〕 聂玉景、王国新：《刑法文本中的模糊语现象分析》，载《中州大学学报》2010年第4期。

言表达决定着法律的品质，并进而直接影响法治。”[1]对于法律解释而言，就可能因此出现不同的解释，导致出现不同的解释结果，以致最终出现不同的案件结论，此时就需要解释者持有一种符合时代需求的解释立场去解释刑法，适用刑法，以得出正义的案件结论。当刑法存在缺陷时，法律解释者需要依据法律精神、社会现实和司法实践需求，对法律条文进行合理解释和适用。这种解释过程不仅是对法律条文的解读，更是对法律精神和社会价值的再创造。正是因为刑法文本存在制定的缺陷，在解释和适用刑法时就需要秉持某种解释立场。在这个意义上，可以说刑法制定的缺陷促进了刑法解释立场的演进。刑法制定缺陷的存在，促使法律解释者不断调整解释立场，以更好地适应不断变化的社会现实和法律需求。

（二）刑法制定缺陷推动解释立场的演进

首先，刑法解释弥补刑法漏洞。面对刑法制定中的缺陷，法律解释者需要寻找合适的解释路径，以弥补法律漏洞。这种解释过程不仅要求法律解释者具备深厚的法律素养和解释技巧，还要求其能够充分理解社会现实和法律需求，从而推动解释立场的演进。

其次，刑法解释平衡刑法价值。刑法制定缺陷往往涉及法律价值的冲突和平衡。例如，在保护社会公共利益与保障个人权利之间，刑法制定可能存在一定的缺陷。法律解释者需要在解释过程中充分考虑这些价值冲突，看清价值位阶，并寻求某种合理的平

---

〔1〕 周少华：《刑法规范的语言表达及其法治意义》，载《法律科学（西北政法大学学报）》2016年第4期。

衡。这种平衡过程也推动了刑法解释立场的演进。

最后,刑法解释适应社会发展。法律是“抽象物”,“它如同一面魔镜,不仅显现着我们自己的生活,而且显现着全部世人的生活”〔1〕。如何将“抽象”的法律条文适用于具体案件,就需要进行解释,并且更需要秉持正确的解释立场。随着社会的不断发展,新型犯罪和复杂案件层出不穷,这对刑法的解释和适用提出了新的挑战。刑法制定缺陷可能使某些新型犯罪暂时或永远无法得到有效规制,或者导致司法实践中出现不公平、不合理的判决。因此,法律解释者需要不断调整解释立场,以适应社会发展的需求,惩治犯罪。

(三)刑法制定缺陷对解释立场的具体影响

为了弥补刑法制定中的缺陷,法律解释者可能需要扩大解释范围,将原本未涵盖的犯罪类型纳入刑法规制范围。这种扩大解释的过程不仅丰富了刑法的内涵和外延,也推动了刑法解释立场的演进。

与此同时,在某些情况下,为了维护法律的公正性和权威性,法律解释者可能需要限制解释范围,避免将原本不应纳入刑法规制范围的行为纳入其中。这种限制解释的过程,也有助于推动刑法解释立场的演进。

综上,刑法制定缺陷对刑法解释立场的演进产生了深远影响。为了弥补法律漏洞、平衡法律价值、适应社会发展需求等,法律解

---

〔1〕[美]霍姆斯:《我们的情人,法律》,载霍姆斯:《法学论文集》,姚远译,商务印书馆2020年版,第25页。

释者需要不断调整解释立场和解释方法，这种调整过程促进刑法解释立场的演进，有助于提高司法公正性，以推动法治社会的进步和发展。

三、刑法立法意图改进促进刑法解释立场的演进

“意图”是一个心理学术语，指的是行为人通过实施特定行为来实现特定目的的期望。立法意图则是一个相对灵活且多变的概念，指的是立法者在制定法律时所抱有的期望、目的或目标。就刑法而言，其立法意图在于通过刑法的实施来惩治和预防犯罪，从而建立有序的社会秩序。因此，在刑法的适用过程中，解释者往往倾向于追溯立法的意图，秉持“意图主义”立场。“意图主义”（intentionalism）是法律解释中的一个重要立场。它主张法官在解释法律时需遵循“立法意图”（legislative intent）来确定法律的含义。〔1〕这就涉及探寻立法者对于何为犯罪的认定，以及哪些行为应当被纳入刑法进行规制的问题。立法者总是会根据危害国家安全、破坏社会秩序、侵害个人权益等行为在政治、经济、社会生活、教育等领域的表现，来制定相应的法律条文。我国《刑法》自 1979 年颁布以来，至今共修改了 15 次，在每一次修改中均体现出立法者刑法治理的立法意图。我国是人民民主立法，立法者通过严格的立法程序将民意集中起来，形成立法意愿，再经过程序形成法律。

---

〔1〕 参见傅爱竹：《什么是立法意图——德沃金论意图主义法律解释》，载《交大法学》2018 年第 1 期。

《刑法》颁布后即刑法立法意图实现后，剩下的就是刑法司法适用，即刑法解释。司法办案人员和学者通过多种方法来解释刑法立法意图，“可以肯定的是，文本主义者试图设计建设性的意图，满足有意义地将法定意义追溯到立法过程的最低条件。文本主义与立法意图”〔1〕。例如，通过刑法文本的显明含义获知立法者明确表述的意图；通过立法背景资料获取发生学意义上的意图，以解释刑法；通过想象性重构的方法获取估算的意图；通过解释准则获取推定的意图等。在明确立法意图的前提下，选择解释立场适用刑法，确保刑法的正确适用。

刑法立法者意图的变化会影响刑法解释立场的变化，这主要基于以下六个原因。

一是立法者意图的模糊性和不确定性。立法者意图并非总是明确且具体的，尤其是在立法过程中，立法者可能无法预见到未来可能出现的具体案件或社会现象。因此，立法者意图的模糊性导致解释者在实际操作中难以完全依赖立法原意进行解释。立法者在制定刑法时，往往以过去已发生的案件作为模型，但面对未曾发生的案件时，立法者可能没有明确的立法原意。此外，立法者意图的不确定性也使主观解释论在实践中面临挑战，因为立法者的主观意图难以完全探明。

二是立法者意图与社会现实的脱节。随着社会的发展和变迁，立法者制定的法律条文可能会逐渐脱离其原始意图。例如，激进

〔1〕［美］约翰·曼宁：《文本主义与立法意图》，谢何融译，载陈金钊、谢晖主编：《法律方法》第46卷，研究出版社2024年版，第86页。

的客观解释论者认为，立法意图只是一个虚构的概念，法官在解释法律时逐渐演变为对法律的再创造。这种观点强调法律的适应性，认为法律应随着社会变化而发展，而不是固守立法者的原始意图。因此，立法者意图的变化可能导致解释者更倾向于采用客观解释立场，以适应社会发展的需要。

三是立法者意图与法律稳定性的矛盾。一方面，立法者意图被视为法律规范的生命和目的所在，解释者需要尊重立法者的意志。另一方面，法律的稳定性要求法律条文具有一定的普遍性和预见性，过于依赖立法原意可能导致法律无法适应快速变化的社会现实。例如，在今天的网络时代，主观解释论被认为会使法律适用与社会发展脱节，因此需要通过折中解释来平衡立法者意图与社会现实之间的关系。

四是立法者意图与刑法解释方法的关系。立法者意图的变化直接影响刑法解释方法的选择。主观解释论强调探求立法原意，认为解释应以立法者的主观意图为核心。客观解释论则主张法律应适应社会现实，解释应基于法律条文在特定时代背景下的客观含义。折中解释试图结合主观和客观解释的优点，强调在尊重立法者意图的同时，也要考虑法律的社会适应性。

五是立法者意图与刑法修正的关系。立法者意图的变化还体现在刑法修正的过程中。随着社会的发展，立法机关需要通过修正案或司法解释来更新法律条文，以应对新的犯罪形态和社会需求。例如，我国 1997 年《刑法》自制定以来，通过多次修正案和司法解释不断调整和完善，反映了立法者意图的动态变化。

六是立法者意图与刑法解释的哲学基础。立法者意图的变化还受到刑法解释哲学基础的影响。例如，目的解释论认为法律的目的应成为解释的核心，而目的解释的演变也反映了立法者意图在刑法解释中的重要性。同时，刑法解释的正义性和法益保护功能也要求解释者在尊重立法者意图的基础上，兼顾法律的社会适应性和公平性。

立法意图是刑法解释的重要基石。刑法解释的核心在于准确理解并妥善应用刑法条文，以确保刑法的公正与有效实施。在这个过程中，立法者的意图是解释者必须予以充分考虑的关键因素。立法意图彰显了立法者在制定法律时的价值判断、政策导向及法律理念等，是法律条文背后所蕴含的精神实质。因此，立法意图的变化会直接影响对法律条文的理解与解释，进而决定刑法解释立场的选择与确定。

解释刑法、选择解释立场中应注意以下三个方面的事项。

一是正确把握立法意图具有时代性和动态性。立法意图并非固定不变，而是随着时代的变迁、社会的进步以及时代的需求而不断发展与变化。这主要体现在两个方面：一方面，立法者的价值观念和政策导向会随着时代的变化而调整，以我国为例，为了更好地保护警察，《刑法修正案（十一）》新增加“袭警罪”（第277条）；另一方面，法律所调整的社会关系也会随着社会的发展而发生变化，如为了打击各类冒名顶替实施违法行为，《刑法修正案（十一）》新增加“冒名顶替罪”（第280条之二）。这些变化都会导致立法意图的变化，进而要求刑法解释者必须与时俱进，准确理解立法意图，准确把握刑法文本精神，以适应新的社会现实和法律需求。

二是立法意图变化影响解释者的价值取向。立法意图的变化不仅影响法律条文的理解，还会影响解释者的价值取向。刑法解释者在解释刑法时，通常会受到立法意图的指引，从而选择符合刑事立法意图的解释方法和结果，因为“法律自从颁布之日起，即与立法者脱离关系”，由刑法适用者自己在刑法适用中去探寻。[1]当刑事立法意图发生变化时，解释者的价值取向也必然会有相应调整，以更好地适应新的刑事立法意图和法律精神。这种价值取向的变化会直接影响刑法解释的立场和结果。

三是立法意图变化促进刑法解释的完善和发展。立法意图的变化是影响刑法解释立场调整的重要因素。随着立法意图的变化，为了准确理解和应用法律条文，确保刑法的公正与有效实施，解释者必须紧密关注立法意图的变迁，并不断更新和完善自身的解释方法与理念，从而合理确定刑法解释立场的选择，以更好地适应新的社会现实和法律需求。

四、刑法理论的深化和立法技术的提升促进刑法解释立场的演进

（一）刑法理论不断深入促进刑法解释立场演进

刑法理论指导刑法实践，刑法实践丰富刑法理论。改革开放

---

〔1〕 参见陈兴良：《法律解释的基本理念》，载《法学》1995年第5期。

以来，我国刑法的学术交流呈现日益国际化的趋势。随着全球化的持续推进，我国刑法学者日益频繁地走出国门，参与到国际刑法学术交流中，与世界各国的刑法学者共同研讨刑法的理论与实践问题，借鉴先进理论并引进宝贵经验。国际化的交流不仅提升了我国刑法学术的国际影响力，还促进了我国刑法与国际刑法的接轨与融合。

在学术交流中，我国刑法学者与大陆法系、英美法系等国家的刑法学者进行了深入的交流与合作，共同探讨刑法热点问题。通过相互借鉴与学习，我国刑法学者不仅深入了解了不同法系国家在刑法理论、立法及司法实践中的独特特点与优势，还紧密结合我国实际国情，提出了诸多富有建设性的改进和完善建议，为我国刑法的现代化与国际化进程提供了有力支持。

在学术交流中，我国刑法学者积极阐扬中国刑法学的特色与优势。他们紧密结合我国实际国情，深入分析了中国刑法在犯罪构成、刑罚制度以及刑事责任等方面的独特之处，并清晰阐明了中国刑法在维护社会稳定、保障人权等方面所发挥的重要作用。

在学术交流中，我国刑法学者重视将法教义学与社会科学方法有机融合。他们运用法学理论、社会学、心理学等多学科的知识体系和研究方法，对刑法领域的问题进行全面深入的分析与探讨。这种跨学科的融合研究方法，不仅拓宽了刑法研究的视野，拓展了研究思路，还为刑法理论的创新与发展注入了新的活力，提供了坚实的支撑。

随着刑法学术交流与互动，我国的刑法理论研究得到不断深入。对于刑法解释立场向前发展具有重要意义。在刑法理论的发展进程中，刑法解释立场被作为一项重要理论提出，并得到了深入的探讨与研究。在我国，这一领域产生了多种观点，形成了不同的学术派别，为刑法实践提供了丰富的理论支撑。随着刑法理论的不断深化，各种类型的刑法解释立场的优劣之处，以及在刑事司法实践中对促进公平正义所作出的贡献等，逐渐变得明晰。这为刑法解释立场的演进提供了重要的价值选择依据和参考。

（二）刑法立法技术的发展促进刑法解释立场的演进

我国刑法立法技术经历了从初创到逐步完善的过程，形成了具有中国特色的刑法体系。刑法立法技术随时代发展而不断前行，"时代的变迁，无时不影响着立法；立法的完善，是时代进步的缩影"[1]。从立法技术来看，经历了从单行刑法阶段到附属刑法阶段再到刑法修正案阶段的进阶路径。

1. 刑法立法模式逐步完善

（1）单行刑法阶段。在中华人民共和国成立初期，由于立法经验不足，我国刑法立法主要采取单行刑法的形式。这一时期的单行刑法包括《中华人民共和国惩治反革命条例》（已失效）、《妨害国家货币治罪暂行条例》（已失效）和《中华人民共和国惩治贪污条例》（已失效）等。这些单行刑法在维护国家安全、稳定社会秩序方面发挥了重要作用。由于单行刑法数量多、分散广，不便于司法

---

〔1〕 杨鹏:《立法技术的现状与愿景》，载《行政法学研究》2021 年第 3 期。

适用和民众理解，因此，随着社会的发展，单行刑法逐渐被整合到统一的刑法典中。

(2)附属刑法阶段。随着改革开放的深入，我国社会经济生活发生了巨大变化，单行刑法已无法满足新形势下的需求。因此，我国开始采用附属刑法的形式，即在非刑事法律中附带规定犯罪与刑罚的内容。这一时期，我国在民事、经济、行政等非刑事法律中附属了刑法条款，如《保守国家机密暂行条例》(已失效)中的附属刑法规范。然而，附属刑法在实践中也暴露出一些问题，如犯罪范围扩大化、刑罚趋重化等，这些变化直接影响刑法解释立场的演进，这促使我国立法者开始探索更为科学的立法模式，以适应刑事司法所需。

(3)刑法修正案阶段。1997 年，我国颁布了修订后的《刑法》，标志着我国刑法立法进入了全新的阶段。此后，我国《刑法》经历了 12 次修正案，这些修正案针对特定罪名、刑罚制度等方面进行了补充和完善，使《刑法》更加适应时代发展的需求。同时，修正案还取消了部分死刑罪名，体现了我国刑法的人道性和进步性，这些变化在刑事司法实践中必然会涉及刑法解释，在解释中必然事关刑法解释立场的选择。

(4)立法解释的发展。立法解释是刑法立法不可或缺的一部分，它有助于明确法律条文的含义和适用范围，保障法律的正确实施。我国刑法立法解释的发展经历了从初步建立到逐步完善的过程。中华人民共和国成立后，立法解释制度在《宪法》中得以确定，并在后续的法律文件中得到进一步发展。近年来，随着刑法立法的不断完善和司法实践的发展，立法解释在解释法律条文、解决法律争议等方面发挥着越来越重要的作用，立法解释的制定必然要求有解释立场的选择。

（5）统一刑法典模式。在经历了单行刑法、附属刑法等多种立法模式后，我国最终确立了统一刑法典的立法模式。这一模式以刑法典为核心，辅之以单行刑法和附属刑法，形成了较为完善的刑法体系。统一刑法典模式有助于增强刑法的权威性、统一性和稳定性，提高司法适用效率。同时，它还有助于避免不同法律条文之间的冲突和矛盾，更有助于刑法解释立场的选择，保障刑法实施的公正性和权威性。

2. 立法技术多元化

随着社会的不断发展和法治建设的深入推进，我国刑法立法技术也呈现多元化的趋势。在立法过程中，我国立法者不仅注重法律条文的准确性和科学性，还要考虑法律条文的可操作性和可预测性，刑法条文既要讲究明确性，又要具有张力，“刑法规范既要按照罪刑法定原则的要求保持基本的明确性，又不得不保持一定的张力以适应社会生活的需要，这就要求其必须具有一定的概括性”〔1〕。同时，他们还应当积极借鉴国外先进的立法经验和技术手段，推动我国刑法立法技术的不断创新和发展。

3. 刑法立法内容更加科学化

（1）刑法立法注重罪刑关系的合理设置，确保罪名的明确性和

〔1〕 参见付立庆：《论刑法用语的明确性与概括性——从刑事立法技术的角度切入》，载《法律科学》2013 年第 2 期。

刑罚的适当性。通过立法解释和司法解释等方式，不断明确和细化罪名的构成要件和刑罚适用标准，提高《刑法》的适用性和准确性。如《刑法修正案（九）》增加了奸淫不满14周岁幼女的从重处罚，属于强奸罪中的加重情节，以加强对侵害幼女的犯罪的打击力度。同时，该修正案还加强了对经济犯罪的打击力度，如加大了对行贿犯罪的惩处力度，明确了对受贿犯罪的定罪条件和从重处罚情形。对一系列犯罪行为进行了法律明确和制度完善，以适应社会发展的需要。

（2）刑法对新型犯罪的及时回应。随着网络技术的发展和普及，网络犯罪日益增多。我国刑法立法及时回应这一变化，增加了对网络犯罪的打击力度。如在《刑法修正案（七）》和《刑法修正案（九）》中分别增加了对侵犯公民个人信息罪和网络信息安全罪的规定。

（3）刑法更加关注民生，强化对民生领域犯罪的惩治。例如，在《刑法修正案（八）》中增加了对生产、销售不符合安全标准的食品罪和生产、销售有毒、有害食品罪的规定。以打击民生领域犯罪，保障人民生活安全。

（4）刑法更加关注人民生命财产，不断增进人民财产安全，如在《刑法修正案（十一）》中增设了高空抛物罪。

可见，刑法规制我们生活的方方面面，“刑法规制社会生活的深度广度和强度都有大幅度拓展，不仅‘管得宽’而且‘管得严’”〔1〕。刑法的修正来自社会治理的需要，刑法通过管束人的行

〔1〕 周光权：《积极刑法立法观在中国的确立》，载《法学研究》2016年第4期。

为，降低社会风险，“现代社会是风险遍布的社会，法律规范应与社会形影相随。刑法是一定社会中允许或禁止公民实施特定行为的规则某一种行为是否需要犯罪化完全取决于社会的需要”〔1〕。

4. 刑法立法技术得到不断的提升

我国刑法立法在技术上持续提升，注重增强立法的逻辑性和条理性，以避免法律条文间的冲突和矛盾。同时，在立法过程中也高度重视语言的准确性和规范性，确保法律条文表述清晰易懂，便于执行。在科学性方面，我国刑法立法取得了显著进展，这体现在立法理念、立法政策、刑法重要制度以及罪刑关系设置等多个层面。

通过具体的法律条文和修正案，刑法立法技术中的类型化提炼也达到很高水平，“只有类型化程度高，刑法关于犯罪的规定才会具有很高的涵盖力，从而使各种类型的犯罪行为难逃法网”〔2〕。我国刑法立法不断适应社会发展的需要，有效应对新型犯罪和复杂犯罪，为社会的和谐稳定和公平正义提供了有力的法律保障。

未来，随着社会的不断发展和法治建设的深入推进，我国刑法立法技术将继续不断创新和发展，为人民群众提供更加公正、高效、便捷的司法服务。从刑法立法和刑法司法关系来看，对刑法解释适用而言，立法技术越来越高，解释的空间就会越来越小，解释

---

〔1〕 田鹏辉:《论风险社会视野下的刑法立法技术——以设罪技术为视角》，载《吉林大学社会科学学报》2009 年第 3 期。

〔2〕 田鹏辉《论风险社会视野下的刑法立法技术——以设罪技术为视角》，载《吉林大学社会科学学报》2009 年第 3 期。

立场就会越来越明确。正因如此，近年来的刑事司法解释相较于前些年明显减少。刑法立法技术的提高，促使刑法语言更加精练，刑法结构更加严密，法律文本逻辑更加严谨，从而使解释空间相应缩小。正是在刑法立法技术不断进步的背景下，刑法解释立场也随之不断演进。

五、人权发展促进刑法解释立场的演进

人权是什么？“人权从词义上讲就是‘人应当具有的权利’，或‘使人之所以成为人的权利’，它是指一定时代中作为人应当具有的，以人的自然属性为基础、社会属性为本质的人的权利。”〔1〕人权的基本含义包括生命与自由的权利、免受奴役和酷刑的权利、意见与言论自由的权利，以及获得工作与教育的权利等。人权的实践旨在促进每个人自由、平等地生存和发展，广泛享有各项权利，且不分种族、性别、国籍、族裔、语言、宗教或任何其他身份地位的差异。

习近平总书记指出：“人权是历史的、具体的、现实的，不能脱离不同国家的社会政治条件和历史文化传统空谈人权。”〔2〕我国人权发展立足于我国实际，特别是与经济社会文化发展相适应，一直处于发展中，取得丰富的实践成果，正如马克思所言：“权利永

---

〔1〕 陈柏峰主编：《法理学》，法律出版社2021年版，第37页。

〔2〕 中共中央宣传部编：《习近平新时代中国特色社会主义思想学习纲要（2023年版）》，学习出版社、人民出版社2023年版，第175页。

远不能超出社会的经济结构以及由经济结构所制约的社会的文化发展。"[1]我国人权的立法进展迅速，从人权理念融入宪法，再到各部门法的具体体现，充分展现了人权在我国的发展状况及速度。现已形成较为先进的人权理念，较为完备的人权发展体系，范围广泛，且保障措施具有较强的法治化特点。人权的立法为我国人权事业的发展提供了坚实保障。

人权司法实践直接源于人权的立法成果，在各大部门法中对人权保护力度最强的是刑法，人权实践需要刑法的保护，刑法保护必然涉及刑法解释，在刑法解释中必然要进行解释立场的选择，刑法解释立场的选择源于人权发展的立法规范化明确化，体现于人权的司法实践。

（一）人权理念与时俱进

中国共产党始终重视人权发展，自中国共产党成立以来高度重视和推动人权在中国发展，特别是中华人民共和国成立以来。中华人民共和国成立初期制定的《中国人民政治协商会议共同纲领》(已失效)以及 1954 年《宪法》(已失效)、1975 年《宪法》(已失效)、1978 年《宪法》(已失效)和 1982 年《宪法》，虽然在文本中都没有直接出现"人权"概念及字样，但在实质内容中却一直都把人权的基本内容以公民的基本权利和自由的形式规定于其中，体现人权价值。如 1954 年《宪法》通过之前，吴家麟就针对宪法

〔1〕《马克思恩格斯选集》(第 3 卷)，人民出版社 1972 年版，第 12 页。

草案中规定的公民基本权利的特点指出:《宪法》第一次赋予了劳动人民包括政治、经济、文化和个人生活的各方面在内的广泛权利和自由。[1]人权的理念也在中国共产党带领全国各族人民发展中不断更新,不断发展。习近平总书记指出:“尊重和保障人权是中国共产党人的不懈追求。”[2]2007年党的十七大将“尊重和保障人权,依法保证全体社会成员平等参与、平等发展的权利”写入大会报告,并将“尊重和保障人权”正式载入《中国共产党章程》,成为党章的基本原则。我国在人权立法方面秉持了先进的人权立法理念。一方面,我国注重借鉴国际人权法和国际人权保护经验,将国际人权标准引入国内,并在立法予以具体而明确;另一方面,我国也充分考虑我国的国情和民族特点,根据具体情况制定了符合本国实际的人权法律法规。这种先进化的立法理念,使我国的人权立法既具有国际视野,又符合我国具体实际,处于不断发展中,“人权保障没有最好,只有更好”。[3]

(二)宪法保障人权发展

自中华人民共和国成立以来,我国宪法始终以尊重和保障人权作为基本原则。中华人民共和国成立后的第一部《宪法》即1954年《宪法》明确宣告“中华人民共和国的一切权力属于人

---

〔1〕 参见吴家麟:《中华人民共和国公民的基本权利和自由》,载《学习》1954年第7期。

〔2〕 中共中央宣传部编:《习近平文化思想学习纲要》,学习出版社、人民出版社2024年版,第100页。

〔3〕 《习近平著作选读》(第2卷),人民出版社2023年版,第598页。

民”；从第 85 条至第 99 条共计 15 条，确认了“公民的基本权利”，规定公民在政治、经济、社会、文化、人身等方面享有的广泛权利与自由。2004 年 3 月 14 日，十届全国人大常委会第二次会议通过《宪法修正案》，第 24 条将“国家尊重和保障人权”载入我国《宪法》第 33 条第 3 款。这在我国宪法发展史与我国人权史上都是一件具有里程碑意义的重大事件，标志着我国人权保障工作进入了一个新的历史阶段。宪法作为国家的根本大法，为人权保障提供了最高的法律保障，确保了公民在政治、经济、文化和社会生活各方面的基本权利和自由得到有力保障，为各部门法的人权发展提供指引，随后各部门法在其修正中纷纷加大对人权的保护力度。

（三）刑法、刑事诉讼法对人权的保护

刑法对人权的保护是最有力的，这在《刑法》文本中有体现。1997 年《刑法》的修改内容体现了人权保护的三个重要原则，一是法律适用平等。现行《刑法》第 4 条规定：“对任何人犯罪，在适用法律上一律平等。不允许任何人有超越法律的特权。”可见，无论个人的身份、地位或财富如何，法律在对待犯罪行为时都要求一视同仁，不偏不倚。这体现了我国《刑法》对所有人平等保护的精神，是人权保障的基本原则体现之一。同时，该条还体现出人人适用法律平等，无特权存在的平等精神。该条明确规定，不允许任何人有超越法律的特权。这意味着在法律面前，没有人可以凌驾于法律之上，所有人都必须遵守法律，接受法律的约束和惩治。二是罪刑法定原则体现人权观念。现行《刑法》第 3 条规定：“法律明

文规定为犯罪行为的，依照法律定罪处刑；法律没有明文规定为犯罪行为的，不得定罪处刑。”这是罪刑法定原则在刑法中的直接表述。这一原则确保了个人行为不会被随意定性为犯罪，有效地保护了公民的自由和权利。三是罪责刑相适应原则。《刑法》第5条规定：“刑罚的轻重，应当与犯罪分子所犯罪行和承担的刑事责任相适应。”该条是罪责刑相适应原则在刑法中的具体体现。这一原则要求刑罚的轻重必须与犯罪行为的危害性相适应，避免了过重或过轻的刑罚对公民权利的侵犯，要求定罪量刑与侵害法益的行为相适应，充分体现刑法对权益的保护力度强度，“所谓公正司法，就是受到侵害的权利一定会得到保护和救济，违法犯罪活动一定要受到制裁和惩罚”〔1〕。同时在《刑法》分则中，刑法对人权有具体保护体现，如2015年发布的《刑法修正案（九）》取消9个罪名的死刑，保障了公民的生命权等。

刑事诉讼法对人权的保护也是较为全面的。2018年修订的《刑事诉讼法》第2条首次将“尊重和保障人权”写入总则，作为刑事诉讼法的任务和基本原则，指导所有诉讼环节，强调保护公民的人身权、财产权、民主权利和其他权利，并要求准确适用法律以保障无罪者不受刑事追究。该法第15条新增认罪认罚从宽制度，要求犯罪嫌疑人自愿认罪并签署具结书时必须有辩护人或值班律师在场，确保认罪自愿性。第35条扩大法律援助范围，明确可能被判处无期徒刑、死刑的案件，以及二审、死刑复核阶段未委托辩

〔1〕 习近平：《论坚持全面依法治国》，中央文献出版社2020年版，第22页。

护人的被告人，必须指派法律援助律师。第56条规定非法证据排除规则，明确采用刑讯逼供等非法方法收集的供述应予排除，并规定侦查讯问全程录音录像制度，防止刑讯逼供等保障人权的规定。2018年《刑事诉讼法》的修订，通过制度创新（如认罪认罚、值班律师、缺席审判）与程序重构（如非法证据排除、特殊群体保护），构建了"打击犯罪"与"保障人权"的动态平衡体系。其实施效果表明，我国刑事司法正从"权力主导型"向"权利保障型"转型：一方面，律师辩护率、证据排除率等指标显著提升；另一方面，司法效率与社会认同度同步增强。未来，随着以审判为中心的诉讼制度改革深化，刑事诉讼法的人权保障功能将继续发挥"法治压舱石"作用，推动中国式司法现代化进程。

（四）人权在我国的发展情况

人权在我国发展迅速，体现在多个方面，在体系上、在内容上、在法治保障上，均充分展现出我国法律对人权保护的高度重视。主要表现在以下四个方面。

一是有关人权内容的法律体系得到逐步完善。改革开放以后，特别是党的十八大以来，我国法律体系不断健全，各项法律法规的制定和修订工作在有序向前推进，为人权保障提供了更加全面、系统的法律支持。除刑法、刑事诉讼法的保护外，还有民法、行政法、社会法等各个领域的法律保护，我国建立了以宪法为依据的较为完善的人权法律保护体系，为人权的全面保障提供了坚实的法律基础。

二是人权立法成就显著。我国在人权立法方面取得了显著成就。例如，从制定《国家人权行动计划（2012—2015 年）》到《反家庭暴力法》《网络安全法》等一系列与人权保障密切相关的法律法规颁布出台，我国在人权保障方面的立法工作取得了长足进步。又如，2013 年，全国人大常委会通过了《关于废止有关劳动教养法律规定的决定》，废止了劳动教养制度，保障了公民的人身自由；2015 年制定的《国家安全法》第 7 条也将“尊重和保障人权”作为规范内容；2023 年修改的《立法法》第 6 条明确将“尊重和保障人权”纳入立法的基本原则之一；分别于 2017 年和 2023 年修改《行政诉讼法》和《民事诉讼法》，建立检察机关提起公益诉讼制度，更好地维护公民权利和社会公共利益。这些法律法规的制定和实施，有效保护了公民的基本权利和自由，提高了我国人权保障的水平和质量。

三是人权保护范围广泛。我国的人权立法涵盖了广泛的领域，在宪法和法律的有力保障下，公民享有广泛的自由和权利，如言论自由、宗教信仰自由、人身自由、财产权、受教育权等一系列权利。这些人权被法律明确规定，为公民在政治、经济、文化和社会生活等各个领域充分发挥自身潜能和创造力提供了有力保障，进而促进公民为国家的发展贡献出积极力量。

四是人权权利保障法治化。我国人权保障工作已经实现了法治化。在立法、执法、司法等各个环节，我国都严格遵循法治原则，确保公民的基本权利和自由得到切实有效的维护。与此同时，我国还加强了人权法治宣传教育，提高了公民的法律意识和法治素养，为人权保障工作的顺利开展营造了良好的社会环境。

（五）人权发展促进刑法解释立场演进

人权的持续发展推动了刑法解释立场的不断演进。无论是人权理论的研究、人权的立法体现，还是人权的司法实践运用，最终都要归结到刑法对人权的具体保障上。而刑法对人权的保障，离不开司法过程中对刑法的适用和解释。在解释刑法的过程中，必然涉及解释立场的选择，这一选择直接影响刑法解释立场的确定。

首先，人权保护成为刑法解释的重要原则。随着人权观念的不断深入和普及，人权保护已经成为现代法治社会的重要原则。在刑法解释中，尊重和保护人权也逐渐成为解释者必须遵循的基本准则。刑法解释不再仅仅关注对犯罪行为的惩治，而是更加注重在惩治犯罪的同时，保护公民的合法权益，确保无罪的人不受刑事追究，确保犯罪行为与处罚的相当性等。这种对人权的重视，促使刑法解释立场不断向更加公正、合理的方向发展。

其次，人权发展推动刑法解释方法的创新。人权的发展不仅影响了刑法解释的原则，还推动了刑法解释方法的创新。传统的刑法解释方法往往侧重对法律条文字面意义的解读，但随着人权观念的深入，解释者开始更加注重对法律条文背后的立法意图、法治精神、刑罚价值等的追求与理解。这种解释方法的转变，使刑法解释更加契合社会秩序保护、社会公正以及公共利益的需求，同时也更能体现人权保护的精神内涵。

再次，人权保障促进刑法解释立场的平衡。在刑法解释中，保障人权与打击犯罪是两个重要的目标。随着人权观念的发展，解释者开始更加注重在保障人权和打击犯罪之间寻求平衡。一方面，要确保有罪的人受到应有的惩罚，以维护社会秩序和公共安全等；另一方面，也要保护公民的合法权益，避免无罪的人受到处罚，避免有罪的人受到不公正的对待等。这种平衡立场的形成，不仅体现了对人权的尊重和保护，也促进了刑法解释立场的演进和完善。

最后，国际人权法对国内刑法解释的影响。国际人权法的发展也对国内刑法解释产生了深远的影响。很多国际人权条约都将公正审判、无罪推定以及罪刑法定等原则纳入其中，这些原则也逐渐被国内刑法立法所采纳，直接促进刑法解释对这些原则的采纳和遵循。这种国际人权法对国内刑法解释的影响，进一步推动了刑法解释立场的演进和发展。

第二节　刑法解释立场演进的外因

外因是促进事物演进的外部因素，即事物与其他事物之间的相互联系和相互影响。在事物的发展过程中，外因同样发挥着重要作用。尽管其作用方式与内因有所不同，但外因能够加速或延缓事物的发展进程，为事物发展提供必要的条件，影响事物的发展方向和趋势，引发事物外部的调整和变革，以及促进事物的质变和升级。刑法解释立场演进中的外因主要有政治体制改革、社会制度发展、法治思想的演进、社会主要矛盾的更替、文化传统的塑造、司法实践需求提升、刑法学术的国际交流、人民群众对公平正义的不懈追求等。在这些外因的共同作用下,刑法解释立场不断演进,为刑法功能的发挥贡献了应有的作用。

一、政治体制促进刑法解释立场的演进

(一)政治体制与刑法解释立场的关系

"政治体制(政体),是国家政权的组织形式,它由国家的政治制度和法制规定的国家机构、公职职位及其运行的规则等构成。"[1]政治体制是政治制度的具体体现形式。不同政治制度的国家,在经济、文化、外贸、法律、政策等方面也存在差异。刑法解释立场,则是刑法适用过程中解释者对刑法文本的认知和处理所持的立场和态度。尽管政治体制与刑法解释立场在表面上看似无直接联系,但实际上两者之间存在密切的关系。

在制定背景与依据方面,政治体制作为政治制度的具体体现,决定着国家政权的组织形式和管理方式。

在制定背景与依据方面,政治体制作为政治制度的具体体现,决定着国家政权的组织形式和管理方式。刑法作为法律体系中的重要组成部分,其制定背景与依据必然受到政治体制的影响。在我国,《刑法》的制定是根据《宪法》的规定,结合与犯罪作斗争的具体经验及社会实际情况而制定,这要求《刑法》的制定必须符合

〔1〕 许耀桐:《中国特色社会主义政治体制综论》,载《理论与改革》2021 年第 5 期。

国家的政治理念和政治目标，以实现政治目的，反映国家的政治意志。《刑法》不仅具备惩罚犯罪、保护人民的基本功能，还承担着维护国家安全、保障社会秩序，以及保卫人民民主专政的政权和社会主义制度等重大任务。

在实施过程中的政治因素体现方面，《刑法》的执行同样受到政治因素的深刻影响。例如，对于某些具有政治敏感性的犯罪，如危害国家安全类犯罪，其定罪与量刑往往会受到国家政治形势和相关政策的影响。这种影响不仅体现在具体案件的政治处理上，也反映在刑法适用的整体氛围和趋势上，做好犯罪的定性量刑，这就需要使用刑法解释，持有何种解释立场。政治因素还影响刑法修改的频次和内容，以适应新的政治需求和国家发展需要，我国高频的刑法修正案就是最好的说明。

在解释立场的选择方面，刑法解释立场是指解释者在解读刑法时应采取的基本态度和地位。而政治体制对刑法解释立场的影响，主要体现在解释者对法律条文的理解及阐释上。

在高度集中的政治体制下，刑法解释可能更倾向于维护国家利益和政权稳定，政权稳定源自社会稳定，“社会稳定则主要体现在社会规范的广泛有效性和社会冲突的可控性上，直接体验是社会正义的实现和人民生命财产的安全”[1]。而在民主化程度较高的政治体制下，刑法解释则可能更加注重保障公民权利和社会公平正义。因此，解释立场的选择不仅受到刑法文本本身的影响，还受

〔1〕 王晓敏：《我国政治制度的比较优势与政治体制改革》，载《黑龙江社会科学》2012年第6期。

到政治体制、社会背景等多重因素的制约。

在影响法官的决策方面，政治体制对法官决策的影响主要体现在法官对法律条文的理解和解释上。在高度集权的政治体制下，法官的决策可能更容易受到政治干预和限制；而在民主化程度较高的政治体制下，法官的决策则可能更具独立性和权威性。此外，政治因素还可能影响法官对案件事实的认定和证据的判断。例如，在惩治间谍罪的案件中，法官可能会依据国家的政治政策以及国际国内的形势来作出判决，并对相关法律条文进行解释。这种影响不仅体现在具体的案件处理上，也反映在法官整体决策风格和倾向上。

政治体制与刑法解释立场之间存在密切的关系。政治体制不仅影响刑法的制定和实施，还影响刑法解释立场的选择、法官的决策等。因此，在理解和解释刑法时，必须充分考虑政治体制的影响和作用。

（二）政治体制对刑法解释立场演进的影响

政治体制对刑法解释立场演进的影响是多维度的，它不仅决定了刑法解释的基本框架，还影响着刑法解释的价值取向。同时，政治体制也推动着刑法解释方法的创新，并对刑法解释立场的演进产生着历史性的影响。这些影响相互交织、共同作用，促使刑法解释立场随着政治体制的不断完善而持续演进。

一是政治体制决定刑法解释的基本框架。政治体制是一个国家政权组织、运行的基本制度和原则，它决定了国家权力的分配、运行和监督方式。在刑法解释中，政治体制为解释者提供了基本框架和限制条件。“中国特色社会主义最本质的特征是中国共产党领导，中国特色社会主义制度的最大优势是中国共产党领导，党是最高政治领导力量。”[1]中国共产党领导立法是将社会多种因素，如国家稳定、社会秩序、个人权益等综合考虑，然后通过适当的方式引导立法，再通过人大立法严格程序，形成法律适用于司法实践。在法律的实施运行中，侦查机关、检察机关、审判机关之间遵循分工负责、互相配合、互相制约的原则。这要求刑法解释者在尊重刑法文本的基础上，保持独立办案，不受行政和个人干预。同时，刑法解释立场还需注重刑法条文的字面意义，并充分考虑对刑事政策的把握和运用。

二是政治体制影响刑法解释的价值取向。政治体制不仅决定了刑法解释的基本框架，还深刻影响着刑法解释的价值取向。不同的政治体制可能导致对同一法律条文的不同理解和解释。例如，在强调民主和法治的政治体制下，刑法解释可能更加注重保护公民个人权益和自由，强调法律的公正性和权威性；而在强调权威和稳定的政治体制下，刑法解释可能更加注重维护社会秩序和公共利益，强调法律的秩序性和稳定性。这种价值取向的差异会在刑法适用的解释中得以体现，影响解释者对法律条文的理解和适用，进而推动刑法解释立场的不断演进。

三是政治体制推动刑法解释方法的创新。政治体制的变化和

---

〔1〕 习近平：《增强推进党的政治建设的自觉性和坚定性》，载中共中央党史和文献研究院编：《十九大以来重要文献选编》(上)，中央文献出版社 2019 年版，第 537～538 页。

发展往往伴随着法律制度的改革和完善，这也为刑法解释方法的创新提供了契机。例如，在推行司法改革的国家，为了增强司法的独立性和公正性，可能会采纳新的解释方法和理念，如体系解释、目的解释等，以更好地契合政治体制的变化和发展需求。这些新的解释方法不仅有助于更精确地理解法律条文的含义和目的，还能有效提升司法效率和公信力。

四是政治体制对刑法解释立场的演进具有历史影响力。从历史角度看，政治体制的变化往往伴随着刑法解释立场的演进。例如，在封建社会中，刑法解释往往受皇权、贵族等特权阶层的左右，解释立场倾向于维护特权阶层的利益。而在现代社会，随着民主与法治的不断推进，刑法解释立场逐渐转变为保护公民个人权益和自由，强调法律的公正性和权威性。这种历史性的演变，充分彰显了政治体制对刑法解释立场的重要影响力。

可见，政治体制对刑法解释立场的演进发挥着重要作用。这种作用不仅体现在对刑法解释基本框架和价值取向的决定上，还体现在推动刑法解释方法的创新以及促进刑法解释立场的历史性演进等方面。因此，在解释刑法时，需要充分考虑政治体制的影响，以确保刑法适用解释的公正性和有效性。

二、社会制度发展促进刑法解释立场的演进

什么是制度？按照《辞海》的解释，其首要的含义是，特定共同体“要求成员共同遵守的、按一定程序办事的规程或行动准

则”〔1〕。从实质上讲，“制度是一个社会的游戏规则，更规范地说，它们是为决定人们的相互关系而人为设定的一些制约”〔2〕。而社会制度，是指反映并构成一定社会形态或社会结构的各种制度的总称，包括社会的经济制度、政治制度、法律制度、文化制度、教育制度等。美国社会学家 C.H. 库利和 K. 戴维斯认为，制度是大量规范的复合体，是社会为适应其需要用合法形式建立起来的，强调社会规范的重要性及制度在社会结构中的地位。社会制度是行为规范的形态，是组成社会结构的基础。是由意识和具体行为规范建立起来的，并在社会上具有合法性和重要性。刑法无法直接管控人的意识，但对于人的意识所外化为的行为具有管束作用。刑法既指引人们从事良性行为，又惩治恶性行为，以维护国家安全、保障社会秩序，促进人民幸福生活。而社会制度的发展指引着刑法的立法方向，并影响着刑法的解释立场。

（一）社会制度的变化

中华人民共和国成立以来，社会制度经历了翻天覆地的变化，这些变化不仅深刻影响了国家的发展轨迹，也极大地改善了人民的生活品质。

1. 所有制结构变化

我国的所有制结构经历了从私有制向公有制的转变。在中华

---

〔1〕《辞海》，上海辞书出版社 2000 年版，第 223 页。

〔2〕［美］道格拉斯·C. 诺斯：《制度、制度变迁与经济绩效》，刘守英译，上海三联书店 1994 年版，第 3 页。

人民共和国成立初期，为了快速实现工业化，国家采取了社会主义改造的策略，逐步将生产资料从私有制转变为公有制。这一转变不仅为国家的工业化进程提供了强有力的支持，也为后来的经济体制改革奠定了坚实的基础。改革开放以来，所有制结构进一步向多元化发展，形成了公有制为主体、多种所有制经济共同发展的格局，极大地激发了市场活力和社会创造力。

2. 社会保障体系建立

我国社会保障体系的建立是一个逐步完善的过程。改革开放前，社会保障主要依赖于单位保障和集体保障。随着市场经济的深入发展，社会保障体系开始向以社会保障制度为主体的现代化社会保障体系转变。1992 年，我国初步建立了社会保障体系改革制度，经过数十年的发展，现已形成了以社会保险、社会救助、社会福利为基础，以基本养老、基本医疗、最低生活保障制度为重点，以慈善事业、商业保险为补充的多层次社会保障体系。

3. 教育医疗事业发展

中华人民共和国成立以来，教育和医疗事业取得了显著成就。在教育方面，国家加大了对教育的投入，逐步普及了九年义务教育，高等教育也实现了跨越式发展。在医疗方面，医疗卫生服务体系不断健全完善，服务能力持续提升。全国医疗卫生机构数和床位数大幅增加，医疗保障能力显著增强，人民健康水平大幅提高。

4. 城乡发展策略调整

我国的城乡发展策略经历了从城乡分割到城乡融合的转变。改革开放前，城乡发展存在明显的差距。改革开放以来，国家开始注重城乡协调发展，推动城乡一体化发展。近年来，国家进一步加大了对农村的投入和支持力度，推动城乡融合发展取得了一定进展。然而，城乡发展不平衡的问题仍然存在，未来需要继续深化城乡融合发展策略。

5. 政治法律制度完善

我国的政治法律制度经历了从初步建立到不断完善的历程。中华人民共和国成立初期，国家建立了人民代表大会制度的根本政治制度以及中国共产党领导的多党合作和政治协商制度等基本政治制度。改革开放以来，国家进一步推进了政治体制改革和法治建设，加强了对权力的监督和制约，提高了司法公正性和权威性。同时，国家也加强了法治宣传教育，提高了全民法治意识和法律素养。

6. 文化社会体制改革

我国的文化社会体制改革是一个不断探索和深化的过程。中华人民共和国成立初期，国家注重文化事业的发展，建立了较为完善的文化机构和文化设施。改革开放以来，国家开始推进文化体制改革和文化产业发展，加强了对文化市场的监管和调控。同时，国家也加强了社会体制改革，推动社会组织和志愿服务等社会力量的发展壮大。

7. 生态环境保护政策

我国的生态环境保护政策经历了从初步认识到全面加强的历程。中华人民共和国成立初期，由于生产力和认识水平的限制，生态环境保护没有得到足够的重视。改革开放以来，国家开始注重生态环境保护工作，加强了对环境污染的治理和生态修复工作。

在法律上，通过刑法立法以加强对生态环境的保护，如《刑法》增加非法引进、释放、丢弃外来入侵物种罪，破坏自然保护地罪等。近年来，国家进一步加大了对生态环境保护的投入和支持力度，推动形成了绿色发展理念和生态文明建设新格局。

8. 民生持续改善政策

我国始终注重民生改善工作。中华人民共和国成立初期，国家通过实施土地改革、农业合作化等措施，改善了农民的生活条件。改革开放以来，国家进一步加大了对民生领域的投入和支持力度，推动了教育、医疗、住房、社会保障等民生事业的快速发展。同时，国家也注重提高居民收入水平和生活质量，推动形成了共建共治共享的社会治理格局。

（二）社会制度变化与刑法解释的关系

我国社会制度的发展变迁是一个持续完善和创新的过程，它不仅促进了国家的长治久安，还使人民的权益得到了越来越有力的保障。这些变化在深刻影响着国家的发展轨迹和人民的生活品质的同时，也形成了社会矛盾，因为“制度是利益关系的反映，一项社会制度就是一份利益分配方案，任何制度的建立、调整、改革、变迁都意味着利益关系的改变、利益格局的改变，都会使一些群体受益，使另一些群体的利益受损，会引起社会矛盾和社会冲突”〔1〕。当矛盾和冲突发展到一定程度后，就需要刑法来进行规制，

〔1〕 李宏宇、李元书：《当代中国社会矛盾凸现的原因及其化解之道》，载《哈尔滨工业大学学报（社会科学版）》2022 年第 2 期。

这就不可避免地涉及刑法适用中的解释立场选择。社会制度的发展是服务于国家安全稳定、社会快速发展和人民幸福生活的，这些都需要刑法的保护，刑法保护需要持有解释立场，以解释刑法适用刑法，在解释中社会制度变化是刑法解释考量的重要因素。

一是社会制度发展变化是刑法解释的背景和基础。刑法解释需以社会制度为依托，其本质是对法律条文在特定社会背景下的适应性进行阐释。社会制度是一个国家、一个社会的基本框架和规则体系，它规定了人们的行为准则和权利义务关系。随着社会的不断发展，社会制度也在不断地演变和完善。这种演变和完善不仅体现在政治、经济、文化等各个领域，也深刻地影响着法律制度的制定和实施。因此，社会制度的完善催促着立法的进程，并推动着立法的不断完善。例如，随着网络犯罪、金融犯罪等新型犯罪形态的出现，刑法必须调整解释范围以覆盖这些社会新现象。同时，社会转型期多元化的矛盾要求刑法规范与时俱进，通过解释填补法律与社会现实之间的鸿沟。刑法适用解释立场的演进也必然受到社会制度发展变化的影响。

二是社会制度发展变化影响刑法解释的需求和目的。在不同的社会制度下，刑法解释的需求和目的也会有所不同。例如，在封建社会，刑法解释更多的是为了维护封建等级制度和特权阶层的利益；而在现代社会，刑法解释则更加注重保障人权、维护公平正义和推动社会进步等。随着社会制度的发展变化，刑法解释的需求和目的也在不断地调整和完善。社会需求的变化直接驱动解释目标的调整。例如，刑法的抽象性规定（如“故意杀人”）需要通过解释明确具体适用情形，尤其在语言含义随时代扩展时（如“虚拟财产”是否属于盗窃对象）。这种调整和完善要求刑法解释立场必须与时俱进，跟上时代的步伐，以适应新的社会现实和刑法适用需求。

三是社会制度发展变化影响刑法解释的方法和原则。社会制度的发展变化不仅影响刑法解释的需求和目的，还深刻地影响着刑法解释的方法和原则。在不同的社会制度下，刑法解释的方法和原则也会有所不同。例如，在形式主义解释观下，刑法解释更多的是注重刑法条文的字面意义和逻辑结构；而在实质主义刑法解释观下，刑法解释则更加注重法律条文背后的立法意图和社会价值。又如，为克服法律滞后性，实质解释论主张结合社会现实进行价值判断，但需受制于“预测可能性”原则，将“公共场合”解释为包括网络空间，既适应技术发展又未超出文义射程。再如，在方法整合上，针对社会制度发展提出主客观解释论结合，既要探求立法原意，又要反映“变化中的国民意志”，如将“猥亵”解释涵盖新型性骚扰形式，平衡法律稳定与社会发展。随着社会制度的发展变化，刑法解释的方法和原则也在不断地演变和完善。这种演变和完善要求刑法解释立场必须与时俱进，以适应不同的法律解释需求和方法。

四是社会制度发展变化推动刑法解释的更新和完善。社会制度的发展变化不仅影响刑法解释立场的变化，还推动着刑法解释的更新和完善。随着社会的不断发展，新的社会现象和问题不断涌现，需要刑法解释者不断地学习和理解新的社会现实和刑法适用需求。这种学习和理解的过程不仅促进了刑法解释技术的提高和方法的创新，还推动了刑法解释理论的丰富和发展。同时，社会制度的发展变化也要求刑法解释者时时保持开放的心态和敏锐的洞察力，以更好地适应新的社会现实和法律需求，以选择刑法解释立场适用刑法，实现社会公平正义。

社会制度发展变化是影响刑法解释立场变化的重要因素之一。为了准确理解和适用刑法条文，实现刑法的公正和有效实施，刑法解释者必须密切关注社会制度的发展变化，并不断更新和完善自己的解释立场和方法，办好刑事案件，以维护社会公平正义。

三、法治思想的演进促进刑法解释立场的演进

法治思想是一种基于法律权威的社会治理理念。它是通过法定程序确定和执行法律，保障人民权益，维护社会秩序，促进社会进步的一种理念和方式。我国法治思想的演进是一个历史悠久且不断发展的过程，可以追溯到古代，并经过多个历史阶段的演变，最终形成了中国特色社会主义法治思想。

（一）古代法治思想萌芽

早在公元前536年，郑国的执政子产制定了《铸刑书》，将刑书铸造在鼎器上，开创了成文法的先例。这是中国法治思想的重要起点。战国时期，法家思想逐渐兴起，强调以法治国，提出了“以法治国则举措而已”的观点。法家代表人物韩非子等，主张法

制统一、严明执法，他们的思想对后来的法治理念产生了深远的影响。到了隋唐时期，法律的表现形式演变为律、令、格、式等多种形式，如《唐律疏议》等法典的编纂，标志着中华法系正逐步走向成熟。

（二）近现代以来法治思想的传入与演进

清朝末年，面对西方列强的侵略和国内政治危机，清政府开始变法修律，引入了一些西方的法律制度和思想，如制定《钦定宪法大纲》等，虽然这些努力并未能挽救清政府的灭亡，但为我国法治思想的现代化奠定了基础。民国时期，南京国民政府编纂的“六法全书”是一部综合性法律汇编，包含宪法、民法、刑法、民事诉讼法、刑事诉讼法和行政法六大核心法律领域。作为清末变法修律的延续，“六法全书”为近代中国司法体系的建立奠定了基础，但其作为特定历史时期的产物，存在诸多局限和问题。1949 年中华人民共和国成立后，“六法全书”被废止。

中华人民共和国法治思想的演进是一个复杂而深刻的过程，它伴随着中华人民共和国的成立、发展、改革和现代化建设的全过程。以下是对中华人民共和国法治思想演进的主要阶段的梳理：

1. 初创时期（1949～1956 年）

在中华人民共和国成立初期，法治建设处于初创阶段。这一时期的法治思想主要体现在废除旧法统、建立新民主主义法律体系上。1949 年，中共中央发布了《关于废除国民党〈六法全书〉与确定解放区的司法原则的指示》，废除了国民党反动政府一切压迫人民的法律、法令，建立了人民司法制度。同时，制定了《中国人民政治协商会议共同纲领》，作为中华人民共和国的临时宪法，为中华人民共和国及其中央人民政府的成立以及组建政务院、最高人民法院、最高人民检察署奠定了宪制基础和法理依据。

2. 停滞与倒退时期（1957～1978 年）

在 20 世纪 50 年代末 60 年代初，由于国内外各种原因的影响，我国的法制建设陷入停滞，甚至倒退的状态。特别是“文化大革命”期间，法制几乎停滞。这一时期的法治思想受到了极大的冲击和破坏。

3. 恢复与重建时期（1978～1997 年）

1978 年，党的十一届三中全会召开，作出了“必须加强社会主义法制”的决定，并提出了“有法可依、有法必依、执法必严、违法必究”的法制工作方针，开辟了改革开放和社会主义法治建设新时期。这一时期，我国陆续制定了《民法通则》《行政诉讼法》等一大批重要法律法规，初步形成了社会主义法律体系。同时，提出了“依法治国”的初步构想，为后来的法治建设奠定了重要基础。

4. 确立与发展时期（1997 年至今）

1997 年，党的十五大报告明确提出“依法治国，建设社会主义法治国家”的治国方略，这是我党首次将依法治国作为治国理政的基本方略。1999 年，九届全国人大二次会议通过《宪法修正案》，将“依法治国，建设社会主义法治国家”纳入《宪法》，使依法治国成为党领导人民治理国家的基本方略。

进入 21 世纪后，我国的法治建设进入了全面依法治国的新时代。党的十六大报告提出“依法执政”概念，并将加强依法执政的能力作为加强党的执政能力建设的总体目标之一。同时，中国特色社会主义法律体系不断完善，形成了以宪法为核心的中国特色社会主义法律体系。

党的十八大以来，以习近平同志为核心的党中央从坚持和发展中国特色社会主义的全局和战略高度定位法治建设、布局法治建设、推进法治建设，围绕为什么要全面依法治国、怎样全面依法治国这个重大时代课题，从理论上和实践中进行全面探索、开拓、创新、总结，形成习近平法治思想，推动我国法治建设取得历史性成就。

中华人民共和国法治思想的演进是一个不断发展和完善的过程，它伴随着中华人民共和国的成立、发展、改革和现代化建设的全过程。从初创时期的废除旧法统、建立新民主主义法律体系，到停滞与倒退时期的法制破坏，再到恢复与重建时期的法制重建和依法治国构想的提出，最后到确立与发展时期的依法治国基本方略的确立和全面依法治国新时代的到来，中华人民共和国法治思想经历了从无到有、从弱到强、从不完善到逐步完善的历程。

（三）法治思想的演进对刑法解释的影响

法治思想的演进确实对刑法解释立场的变化产生了深远影响，其主要原因在于以下四个方面。

一是法治思想演进推动刑法解释理念的更新。法治思想的核心在于强调法律的稳定性、权威性和公正性，维护社会秩序，保障公民的权利和自由。随着法治思想的演进，刑法解释的理念和方法也在不断更新。从最初的严格字面含义解释，到后来的目的解释、社会解释等，无论何种解释都要体现刑法惩治犯罪的实质，“刑法解释的实质原则乃是时代的精神，社会的必要”〔1〕。这种惩罚犯罪的实质解释将时代精神寓于理念中进行解释。这种理念的更新，使刑法解释在坚守罪刑法定原则的前提下，更加注重法治的精神实质和社会效果，而不是局限于法律条文的字面意义。

二是法治思想演进促进刑法解释方法的创新。法治思想的演进不仅推动了刑法解释理念的更新，还促进了刑法解释方法的创新。在法治思想的指导下，刑法解释者开始采用更为科学、合理和公正的解释方法，如体系解释、历史解释、比较解释等，其目的在于处理案件的解释更符合客观，“刑法解释应以揭示适用时刑法之外在意思为目标，阐明解释时刑法条文客观上所表现出来的意思，而不是立法者制定刑法时主观上所赋予刑法条文的意思”〔2〕。以有力惩治犯罪，实现追求刑法惩治犯罪的目的。这些方法的运用促进刑法解释更加全面、深入和准确，有助于实现刑法实施的公正和有效实施。

三是法治思想演进影响刑法解释的价值取向。法治思想的演进深刻地影响着刑法解释的价值取向。在法治思想的指导下，刑

〔1〕［日］中山研一：《刑法的基本思想》，姜伟、毕英达译，国际文化出版公司1988年版，第19页。

〔2〕唐稷尧：《事实、价值与选择：关于我国刑法立法解释的思考》，载《中外法学》2009年第6期。

法解释者更加注重保障人权、维护社会秩序、促进公平正义和推动社会进步的解释立场。这种价值取向的变化使刑法解释在解释法律条文时，更加注重对公民权利的保障和对犯罪行为的打击之间的平衡，以实现法律的公正和有效实施。

四是法治思想演进推动刑法解释与时俱进。法治思想的演进是一个不断发展和完善的过程，它推动着刑法解释必须与时俱进，跟上时代步伐。随着社会的不断发展，新的社会现象和问题不断涌现，需要刑法立法予以规制，需要刑法解释者不断地学习和理解新的法治思想和民众的法律需求，实现“解释者将自己对法律文本意思的理解通过某种方式展示出来”〔1〕。在理解的基础上选择解释立场，正确解释适用刑法，因为“理解不是一种复制的行为，而始终是一种创造性的行为”〔2〕。这种学习和理解的过程不仅促进了刑法解释技术的提高和方法的创新，还推动了刑法解释理论的丰富和发展。同时，法治思想的演进也要求刑法解释者必须保持开放的心态和敏锐的洞察力，不断在刑法解释立场上做出新的选择，以更好地适应新的社会治理现实和法治需求。

可见，法治思想的演进对刑法解释立场的变化产生了深远影响，不仅推动了刑法解释理念的更新、方法的创新等，还影响了刑法解释的价值取向和与时俱进的要求。因此，在刑法解释立场选择过程中，必须充分考虑法治思想的影响，以确保刑法解释的公正

〔1〕 张志铭：《法律解释学》，中国人民大学出版社 2015 年版，第 11 页。

〔2〕［德］加达默尔：《真理与方法——哲学诠释学的基本特征》，洪汉鼎译，上海译文出版社 1999 年版，第 389 页。

性、准确性和有效性。

四、社会主要矛盾更替促进刑法解释立场的演进

《宪法》是国家根本法，规定国家最根本、最重要的内容；是每个公民享有权利，承担义务的根本保证；是确认和规范国家权力，确保国家权力的行使符合宪法规定，防止权力滥用，维护国家长治久安和稳定发展。《宪法》的授权是各部门法权域权限的来源，各部门法不得与之相冲突。《刑法》作为国家公法之一，对限制公权力，维护公民合法权益，保障社会发展具有重要价值。《宪法》中并不直接规定社会主要矛盾的具体内容，但《宪法》的原则和规定为解决社会主要矛盾提供了方向和框架。在国家建设实践中，我们需要根据宪法的精神和原则，用法治方略不断推动经济发展、加强社会保障、推进生态文明建设、维护社会秩序等方面的努力，以解决当前社会的主要矛盾，实现国家的繁荣富强和人民的幸福安康。

在一个国家发展的各阶段均有各阶段的社会主要矛盾，法律是解决这些主要矛盾的手段之一，当社会矛盾的发展过程中或解决过程中出现的具体问题触犯刑法时，《刑法》将进行必要的惩治，以解决社会主要矛盾中的问题，从而发挥刑法的社会治理功能。

中国共产党是执政党，是领导全国人民的政党。在我国，社会的主要矛盾不是直接规定在《宪法》文本中，而是体现在党的重要大会文件中，特别是党的每次全国党代会文件。党代会文件内容是集全国发展之需要，是针对当前及今后一段时间内国家发展、社

会稳定、保障人民福祉等重大事项所作出的重大决策部署，旨在解决问题、推动发展。党的大会的决策部署在立法上具有指引立法走向，确立法治思想，规划法律的修改和完善等功能。同时，党的政策通过立法形式成为法律，“党的政策成为国家法律后，实施法律就是贯彻党的意志，依法办事就是执行党的政策”[1]。这就是党领导立法，指引司法方向，将以人民为中心的价值理念在法治实践中贯彻执行的体现。

（一）中华人民共和国成立初期至土地改革完成前（1949～1952 年）

这一时期，虽然主要敌人已被推翻，但残余的反动势力依然存在，他们的破坏力还存在，不可轻视，人民政权需要巩固，人民的新生活需要保护。在经济发展方面，面对战争留下的经济创伤，国家着手进行经济恢复工作，包括重建基础设施、恢复农业生产、稳定物价等。随着经济的恢复和基础设施的改善，人民的生活水平逐渐提高。农业生产得到恢复和发展，城市中的工业生产和商业活动也逐渐恢复活力，城市居民的生活水平相应提高。在社会秩序方面，在国家的有力措施下，社会秩序得到了有效维护，社会治安状况明显改善，人民的安全感增强。在社会建设参与方面，在国家号召下，农民、工人、知识分子等各个阶层的人们都为国家的发展贡献着自己的力量，为国家的稳定和社会发展提供了强大的动

---

〔1〕 习近平:《论坚持全面依法治国》，中央文献出版社 2020 年版，第 43 页。

力。在这一时期，国家通过一系列政治、行政和法律等措施，确保了政治局势的稳定，人民生活质量的提高，为国家发展提供了重要保障。这一时期的主要斗争是与帝国主义、封建主义和国民党残余势力的斗争，因此，这一时期的社会主要矛盾是“人民大众同帝国主义、封建主义和国民党残余势力之间的矛盾”。这时期的刑法任务是严厉打击破坏国家建设的犯罪分子，国家没有出台严格意义上的刑法，刑事案件主要是靠各部门规范性文件，如《中华人民共和国惩治反革命条例》(已失效)、《中华人民共和国惩治贪污条例》(已失效)等，适用这些规范性文件的解释立场在于保护国家政权，严厉打击贪腐行为。

（二）社会主义改造时期（1953～1956年）

在这一时期，国家主要是通过对农业、手工业和资本主义工商业的社会主义改造，实现生产资料公有制，进而建立社会主义制度。在此期间，工人阶级通过国家政策、法律和行政措施等，逐步实现对生产资料私有制的改造，这必然导致资产阶级的经济利益受到影响。同时，随着社会主义制度的不断完善，政治和社会结构也发生深刻变化，这使资产阶级的社会地位和政治影响力受到减损。在这个过程中，工人阶级作为领导阶级，与资产阶级之间存在一定的矛盾和冲突，主要体现在经济、政治和社会等各个方面。因此，在社会主义改造时期，工人阶级和资产阶级之间的矛盾成为当时社会的主要矛盾。党领导人民通过正确的政策、策略和措施化解社会矛盾，当矛盾不能化解，触犯刑法规范内容时，司法实践中对刑法规范性文件的解释适用应充分关注、关照社会主要矛盾，保障社会主义事业的顺利发展。

（三）社会主义建设时期（1956 年以后）

这一时期，社会主义改造基本完成，我国进入了社会主义初级阶段，面临着如何建设社会主义的新任务。但由于社会主义初级阶段的生产力发展水平相对较低，无法满足人民日益增长的物质和文化需求，这就产生了矛盾。为了解决这一矛盾，我们必须大力发展社会生产力，提高人民的生活水平，满足人民对幸福生活向往。1956 年召开的党的八大指出："我们国内的主要矛盾，已经是人民对于建立先进的工业国的要求同落后的农业国的现实之间的矛盾，已经是人民对于经济文化迅速发展的需要同当前经济文化不能满足人民需要的状况之间的矛盾。"党的重要会议重要文件确立了这一矛盾是制定社会发展战略和策略的主要依据。把握住这一主要矛盾，在国家社会经济等发展中，采取相应的政策和措施解决这一矛盾，在这过程中可能产生社会纠纷和矛盾，因此而发生的社会纠纷和矛盾严重到需要刑法调整程度而进入刑法调整领域，受刑法调整时，司法办案人员在司法中自然会源于此矛盾去适用刑法，选择解释立场解释刑法处理案件，解决社会矛盾所带来的问题，以推动社会发展，促进社会进步。

（四）1981 年党的十一届六中全会上确立的社会主要矛盾

我国经过社会主义改造，成功地将生产资料私有制转变为社会主义公有制。具体而言，是在社会主义改造过程中，通过对农业、手工业和资本主义工商业的合作化或公私合营等方式，实现了生产资料的公有制转变，从而奠定了社会主义制度的基础。但由于当时的社会生产力相对落后，不能满足人民日益增长的物质和文化需求，形成了矛盾。随后在 1981 年党的十一届六中全会上，社会主要矛盾被确定为“人民日益增长的物质文化需要同落后的社会生产之间的矛盾”。这一论断不仅揭示了当时我国社会发展的主要矛盾，也为后续的改革开放和现代化建设提供了重要的理论支撑。事实证明，自改革开放以来，我国经济社会取得了举世瞩目的辉煌成就，人民生活水平显著提高。这充分验证了当时这一论断的正确性及其重要的指导意义。

（五）2017 年党的十九大上确立的社会主要矛盾

历史在前进，社会在发展，改革在推进。经过改革开放多年的发展，我国社会生产力水平显著提高，诸多领域的社会生产能力已跻身世界前列。这与过去的“落后的社会生产”已经不符合。因此，有必要对社会主要矛盾进行重新审视和调整。随着社会的发展，人民群众的生活需求发生了显著变化。他们不仅对物质文化生活提出了更高要求，而且需求呈现多样化、多层次、多方面的特点。例如，期盼有更好的教育、更稳定的工作、更高的收入等，这些都对社会的发展和进步提出了新的要求。

我国是一个多民族国家，由于民族性、地域性等多种原因，国家整体出现发展不平衡、不充分的问题，这些问题制约着满足人民日益增长的美好生活需要的主要因素。这些问题不仅表现在各区域、各领域、各方面的发展不平衡上，也体现在一些地区、领域和方面的发展不充分上。因此，明确新的社会主要矛盾有助于更好地应对和解决这些问题，推动社会的全面进步和发展。2017 年召开的党的十九大提出了社会主要矛盾的最新论断，即“人民日益增长的美好生活需要和不平衡不充分的发展之间的矛盾”，这主要是基于我国社会发展的显著变化和人民群众需求的变化。这一社会矛盾的变化不仅反映了我国社会发展的新阶段，也为未来的社会发展指明了方向，“我国社会主要矛盾的变化揭示了民众需求与社会发展、自然环境之间的供需不匹配，民生需求已成为主要内容。以民生需求为主导的社会矛盾既包括婚姻、家庭、宅基、赡养、抚养、薪资、拆迁等传统的利益纠纷，同时还包括了民生权益、环境保护、土地流转、行政不作为等方面的新型社会矛盾纠纷”〔1〕。党带领人民提出平安中国建设，“作为平安中国建设的重要部署，新时代社会矛盾综合治理机制主动适应社会主要矛盾新变化，聚焦人民群众新需要，以防范化解影响安全稳定的突出风险为重点，以平安创建活动为抓手，让人民群众的安全感更有保障、更可持续”〔2〕。刑法功能在平安中国建设中应立足于当前社会矛盾凸显的刑法问题，选择有效的合理的刑法解释立场，解释刑法适用

---

〔1〕 汪伟全：《论构建新时代基层社会矛盾治理新格局》，载《社会科学辑刊》2023 年第 4 期。

〔2〕 龚宇润、刘宏伟：《新时代社会矛盾综合治理机制的出场语境、科学意涵及实践进路》，载《领导科学》2024 年第 4 期。

刑法，以解决当前社会主要矛盾中出现的系列刑法领域问题，建设平安中国。

社会矛盾的变化必然会引起刑法解释立场的演进。刑法解释也会趋于变化，例如，社会主要矛盾从“人民大众同帝国主义、封建主义和国民党残余势力之间的矛盾”到“人民日益增长的美好生活需要和不平衡不充分的发展之间的矛盾”的历史前进中，“正是基于社会主要矛盾的交替和变迁，在一个社会形态中会呈现出区别于其他社会形态的不同属性。更为重要的是，在中国社会当前的发展阶段，因为社会基本矛盾的运动与发展，社会主要矛盾的阶段性更加明显，也让中国各项建设事业面临新的机遇与挑战”〔1〕。也正是基于各项建设事业面临的新的机遇与挑战中所出现的矛盾的刑法解决方式，刑法解释从“维护人民政权，打击敌人”到“以人民为中心”司法理念的演进，体现了刑法以巩固国家安全，维护社会稳定，保障人民安居等功能。例如，在民生领域，针对食品安全、生态环境、知识产权等领域的犯罪，“社会属性体现为新时代社会矛盾主要发生在民生领域。法律属性则体现在法治是树立法治思维，并把法治作为化解社会矛盾的主要方式”〔2〕。刑法是法治的主要手段之一。刑法解释需要更加明确和具体，以确保这些领域的犯罪能够得到有效的惩处和预防。又如，在社会的发

---

〔1〕 余雷:《中国社会主要矛盾变迁的内在逻辑研究》，载《河南社会科学》2018年第1期。

〔2〕 谢海军、刘玥琪:《中国社会矛盾话语范式构建及其经验检视》，载《河南社会科学》2022年第5期。

展和科技的进步方面，新型犯罪手段层出不穷，给刑法解释带来了新的挑战。刑法解释立场需要不断更新和完善，以适应社会发展的新需求，惩治此类犯罪。如针对网络犯罪、人工智能犯罪等新型犯罪，需要加强对相关刑法条文的解释和适用，以确保这类犯罪能够得到有效的打击。在打击这些犯罪的过程中必然涉及刑法解释立场的选择问题，从而推动刑法解释立场的选择演进。

2021 年 8 月，中共中央、国务院印发《法治政府建设实施纲要（2021—2025 年）》，明确提出“坚持将矛盾纠纷化解在萌芽状态、化解在基层，着力实现人民群众权益受到公平对待、尊严获得应有尊重”。社会主要矛盾对刑法解释的影响是多方面的。随着国家的发展和社会的进步，以及社会主要矛盾的变化，刑法解释需要不断更新和完善，以适应社会发展的新需求，并解决社会矛盾中出现的犯罪问题。刑法解释也需要在社会主要矛盾变迁中更加注重保护人民权益、维护社会稳定和促进社会发展中促进解释立场的演进。

五、文化传统塑造促进刑法解释立场的演进

文化传统是特定地域人们长期生活习惯的结晶，它在一定程度上塑造着人们的思维习惯，指引着人们的行为方式，并决定着人们的价值取向。因文化传统是历史选择的沉淀，是一种特定时空集体表现。这种集体表现会对各行业都具有影响，对法律工作也一样，特别是在法律的适用中，文化传统或多或少会影响刑法适用，特别是在刑法适用的思维以至案件处理判断方面，如刑法解释

立场的选择等，这是因为文化传统对人的思维和行为具有一定的惯性作用所决定的。

（一）文化传统塑造刑法解释的思维模式

文化传统是一个民族在长期历史发展过程中形成的独特思维方式、价值观念和行为准则。在刑法实施领域，这些文化传统在潜移默化中塑造了刑法解释者的思维模式，影响着他们对刑法条文的理解和解释。例如，在中国传统文化中，儒家思想强调“仁爱”、“礼治”和“德主刑辅”，这些观念在刑法解释中得到了体现，使解释者在面对法律条文时，更加注重道德教化和社会效果的考量。

（二）文化传统影响刑法解释的价值取向

文化传统不仅塑造了刑法解释的思维模式，还深刻影响着刑法解释的价值取向。不同的文化传统可能导致对同一法律条文的不同理解和解释。例如，在一些强调个人主义和自由主义的文化传统中，刑法解释可能更加注重保护个人权利和自由；而在一些强调集体主义和权威主义的文化传统中，刑法解释可能更加注重维护社会秩序和公共利益。这种潜在的价值取向的差异在刑法解释中得到了体现，影响着解释者对法律条文的理解和适用。

（三）文化传统推动法律解释方法的创新

文化传统不仅塑造了刑法解释的思维模式和价值取向，还推动了刑法解释方法的创新。在解释刑法条文时，解释者需要运用各种解释方法，如字面解释、体系解释、历史解释等。这些解释方法的运用不仅受到法律条文本身的影响，还受到文化传统的影响。例如，在中国传统文化中，注重“以史为鉴”，因此在刑法解释中可能会采用历史解释的方法，通过考察历史上的刑法实践和案例来理解和解释当前的法律条文，以处理案件。

（四）文化传统促进法律解释与国际接轨

在当前全球化的背景下，不同国家之间的文化交流日益频繁，文化传统对刑法解释立场的影响也呈现国际化的趋势。一方面，各国在解释本国法律时，需要借鉴和吸收其他国家的刑法解释经验和成果；另一方面，各国在解释本国法律时，也需要考虑国际法和国际惯例的影响。这种国际化的趋势使得文化传统在刑法解释中的作用变得更为复杂和多元，同时也加速了刑法解释与国际接轨的进程。在这一过程中，妥善处理好法律历史文化与现代法治之间的关系，对于推动法治进步具有重要意义。“法律是用来规范人类行为的规则之一，法律要有效从而成为一种社会控制力量，除了法律自身的强制力之外，还必须利用和克服各种历史遗留下来的、现在客观存在的有利和不利的因素。”〔1〕

（五）文化传统在刑法解释中的具体应用

中国传统文化源远流长，其中儒家文化思想在中国传统文化

〔1〕 栗志刚：《文化·宗教·法治——关于人本主义文化传统与中国法治的思考》，载《南京师范大学（社科版）》2001 年第 2 期。

中具有重要地位，在很大程度上影响着中国古代的刑事法制。儒家思想中 的“德治”“仁爱”等观念在刑法解释中得到了体现。儒家强调“恤刑”与“慎杀”，即在司法过程中要谨慎用刑，避免过度惩罚。这一思想在刑法解释中表现为对刑罚适用上的谨慎态度，解释者可能会倾向于减轻刑罚，尤其是在涉及死刑等严重刑罚时。儒家思想注重情理法的结合，认为法律应兼顾法理与情理的统一。在刑法解释中，解释者可能会注重案件背后的情理因素，如犯罪人的动机、社会背景等，以更全面、公正地审视犯罪行为。例如，在解释刑法的适用时，儒家思想强调“明德慎罚”，即要谨慎使用刑罚，注重道德教化和社会效果的考量。道家主张“无为而治”，即强调自然法则，反对过度干预。在刑法解释中，这些思想可能表现为对刑罚适用的节制态度，解释者可能会倾向于减少不必要的刑罚干预，让自然法则发挥作用。道家强调顺应自然，认为法律应顺应社会发展的需要而制定。在刑法解释中，解释者可能会注重法律的社会适应性，根据社会变化对法律进行灵活解释。

中国传统法律文化中的“以和为贵”“息讼止争”等观念也影响了刑法解释。在解释刑事和解制度时，这些观念得到了体现，使得解释者在处理刑事案件时更加注重调解与和解的方式，以维护社会稳定与和谐。

法家思想对刑法解释立场的影响主要体现在对法律的严格适用和刑罚的严厉性上。法家主张以法治国，强调法律的权威性和普遍性。法家主张重刑主义，认为严厉的刑罚可以遏制犯罪行为。

在刑法解释中，解释者可能会倾向于对犯罪行为进行严厉惩罚，以维护社会秩序和法律的权威。中国古代的法治有别于今天我们讨论的法治，更多的属于“人治底下的法治”[1]。但不可否认的是，经过历史沉淀下来的优秀法律文化对现代法治确实产生了一定的影响。

文化传统在刑法解释中扮演着重要的角色。不同的文化传统对刑法解释立场产生了各异的影响，这种影响不仅体现在对法律解释思维模式的塑造和价值取向的引导上，还充分展现了文化的多样性和复杂性，同时也深刻反映了法律与文化之间的紧密联系。在刑法解释中，解释者应充分考虑文化传统的影响，选择正确的解释立场，以确保刑法适用的公正性和稳定性。

六、司法实践需求的提升促进刑法解释立场的演进

随着我国社会的快速发展和法治建设的不断深入，为促进法治建设，司法实践发生较多变化。这些变化直接影响着刑法解释立场的选择，以及刑法实践中解释立场的演进。

（一）司法实践需求的变化

1. 司法体制改革需求

近年来，我国司法体制改革持续推进，但面对复杂多变的社会

---

〔1〕 乔耀章：《“人法同治”：我国现阶段治国的基本特点》，载《行政与法制》2000年增刊。

矛盾和日益增长的法治需求，改革的步伐仍需加快。司法体制改革的需求主要体现在完善司法权力运行机制、优化司法资源配置、确保依法独立行使司法职权等方面。推进司法制度是促进法治建设的道路，“司法制度是上层建筑的重要组成部分，我们推进司法体制改革，是社会主义司法制度自我完善和发展，走的是中国特色社会主义法治道路”〔1〕。此外，还须进一步强化司法机关的职能和作用，提升司法效能，更好地服务经济社会发展，保障人民群众的利益。

2. 司法效率提升需求

随着经济的快速发展，商业纠纷和各类法律案件的数量显著增加，对司法效率提出了更高要求。为了提高司法效率，应当简化诉讼程序、优化审判流程，同时加强信息化建设，积极推行电子诉讼和智能化办案方式。例如，2023 年 3～8 月，安徽省检察机关依托大数据技术，开展了一系列创新性的检察监督工作，使数据成为解决法律问题的有力工具。

3. 司法公正强化需求

司法公正是法治社会的基石，是保障公民权利和维护社会稳定的必要条件。“所谓公正司法，就是受到侵害的权利一定会得到保护和救济，违法犯罪活动一定要受到制裁和惩罚。如果人民群众通过司法程序不能保证自己的合法权利，那司法就没有公信力，人民群众也不会相信司法。法律本来应该具有定分止争的功能，司法审判本来应该具有终局性的作用，如果司法不公、人心不服，

〔1〕 习近平:《论坚持全面依法治国》，中央文献出版社 2020 年版，第 147 页。

这些功能就难以实现。”[1]当前，社会对司法公正的期待日益增强，要求司法机关在处理案件时做到事实清楚、证据确凿、程序合法、裁决结论公正。为提升司法公正度，需加强审判规范化，以审判为中心，建立健全司法监督机制，推动司法公开透明，增强人民群众对司法的信任和支持，提升司法公信力。

4. 司法资源优化配置

合理配置和优化司法资源，是提升司法效能的关键。在资源有限的情况下，需要通过科技手段、制度创新和科学管理，提高资源利用效率，“我们必须把依法治国摆在更加突出的位置，坚持在法治轨道上统筹社会力量、平衡社会利益、调节社会关系、规范社会行为，依靠法治解决各种社会矛盾和问题，确保我国社会在深刻变革中既生机勃勃又井然有序”[2]。例如，建立全国统一案件管理信息系统，实现信息共享，信息管控，减少违法概率，提高执行效率。

5. 司法服务创新需求

司法服务是人民群众获得法律保障的重要途径。随着社会需求的变化，司法服务也需要不断创新，提供更加便捷、高效、程序化、人性化的服务，通过创新“要加快实现社会治理法治化，依法防范风险、化解矛盾、维护权益，营造公平、透明、可预期的法治环境。”[3]如当下，人民群众对加快提高公共法律服务质量和公信力，均衡配置城乡司法资源，加强现代公共法律服务体系建设，推进公

〔1〕 中共中央文献研究室编:《习近平关于全面依法治国论述摘编》，中央文献出版社 2015 年版，第 67 页。

〔2〕 习近平:《论坚持全面依法治国》，中央文献出版社 2020 年版，第 104 页。

〔3〕 习近平:《论坚持全面依法治国》，中央文献出版社 2020 年版，第 234 页。

证体制改革，扩大“速裁速判”司法事项范围等需求越来越高，因此，司法服务应在减证、便民、增速上下更大功夫，以满足人民群众对司法服务的新需求。

6. 司法透明度增强需求

司法透明度是提升司法公信力的重要手段。公众对司法程序的了解和监督，有助于增强司法公正性和权威性。因此，需要加强司法公开工作，提升审判和执行工作的透明度。例如，再审案件需要公告审理时间和地点，保障当事人及社会公众的知情权；加强法院信息公开，引导公众参与司法监督，提升司法透明度和公信力。

7. 司法队伍建设需求

司法队伍是司法工作的主体，队伍素质直接关系到司法质量和效率。加强司法队伍建设，需要提高司法人员的政治素质和业务能力，培养一支忠诚、干净、担当的司法队伍。具体措施包括完善法官队伍成长体系，加强对司法人员的权益保障，通过法律宣传和培训提升公众对司法工作的理解和支持。

8. 涉外法治体系需求

随着我国对外开放程度的加深，涉外法治体系建设需求日益迫切。涉外法治体系的建设，需要完善与国际通行规则相融通的仲裁法律制度，提升涉外法律服务能力，健全涉外法治人才培养机制。例如，加快培育一批国际一流的仲裁机构和律所，建立涉外仲裁人才库，加强涉外法治学科建设，培养通晓国际规则、精通涉外法律实务的法治人才。

我国司法实践需求的变化，体现了法治建设的不断进步和人民群众对公平正义的更高要求。通过深化司法体制改革、提升司法效率、强化司法公正、优化资源配置、创新司法服务、增强司法透明度、加强司法队伍建设和完善涉外法治体系，我国司法工作将更好地适应经济社会发展的需要，为人民群众提供更加优质的司法保障，为法治中国的建设贡献力量。

（二）司法实践需求变化对刑法解释立场演进的影响

司法实践需求变化对刑法解释立场演进的影响是显而易见的，这种影响主要体现在以下三个方面：

一是司法实践是检验刑法解释有效性的重要场所。司法实践是法律条文得以实施的关键环节，它直接面对各种复杂多变的案件和社会现象。在司法实践过程中，刑法解释者需要不断地根据案件的具体案情，对刑法条文进行解释和适用。因此，司法实践中的具体问题和需求，成为推动刑法解释立场演进的重要动力。

二是司法实践需求变化要求刑法解释立场与时俱进。随着社会的不断发展，新型犯罪和复杂案件不断涌现，这些都对刑法解释提出了新的挑战，刑法解释立场选择中必须将过去与现在及将来紧密联系起来，作为刑法的法律是“作为使松散的社会结构紧紧凝聚在一起的粘合物，法律必须巧妙地将过去与现在勾连起来，同时又不忽视未来的迫切要求”〔1〕。司法实践中的需求变化，要求刑法解释者必须不断更新解释立场和方法，以适应新的案件类型和社

〔1〕［美］E. 博登海默：《法理学：法律哲学与法律方法》，邓正来译，中国政法大学出版社1999年版，第326页。

会犯罪现象。例如，面对当前的网络犯罪、跨国犯罪、科技智能犯罪等新型犯罪，刑法解释者需要更加注重对法律条文的灵活解释和适用，秉持公平正义，坚持实质犯罪观，以确保刑法实施的公正性和有效性。

三是司法实践需求变化促进刑法解释技术的提高。在司法实践中，面对各种复杂案件，刑法解释者需要不断学习和探索新的解释技术和方法。这种学习和探索的过程，不仅提高了刑法解释者的专业素养，也推动了刑法解释技术的不断进步。例如，通过引入心理学、社会学等多学科的知识和方法，法律解释者可以更深入地理解案件背后的社会现象、人的心理行为及案件的详细情形等，从而作出更为准确和公正的解释，以惩治犯罪。

司法实践需求变化对刑法解释立场演进的影响是深远的。它不仅要求刑法解释者不断更新解释立场和方法，还促进了刑法解释技术的提高和理论的丰富与发展。同时，司法实践需求变化也强化了对实质正义的追求，使刑法解释更加符合社会的公正和法治精神。

七、刑法学术的国际交流促进刑法解释立场的演进

刑法解释立场的演进得益于刑法学术交流，通过交流促进刑法发展。在刑法解释立场演进中，促进刑法解释立场不断发展的学术路径主要有法学专业留学、频繁国际法学学术交流等。

国际化刑法学术会议交流推动着刑法理论发展。改革开放以

来，我国刑法的学术交流呈现日益国际化的趋势。随着全球化的不断深入，我国刑法学者开始更多地走出去，参与到国际刑法学术讨论中，与世界各国刑法学者共同探讨刑法理论与实践问题。在国际刑法交流中，借鉴和引进先进刑法理论有利于促进公平正义的经验。国际化的交流不仅提升了我国刑法学术的国际影响力，丰富了我国刑法理论和促进刑事司法的实践，还促进了我国刑法与国际刑法的接轨与融合。

参与或主办国际刑法学术会议是刑法学术对外交流的重要形式之一。学术交流中，我国刑法学者积极参与国际刑法会议，并成功举办了多次具有国际影响力的国际刑法学术会议。这些会议不仅为国内外刑法学者提供了一个交流和展示研究成果的平台，还促进了我国刑法与国际刑法的交流与合作。通过国际会议，我国刑法学者得以与世界各地的同行共同探讨刑法领域的热点问题和前沿话题，推动了刑法学术的繁荣与发展。中国刑法学界一直在积极参与国际刑法学术会议，积极吸纳国外刑法理论，为我所用，提升国家治理能力。如 2024 年 11 月 7～8 日，第 21 届国际刑法学大会在法国巴黎召开，会议以“人工智能与刑法”主题展开，来自 30 余个国家的 670 余名刑事法学者、法官、检察官及法律官员等出席了本届大会，中国代表团共有 13 人参加，其中北京师范大学王秀梅教授受邀作了题为“中国刑法中的人工智能相关犯罪及其刑事责任”的主题报告。〔1〕

〔1〕 参见张磊：《国际刑法学大会在浪漫之都“盛开”》，载《检察日报》2024 年 9 月 25 日，第 12 版。

在学术交流中，我国刑法学者与大陆法系、英美法系国家的刑法学者进行了深入的交流与合作，共同探讨刑法热点难点问题。通过互相借鉴和学习，我国刑法学者不仅了解了不同法系国家在刑法理论、刑事立法、刑事司法实践中的特点和优势，还结合我国刑事理论和实践的实际情况，提出了许多有益的改进和完善刑法的建议，为我国刑法的现代化和国际化提供了重要理论支持。

在学术交流中，我国刑法学者积极阐述中国刑法学的特点和优势。他们结合我国实际情况，分析了中国刑法在犯罪构成、刑罚制度、刑事责任等方面的独特之处，并阐明了中国刑法在维护社会稳定、保障人权等方面的重要作用。

在学术交流中，我国刑法学者注重将法教义学与社会科学方法相结合来思考和解决中国刑事法律问题。他们运用法学理论、社会学、心理学等多学科的知识和方法，对刑法问题进行深入分析和研究。这种跨学科的研究方法不仅拓宽了刑法研究的视野和思路，还为刑法理论的创新和发展提供了新的动力和支撑。同时，这种研究方法还有助于推动我国刑法学术的多元化和综合性发展，包括对刑法解释立场的选择的研究。

在学术交流中，我国刑法学者既注重刑法基础理论的研究，又关注刑法前沿问题的探讨。既深入挖掘刑法传统的理论精髓，又紧跟国际刑法发展的最新动态，不断推动刑法理论的创新与发展，以解决中国社会发展中需要刑法对社会进行治理实际需求，实现社会正义。这种基础与前沿并重的学术研究方法，为我国刑法学术的繁荣与发展提供了重要保障。

刑法学术交流学习互动，对于刑法解释立场演进具有重要意义。刑法交流，对于借鉴和发展刑法学科最为有利，刑法解释的立场会在交流中变得更加明晰，为司法实践中适用刑法具有重要意义。

自改革开放以来，我国法学专业留学人数呈现显著增长趋势。特别是进入21世纪以来，随着全球化进程加速和法律职业的国际化需求增长，法学专业留学人数进一步增加。特别是1992年后，自费出国留学从政策上全面放开，使更多法学专业的学生有机会走出国门，接受国际化的法学教育。法学专业学生留学的国家分布较为广泛，但以美国、英国、澳大利亚、加拿大、德国、法国等为主要留学目的地。这些国家拥有世界顶尖的法学院校，如美国的哈佛、耶鲁、斯坦福等，英国的剑桥、牛津、伦敦政治经济学院等，以及德国的慕尼黑大学、海德堡大学等。其中，美国和英国以其完善的法律体系和世界知名的法学院吸引了大量的中国留学生。法学留学人员易获得域外法学及相关知识等学科知识经验和史料，再结合国内法治实践，思考探索法治建设，有力推动了我国法学和法治发展。

八、人民群众对公平正义的需求促进刑法解释立场的演进

公平正义是法治的终极目标，也是司法本身应当具备的基本品性，是法治的预期，对人民群众的行为具有重要引领作用，“我们要实现经济发展、政治清明、文化昌盛、社会公正、生态良好，必须

更好发挥法治引领和规范作用”〔1〕。公平正义要求刑法解释立场正确。公平正义是一个发展的概念，不同时空有不同的公平正义观，刑法解释立场的正确选择有利于促进公平正义。

（一）人民群众对公平正义的需求变化

人民群众对公平正义的需求随着社会发展而不断变化，它反映了人民群众在不同历史时期对社会公正、平等、正义等方面的期望和追求。此种追求随时代的前进而不断提升。

1. 传统社会对公平正义的需求

在传统社会中，人民群众对公平正义的需求主要体现在基本的生活保障和道德伦理的维护上。他们期望社会能够提供一个稳定、和谐的生活环境，以保障每个人的基本生存权利。同时，他们也注重道德伦理的规范，期望社会成员能够遵守道德规范，带来一个遵从道德规范的社会，维护社会的公正和正义。

2. 现代社会对公平正义的需求

随着社会的不断发展，人民群众对公平正义的需求也发生了变化。在现代社会中，人民群众对公平正义的需求更加多元化和具体化。

在经济方面，人民群众期望收入分配更加公平合理，经济建设成果能够普惠广大群众，为广大群众所共享，逐步实现共同富裕。他们反对贫富差距过大，期望社会能够提供更多的经济机会和福

〔1〕 中共中央文献研究室编：《习近平关于全面依法治国论述摘编》，中央文献出版社2015年版，第4～5页。

利保障，让每个人都能够享受到经济发展的成果，实现自己的幸福生活。

在政治方面，人民群众期望享有平等的政治权利和义务，能够平等地参与政治生活，获得政治权利。他们期望司法审判更加公正和科学，协商民主建设更加广泛，以保障每个人的政治权益得到充分的尊重和保障。

在社会方面，人民群众期望教育资源能够公平分配，工作机会更加平等，医疗、住房等社会保障体系更加完善和健全，以满足其生活需要。他们期望社会能够消除歧视和偏见，为每个人提供平等的发展机会和生存环境。

在文化方面，人民群众期望享有更多的文化设施和服务，欣赏到更加经典的文化作品。他们期望文化领域能够保持多样性和包容性，让每个人都能够享受到文化发展的成果。

在生态方面，随着环境问题的日益突出，人民群众对生态公平的需求也越来越强烈。他们期望生活在更加清洁美丽的环境中，期望能够为子孙后代留下优美的生态环境。

3. 新时代对公平正义的新期待

进入新时代以来，人民群众对公平正义的需求又有了新的变化和发展。他们不仅期望在经济、政治、社会、文化、生态等领域实现公平正义，还期望得到更多的关注和保障。

在法治保障方面，人民群众期望法律能够成为维护公平正义的有力武器。他们期望司法机关能够坚持独立行使审判权，严格遵循法定程序，确保每一个案件都能得到公正审理。同时，他们也期望执法人员能够秉公执法、文明执法，坚决杜绝权力滥用和执法不公现象。

在权利保障方面，人民群众期望自己的合法权益能够得到充分的保障。他们期望社会能够建立健全的权利保障体系，让每个人在受到侵害时都能够及时获得有效的法律救济。

人民群众对公平正义的需求是一个随着社会发展而不断变化的过程。它反映了人民群众在不同历史时期对社会公正、平等、正义等方面的期望和追求。在新时代背景下，我们应该更加关注人民群众的需求和呼声，积极推动社会公平正义的实现，让每个人都能够享受到社会发展的成果和幸福生活的美好。

（二）人民群众对公平正义的期待与刑法解释立场演进的关系

人民群众对公平正义的期待与刑法解释立场的演进之间存在紧密的联系。公平正义作为刑法解释的重要价值导向，引领着刑法解释立场在追求公平正义的过程中不断演进和调整。

1. 公平正义是刑法解释的重要价值导向

刑法解释作为法律适用过程中的重要环节，其目的不仅在于准确理解刑法条文的含义，更在于确保刑法的适用能够体现公平正义的原则。在刑法解释过程中，解释者需要充分考虑犯罪行为的性质、社会危害程度以及犯罪人的主观恶性等因素，以确保刑法的适用既能够打击犯罪，又能够保护人权，实现社会公正和公共利益的最大化。因此，公平正义作为刑法解释的价值导向，对于指导刑法解释的立场和方法具有重要价值意义。

2. 刑法解释立场在追求公平正义的过程中不断演进和调整

随着社会的发展和进步，人们对于公平正义的理解和追求也在不断深化和拓展。这种变化反映在法律领域，就表现为刑法解释立场的不断演进和调整。例如，在刑法解释过程中，解释者逐渐从机械地理解刑法条文转向更加注重刑法条文背后的立法意图和价值追求等，从单纯强调打击犯罪转向更加注重保障人权与打击犯罪的平衡。这种演进和调整不仅体现了刑法解释对于公平正义原则的深刻理解和贯彻上，也反映了刑法解释在不断适应社会发展变化过程中的灵活性和创新性。

具体来说，在刑法解释立场的演进过程中，以下三个方面体现了公平正义的发展：

一是从注重形式正义到注重实质正义的转变。传统的刑法解释往往更加注重形式上的合法性，即只要行为符合刑法条文的字面含义，就能认定为犯罪。然而，随着社会的进步和人们对于公平正义理解的深化，现代刑法解释更加注重实质上的公正性。这要求解释者在解释刑法时，不仅要考虑行为是否符合刑法条文的字面含义，还要充分考虑行为对法益的侵害程度、犯罪人的主观恶性等因素，以确保刑法的适用能够真正体现公平正义的原则。

二是从注重打击犯罪到注重保障人权的转变。传统的刑法解释往往更加注重打击犯罪，以保护社会秩序和公共安全。然而，在现代社会，随着人们人权保障意识的提高，刑法解释也开始更加注重保障人权，注重保障人民的幸福生活，“人民幸福生活是最大的人权”[1]。这要求解释者在解释刑法时，要坚守罪刑法定底线，要充分考虑无罪推定、疑罪从无等原则，确保有罪的人受到应有的惩罚，同时也要确保无罪的人不受刑事追究。

三是从注重法律稳定性到注重法律适应性的转变。传统的刑法解释往往更加注重法律的稳定性，即强调法律条文的不可更改性和普遍适用性。然而，在现代社会，随着社会的快速发展和变化，法律也需要不断适应新的社会情况和问题。因此，现代刑法解释更加注重法律的适应性，即强调法律条文可以根据社会情况和问题进行适当的解释和调整，以确保刑法的适用能够更好地适应社会的变化和发展。

人民群众对公平正义的需求的发展与刑法解释立场的演进之间存在着密切的关系。公平正义作为刑法解释的重要价值导向，对于指导刑法解释的立场演进和方法改进具有重要意义。同时，在追求公平正义的过程中，刑法解释立场也在不断演进和调整，以更好地适应社会的发展变化和人民群众对公平正义的时代期待。

---

〔1〕 中共中央党史和文献研究院编:《习近平关于尊重和保障人权论述摘编》，中央文献出版社 2021 年版，第 7 页。

— 第四章 —

刑法解释立场的类型论

不同的类型源自分类的标准不同。刑法解释立场因划分标准不一，类型多样，其中较为被普遍接受的划分类型有主观解释与客观解释、形式解释与实质解释这两组四种解释立场观。刑法解释立场的类型之间存在怎样的演进关系，又是如何演进的？对这些关系的探讨即是本章内容。这种关系反映了人们对刑法解释立场观认识的不断深化，也体现了刑法对社会变迁的适应性和灵活性。

第一节 主、客观主义刑法解释立场观

刑法的功能发挥在于实施，刑法实施过程就是刑法解释适用过程，刑法解释中持有什么样的解释立场很重要。正确的解释立场保障案件处理公正，促进司法公信力，树立司法权威，“司法公信力是司法权威的根基”〔1〕。选择正确的解释立场非常重要，因为它关乎刑法对国家秩序维护、社会稳定和个人权益的保护等功能的发挥。尽管关于主观解释和客观解释的讨论已持续很多年，但讨论中存在一些基本的认识及其比较仍未清晰，因此关于主观解释和客观解释的研究还有进一步讨论的必要，以全面深入了解主观解释和客观解释的立场观，为刑法适用解释选择正确的立场提供智识，以惩治犯罪，促进刑法正义。

一、主观主义刑法解释观

（一）生活中的“主观”概念

认识事物的过程是一个渐进的、主观对客观的摄取提炼的过程。“主观”这一词汇在我们的生活中无处不在，广泛出现在各种研究之中。然而，当被问及“什么是主观”时，不同的人往往会有

〔1〕 崔永东：《信用司法的理论探究与制度进路》，载《政法论丛》2021年第3期。

不同的见解，甚至有学者可能会感到这一概念难以用言语准确表达，有只可意会不可言传之感。“主观”是人的一种意识、精神状态，与“客观”相对而言。简言之，“主观”就是以观察者为核心，当观察者参与到被观察事物之中，对事物进行认知时，所形成的对事物的感知和认识。“主观”源自主体人的感知或认识，因此，不同观察者的意愿可能会导致对事物性质和规律的理解存在差异。“主观”包含以下几种含义：(1)因个人偏见或局限性所形成的，特定主体所独有的主观印象；(2)由主体人的大脑或感官内部条件所引发，而非直接由外界条件产生的主观感觉；(3)体现个人观点或情感偏向的智力成果等。“主观”具有较强的自主性，但这种自主性也受到社会共性的制约和影响。个体存在于社会共同体之中，因此，个体的主观观念也可能受到社会多数人(共同体)主观观念的影响，或与之趋同，从而形成某种共同认知。然而，这种趋同一般限于普世的观念，社会某些前沿的、先进的成果往往是少数人主观观念形成的，并通过传播影响社会，促进社会达成共识。在哲学领域，“主观”属于认识论范畴，与“客观”相对应。主观指的是非对象化的人的意识、精神、观念。认识的主观能动性和创造性以实践的客观运动为基础，而实践的客观运动又以认识的主观能动性和创造性为前提。人之所以能够在生产实践中有意识、有计划、有目的地制造产品，是因为人的认识具有主观能动性和创造性。所有主观的事物都无法被直接测量，但可以被“评估”。而“评估”一定是基于某种先验的价值观进行的。主观涉及的是“好不好”“怎么办”等问题。

（二）刑法中与“主观”有关的概念

法律是规范人的行为的规范，作为受规范的人自然就可能对规范本身有评价，这就产生对法的主观认识。刑法是规定什么是犯罪和刑罚的规范。在目前的刑法规范中要判断一个案件事实是否构成犯罪，就需要对案件进行评价，在评价中以什么为标准，可能因不同的人有不同的主观见解。刑法通过对社会生活需规范的事实和行为的总结，进行抽象、概括、提炼出禁止性行为规范，要求社会每一个个体必须遵循，不得触碰，否则将承担不利的法律后果，并将其类型化以提炼出构成犯罪的要件。于此，构成犯罪的构成要件就产生了，于是就有了犯罪构成要件。由于中华人民共和国成立之初国际阵营和政治的影响，我国借鉴苏联的法律模式，在刑法的犯罪构成上采用了苏俄的“四要件”犯罪构成对案件事实是否构成犯罪进行评价。其中犯罪构成要件的犯罪主观方面是指行为人对自己危害社会的行为及其危害社会的后果所持的心理态度。这里的主观是行为人对自己行为及其后果所持的心理态度，这是刑法研究中出现的主观。这里的主观性词汇在刑法的法律文本的文字中主要表现为“明知”“希望”“放任”“预见”“疏忽大意”“轻信”等，如《刑法》第 14 条规定：“明知自己的行为会发生危害社会的结果，并且希望或者放任这种结果发生，因而构成犯罪的，是故意犯罪。故意犯罪，应当负刑事责任。”第 15 条规定：“应当预见自己的行为可能发生危害社会的结果，因为疏忽大意而没有预见，或者已经预见而轻信能够避免，以致发生这种结果的，是过失犯罪。过失犯罪，法律有规定的才负刑事责任。”刑法条文中存在大量的表示主观性的词汇，这些词汇在刑法条文中为司法者提供刑法适用的解释依据或理由，对于认定或判断行为人行为时的心理态度提供法律依据，为司法者理解进而适用《刑法》作出判决提供了判断的依据，但《刑法》中有关主观性的词汇并非本书所讨论的主观解释中的主观。

（三）主观解释中的“主观”

刑法解释的主体是人，但不是每一个人都会解释刑法、适用《刑法》，刑法解释的主体需要具备某种身份，借助某种场景所作出的解释才有效力。在案件未发生时《刑法》就是纯粹的无声的法律条文，一旦刑事案件事实发生，进入司法程序，就涉及刑法适用，即解释刑法，将《刑法》条文适用于具体的案件，以解决社会纠纷，实现刑罚。《刑法》对一定时空中社会生活中出现的危害国家、社会、个人及其他组织的行为规定为犯罪并实施刑罚，在立法经验上是从个别走向一般，《刑法》属于法律中最为严厉的法律，是在其他法律不能处理之后的法律规范。随着人类对事物认识的不断提高，立法技术也日益先进，但法律仍然难以满足社会的所有需求，因为立法者难以预见社会生活中涌现的众多错综复杂的情况。事实上“人类立法者根本不可能有关于未来可能产生的各种情况的所有结合方式的知识”[1]。因此，已存在的刑法在司法实践

---

〔1〕［英］哈特：《法律的概念》，张文显等译，中国大百科全书出版社1996年版，第128页。

中是需要解释的，有解释就必然涉及解释立场。在刑法解释立场上，“主观解释论追求的是要把立法者在制定刑法时候的原意揭示出来”[1]。因为立法在前，司法在后，在刑法适用中就需要探寻原意，需要探寻立法者的立法评价，“主观论的真理在于：法律与自然法则不同，它是由人类为人类所创造的，它表现立法者创造可能的——符合社会需要的——秩序的意志。法律背后隐含了参与立法之人的规定意向、其价值、追求，以及其对于事物的考量。今日法律见解所要求之‘受法律约束’，不仅指受法律文字，也包含（立法当时的）立法者之评价及意向的拘束”[2]。由此可见，主观解释论中的“主观”不是解释主体中人的主观，而是刑法文本中的法条背后的立法者的立法原意。

（四）主观主义解释观的起源及发展

1.主观主义解释观的起源

德国从 19 世纪中叶开始，自然科学的发展大大地推动了科技的进步，并促使德国从农业国迅速转型为工业国，进而步入垄断资本主义阶段。主观主义的发展是自然科学与科技发展推动的结果。一是细胞学说的提出，1838～1839 年，德国植物学家施莱登和动物学家施旺共同提出了细胞学说，认为所有植物和动物均由细胞构成。这一发现为生物学的研究奠定了重要基础。二是能量

〔1〕 张明楷：《刑法解释理念》，载《国家检察官学院学报》2008 年第 6 期。

〔2〕［德］卡尔·拉伦茨：《法学方法论》，陈爱娥译，商务印书馆 2003 年版，第 222 页。

守恒定律的发现。1842～1847 年，德国科学家迈尔、焦耳以及亥姆霍兹等人逐步揭示了能量守恒定律，指出能量在转化和传递过程中总量保持不变。这一发现为物理学和化学研究提供了重要的理论支持。三是生物进化论的形成。1859 年，达尔文在《物种起源》一书中系统地阐述了他的进化学说，提出了自然选择原理。生物进化论为生物学研究开辟了新的领域，并对人们的世界观产生了深远影响。此外，德国在第二次工业革命期间也取得了显著成就。1866 年，德国西门子发明了发电机，随后电动机和发电厂相继问世。内燃机、柴油机的诞生，以及汽车、飞机等交通工具的发明，都极大地推动了德国工业的发展。

在 19 世纪后半叶，德国抓住了第二次工业革命的机会，通过引入新技术和优化生产流程，推动了采矿、钢铁等传统行业的发展。同时，德国还利用其在电气、化学等新兴领域的优势，打造了以电气、化学等为代表的新兴产业，为经济增长找到了新的动力，使德国迅速从农业国转型为工业国。

随着生产和资本的集中，德国在 19 世纪末 20 世纪初逐渐形成了垄断资本主义。垄断组织在经济生活中起到了决定性作用，整个资本主义社会生产率达到了空前的提高，世界工业生产总值和贸易额翻了数番。然而，失业、大众贫困和社会对立等社会问题也随之而来。一是失业问题。垄断资本主义的形成导致了劳动力市场的失衡，部分工人失去了工作机会。尽管德国在工业化过程中创造了大量就业机会，但失业问题仍然存在。二是大众贫困问题。工业化进程中，部分工人由于技能不足、工作环境恶劣等原因，收入微薄，生活贫困。此外，城市化也带来了大量的贫困人口，他们生活在城市的边缘地带，生活条件恶劣。三是社会对立问题。随着贫富差距的扩大和社会阶层分化，德国社会出现了明显的对立现象。工人阶级与资产阶级之间的矛盾日益激化，罢工、游行等抗议活动时有发生。

德国从 19 世纪中叶起犯罪率的持续上升并非由单一因素所致，而是多种社会、经济和文化因素相互交织、共同作用的结果，主要原因如下：一是经济因素。19 世纪中叶，德国启动了工业化进程，技术革新和生产效率的提升使部分工人被机器取代，失业人数随之增加。特别是在经济危机时期，失业问题愈加严峻，许多人因此失去了经济来源，陷入生活困境，进而可能走上犯罪之路。同时，工业化带来的经济增长并未惠及所有人，经济不平等和贫富差距逐渐扩大，富裕阶层与贫困阶层之间的鸿沟日益加深，这使贫困人群更容易产生犯罪动机。二是社会因素。随着工业化的不断推进，城市化进程也加速发展，大量农村人口涌入城市。然而，城市的基础设施和公共服务并未能及时跟上人口增长的速度，导致住房短缺、教育资源匮乏等一系列社会问题凸显。这些问题加剧了社会矛盾，增加了犯罪发生的可能性。三是文化因素。随着社会的不断发展和变革，传统的社会价值观受到了挑战和冲击。一些人可能不再遵循传统的道德规范和法律规范，从而导致犯罪行为增多。四是法律与政策因素。在某些时期，德国的法律制度可能存在不够完善或存在漏洞的情况，这使犯罪分子有机可乘。此外，执法不严或司法不公等问题也可能导致犯罪行为的增多。

1871年德国颁布的《德意志帝国刑法》对于当时较为严重的累犯、常习犯以及少年犯等问题并未作出相关规定,这使法律在面对这些犯罪行为时显得无能为力。在犯罪急剧增长的严峻形势下,刑法的社会功能受到了广泛质疑。这一状况引发了对古典学派刑法立场的批判,同时也可能催生了新学派的产生。

19世纪30年代,比利时统计学者凯特勒研究统计学并将其应用于犯罪学,主要涉及了以下内容:

一是犯罪统计学的开创。凯特勒最早运用统计学的方法从社会环境方面探索犯罪原因,这标志着犯罪统计学的开创。他通过收集和分析犯罪数据,揭示了犯罪现象与种族、职业、经济状况、年龄、性别以及气候条件等社会因素之间的联系。二是犯罪的社会原因说。凯特勒认为,犯罪是社会原因决定的,是社会自身的产物。他提出,任何社会都孕育着犯罪的胚胎,因此必然会产生一定数量的犯罪。这一观点强调了社会因素对犯罪的影响,与当时流行的古典学派理论形成了鲜明对比。三是犯罪现象的统计规律。凯特勒通过对犯罪数据的统计分析,发现了犯罪现象的统计规律。他指出,如果连续观察几年的犯罪数字,可以看出这些数字逐年都在同一范围内变动,呈现一定的规律性。这一发现为犯罪学的研究提供了新的视角和方法。四是犯罪与个体的关系。凯特勒在研究犯罪现象时也关注了个体因素与犯罪的关系。他通过比较犯罪人之间年龄、性别、生活水平等方面的差别,寻找犯罪原因及其他规律。然而,他更加强调的是社会因素对个体犯罪行为的影响,认为社会本身在准备着犯罪行为,而实施犯罪的人只是一个工具。

五是犯罪统计学的贡献与影响。凯特勒的犯罪统计学研究为犯罪学的发展作出了重要贡献。他运用统计方法，重视对犯罪社会原因的研究，为后来的犯罪学研究提供了方法论和指向。他的研究也证实了古典学派刑罚政策在治理犯罪方面的无力与失败，同时揭示了其他社会因素可能对社会犯罪率的变化产生影响。

凯特勒研究统计学并将其应用于犯罪学的著作主要有以下几部：一是《论人及其能力的发展以及社会物理学》。在这部著作中，凯特勒首次尝试用统计学的方法分析犯罪现象。凯特勒认为，教育、职业、气候、季节、年龄等因素会对一般人的犯罪产生影响，这标志着犯罪统计分析的兴起。二是《论人类》(后更名为《社会物理学》)。该书于1835年出版，其中一章增补了关于自杀和决斗的研究，对犯罪学也有一定的涉及。凯特勒在书中试图对犯罪率等社会现象背后的统计进行拟合，以解释这些社会变量之间的关系。三是《不同年龄阶段的犯罪倾向研究》。这是凯特勒对犯罪现象最全面的研究。他在这项研究中给出了不同年龄分组的犯罪倾向结论，并比较了3年间的数据，得出了犯罪现象每年数据都存在一致性的结论。此外，此项研究还包含了教育背景、气候、季节对犯罪倾向的影响。四是《关于应用于道德科学、政治科学的概率论的书简》。在这部著作中，凯特勒进一步探讨了统计学在道德科学和政治科学中的应用，为犯罪学的统计学研究提供了理论基础。五是《社会制度及其支配规律》。这部著作深入分析了社会制度的本质和支配规律，对犯罪学的社会学研究具有一定的指导意义。

2. 主观主义解释观的思想渊源

刑法主观主义的思想渊源是社会学和哲学领域的实证主义思潮。实证主义强调观察的重要性，而主观主义则借助物理学、生物学、医学、社会学、考古学等多学科的知识来研究犯罪现象，并在此基础上提出惩治犯罪的方法。实证主义注重考察、分析、实验等科学方法，因此被称为刑事实证主义学派。这一学派产生了两个重要分支：

一是产生于意大利的刑事人类学派。刑事人类学派着重研究犯罪人个人素质对犯罪的影响，作为刑事法学的一个重要流派，它主张从生物学、心理学和社会学等多个维度深入探讨犯罪的原因，并以此为基础构建刑罚理论与制度。该学派的核心观点在于，通过深入细致地研究犯罪人的生理特征、心理状态及社会背景，寻找犯罪的深层次根源，并据此制定更为合理有效的犯罪预防与矫治措施。具体来说，刑事人类学派在犯罪原因探究方面持有以下主要观点：(1)犯罪并非单纯由个人自由意志所决定，而是多种因素相互作用、共同影响的结果。这些因素既包括遗传、生理结构等生物性因素，也包括心理状态、社会环境以及文化教育等社会性因素。因此，该学派强调要全面、深入地分析犯罪人的个体特征与社会环境，才能准确揭示犯罪的根本原因。(2)反对自由意志论。自由意志论主张人具有完全自由的选择能力，认为犯罪是个人自由意志的选择结果。然而，刑事人类学派对此观点持反对态度。他们认为，人的行为和选择受到遗传、环境等多种因素的制约，因此不能简单地将犯罪归咎于个人的自由意志。这一观点为后来的犯罪学研究提供了重要的理论支撑。(3)主张意思必至论。刑事人类学派认为，人的行为总是受其内在因素(如性格、习惯、情感等)和外在环境(如社会、文化、制度等)的共同影响。犯罪人的行为也是由其内在性格和外在环境相互作用的结果。因此，要预防犯罪，就必须从改变犯罪人的内在性格和改善外在环境两方面入手。(4)身体构造特征说。刑事人类学派提出，犯罪人的身体构造特征(如体型、外貌、生理缺陷等)可能与犯罪行为存在一定的关联。例如，某些身体特征可能使个体更容易产生攻击性或暴力倾向。然而，这一观点在现代科学研究中已受到质疑，因为身体构造特征并不能完全决定一个人的行为。(5)精神心理特质论。该学派强调，犯罪人的精神心理特质(如性格、情绪、认知模式等)对犯罪行为具有重要影响，如冲动、易怒、缺乏自我控制等心理特质可能增加个体实施犯罪的风险。因此，刑事人类学派主张通过心理治疗和教育干预等手段，改变犯罪人的心理特质，从而降低其再犯的可能性。(6)罪刑与犯罪人适应。刑事人类学派认为，刑罚的制定应充分考虑犯罪人的个体差异和适应能力。对于不同类型的犯罪人，应采取不同的刑罚措施，以实现刑罚的个别化和人性化。这一观点为后来的刑罚制度改革提供了有益的启示。(7)特殊预防刑罚观。该学派主张，刑罚的主要目的应在于预防犯罪，特别是预防犯罪人再次犯罪。因此，刑罚的制定应侧重对犯罪人的矫治和教育，而不是单纯的惩罚和报复。这一观点推动了刑罚制度的转型，使刑罚从以惩罚为主向以预防和矫治为主的方向发展。(8)保安处分重要性。刑事人类学派还强调了保安处分在犯罪预防中的重要作用。保安处分是指对可能危害社会安全的人采取的预防性措施，如强制隔离、心理治疗、职业培训等。该学派认为，通过保安处分，可以有效地降低犯罪率，保护社会安全。这一观点为现代犯罪预防体系的建设提供了重要的理论依据。综上所述，刑事人类学派在犯罪原因探究、刑罚理论与制度构建等方面提出了许多具有创新性和前瞻性的观点。这些观点不仅丰富了刑事法学的理论体系，也为现代犯罪预防与矫治实践提供了重要的指导。

二是产生于法国的刑事社会学派。该学派看重社会因素、环境与犯罪的关系，对西方社会特定条件下犯罪产生的原因、犯罪形态、犯罪人类型以及预防犯罪的措施等问题进行了广泛深入的研究。刑事社会学派兴起于19世纪末至20世纪初，是在社会急剧变革的背景下产生的，它试图解释工业化、城市化和社会结构变化对犯罪现象的影响。在法国，该学派的主要代表人物包括龙勃罗梭、菲利、李斯特等。刑事社会学派认为，犯罪并非单纯由个人自由意志决定，而是社会环境的产物。他们强调，失业、贫困、社会不公、教育不足等社会问题都是导致犯罪的重要因素。该学派也关注犯罪人的个体特征，但认为这些特征是在社会环境中形成的。刑事社会学派主张，刑罚的目的不只是惩罚犯罪人，更重要的是预防犯罪和保护社会。他们提倡通过改革刑罚制度，如引入保安处分等措施，来降低犯罪率并促进犯罪人的社会再融入。

在社会防卫方面，该学派强调社会防卫的重要性，认为刑罚制度应该以社会防卫为核心。他们主张对犯罪人进行个别化的评估和治疗，以消除其犯罪倾向并防止其再次犯罪。他们还将犯罪学与法学结合，认为两者应该相互补充、相互促进。他们主张通过跨学科的研究方法，来更深入地理解犯罪现象并制定相应的法律政策。

法国的刑事社会学派是一个重要的法学流派，它强调从社会学的角度研究犯罪现象和刑罚制度，提出了许多具有创新性和前瞻性的观点。这些观点不仅丰富了刑事法学的理论体系，也为现代犯罪预防和矫治实践提供了重要的指导。然而，随着社会的不断发展和变化，刑事社会学派的理论也需要不断地更新和完善，以适应新的社会环境和犯罪形势。

3. 刑事社会学派的代表人物

(1)龙勃罗梭(1836～1909年)，意大利犯罪学家、精神病学家，刑事人类学派的创始人。龙勃罗梭的犯罪原因思想经历了一个从单一到复杂的发展演变过程。他最初认为，犯罪的原因是天生的，即存在着一类天生的犯罪人，这类人在犯罪群体中约占1/3。他们由于隔代遗传或具有堕落性，从出生时起就具有原始野蛮人的心理及行为特征，是生物学上的退化现象。龙勃罗梭重视对犯罪人进行病理解剖研究，他比较了精神病人与犯罪人之间的关系，并运用人类学的测定方法来研究精神病犯罪人以及其他类型的犯罪人。在此过程中，他特别关注了犯罪人的头盖骨及人相特征。他强调犯罪的人类学和遗传学原因，指出犯罪是一种自然且必然的现象，并凸显了研究犯罪人的重要性，提出了天生犯罪人理论。后来，他在一定程度上改变了上述观点，认为社会原因也可能造成犯罪。龙勃罗梭将犯罪人进行了分类，这是他从研究犯罪到研究罪犯的巨大转变。他提出的犯罪人类型包括：一是天生犯罪人。这类犯罪人有许多独特的身体方面的特征，注定他们先天已有犯罪本性。二是激情犯罪人。这类犯罪人具有残忍、鲁莽等特点，他们的犯罪行为基本上都是在激情作用下发生的暴力行为。三是精神病犯罪人。由于精神病的影响而犯罪的人。这类犯罪人很少表现出对可能遭受到的刑罚的恐惧，常常暴怒发作，几乎不隐匿自己的犯罪行为，并常常否定自己是精神病人。四是偶尔犯罪人。这类人并不寻找犯罪机会，但总是遇到犯罪机会，或者由于极其轻微的原因而犯罪。此外，龙勃罗梭在后期的研究中还提出了有犯罪倾向的犯罪人这一类型。在刑罚与矫治方面，龙勃罗梭主张刑罚矫治论，认为对犯罪人的矫正救治应成为刑法观念。他提出，减少犯罪的最佳方法是预防而非惩罚，因此刑罚不应成为对犯罪人的报应，而应成为对其的矫正救治。对于天生犯罪人这种特殊的犯罪人类型，他进一步提出了社会防卫理论，认为对这类人应实行终身监禁、流放荒岛等消除危险性的措施。在犯罪对策上，龙勃罗梭提出对天生犯罪人实施的社会防卫论、对犯罪人的鉴定和识别、对刑罚制度的改革建议等内容。他认为，应预先对天生犯罪人采取措施，予以隔离，从而进行预防。同时，他提出死刑是最后的惩罚手段，社会应尽可能利用犯人的劳动和才能。

在研究方法论上，龙勃罗梭首次将实证方法引入犯罪学领域，引发了犯罪研究领域的一场方法论革命。他通过翔实的实证资料，提出了一系列犯罪学思想，从而被尊称为“现代犯罪学之父”。他的一系列观点在当时具有开创性，对后来的犯罪学研究产生了深远影响。

综上所述，龙勃罗梭认为，刑法客观主义过分关注犯罪行为本身，且对犯罪行为的研究大多局限于法律规范的视角，这忽视了对行为主体——人的深入研究。因此，他指出，犯罪是人的行为，要揭示犯罪的本质，就必须深入研究行为的实施主体——人。

（2）菲利（1856～1929 年），意大利著名的犯罪学家、刑事社会学派的主要代表之一。菲利不但发展了实证主义犯罪学理论，更重要的是将之运用于实践和法律制度改革。他的观点对犯罪学和刑事政策产生了深远影响。菲利在刑事社会学方面的观点可归纳如下：在犯罪原因方面，菲利主张多元论，认为犯罪是多种因素相互作用的结果，包括个人因素、自然因素和社会因素。他强调，要全面、深入地分析犯罪现象，就必须考虑这些因素的共同影响：一是个人因素。主要指犯罪人的生理和心理特征，如身体构造、心理状态、遗传等。这些因素在犯罪形成过程中起着重要作用，但并非决定性因素。二是自然因素。指生活环境中的自然条件，如气候、土壤、昼夜、四季、气温等。这些因素虽然不能直接导致犯罪，但可能与犯罪的发生有一定的关联。三是社会因素。这是菲利特别强调的因素，包括人口、舆论、公共态度、宗教、家庭、教育、工业、经济、政治、司法、刑事民事制度等。社会因素在犯罪形成过程中起着决定性作用，因为它们直接影响着人们的价值观和行为准则。

菲利反对自由意志论，认为犯罪是自由意志的产物。他认为，犯罪行为并不是基于自由意志的选择，而是行为人处于某种特定的人格状态和某种促使其必然犯罪的环境之下的产物。因此，不能简单地将犯罪归咎于个人的自由意志。

在社会防卫方面，菲利提出了社会防卫理论，认为刑罚的本质在于防卫社会。他主张，对犯罪人的处罚应以社会防卫为根本出发点，目的是消除其社会危险性，使社会免受其侵害。基于此，他进一步提出了刑罚的替代措施，包括经济、政治和文化等手段，以弥补刑罚的不足，从而有效地预防和减少犯罪。

在犯罪饱和认识方面，菲利提出了犯罪饱和理论，认为每个国家在客观上都存在着三种促使犯罪行为产生和变化的因素，这些因素的变化将会引起犯罪现象的相应变化。但每个国家始终都会存在一定数量的犯罪行为，犯罪的规模与种类取决于某一特定空间里起决定性影响的社会条件。菲利认为，虽然犯罪是不可避免的，但可以通过社会预防措施来控制和减少犯罪。在犯罪学的研究方法上，菲利注重运用实证的方法研究犯罪问题，强调从社会现实出发，分析犯罪现象及其背后的原因。他主张通过统计学、社会学、心理学等多学科的综合研究，来揭示犯罪的本质和规律。他的理论为后来的犯罪学和刑事政策研究提供了重要的指导，对现代犯罪学的发展产生了深远影响。

菲利“犯罪原因三元论”的提出实际上是对龙勃罗梭天生犯罪论的完善和发展，更重要的是在其研究中对社会因素的重视。菲利在《犯罪社会学》中提出，“犯罪是特定生理和心理构成在特定自然和社会环境中作用的结果”。在他看来，犯罪是由人类学因素、自然因素和社会因素这三类原因所引起。菲利扩大了犯罪原因的研究范围，将研究领域从龙勃罗梭的人类学因素扩展到自然和社会方面。菲利认为犯罪是多种因素相互作用的结果。对此，他指出，“无论哪种情况，从最轻微的到最残酷的，都不外乎是犯罪者的心理状态，其所处的自然条件和其出生、生活或工作于其中的社会环境三种因素相互作用的结果”〔1〕，而非单纯一种因素的结果，但各因素在犯罪产生过程中的作用却是独立的。菲利在龙勃罗梭的犯罪人类型基础上，增加了习惯犯罪人和精神病边缘犯罪人两种类型，从而突出了社会因素在犯罪过程中的重要作用。同时，菲利从实证研究的角度出发，对仅从解释论上研究法律规范的古典理论进行了批判。

(3)加罗法洛(1851～1934年)，意大利法学家、犯罪学家。加罗法洛与其老师龙勃罗梭、师兄菲利三人共同创立了犯罪实证学派，且三人都是实证主义犯罪学派的主要代表人物，因此被后人称为“犯罪学三圣”。加罗法洛在刑法方面有巨大成就。在犯罪分类与定义方面，加罗法洛将自然犯罪与法定犯罪进行区分，首次提出了自然犯罪(delitto positive，natural crime)的概念，并将其与法定犯罪(delitto legale，legal crime)相区别。他认为，自然犯罪指的是那些违反了人类社会最基本怜悯和正直道德观念的犯罪行为。其本质在于对基本道德情感的伤害，具体表现为对怜悯和正直这两种基本利他情感的侵害。且这种侵害不是发生在较高级或较优良的层次上，而是发生在全社会普遍具有的平常程度上。而这种

〔1〕［意］菲利：《实证派犯罪学》，郭建安译，中国政法大学出版社1987年版，第27页。

程度对于个人适应社会来说是至关重要的。

在犯罪原因方面，加罗法洛将自然犯罪的原因归结为心理或道德方面的异常，即因生理上的缺陷而缺乏情感或利他感。他认为，实施自然犯罪的是那些利他情感部分丧失或者全部缺失、退化或者薄弱的人。

在刑罚思想与犯罪人理论方面，加罗法洛反对古典学派关于意志自由的假设，认为刑罚的正当性在于适合于犯罪的个性。他否定古典学派关于刑罚目的的报复论、威慑论以及矫正论，认为刑罚的目标只有一个，即“解除社会敌人的武装，以使他停止对社会的侵害”。

在刑罚的轻重与适应程度方面，加罗法洛反对刑事古典学派的罪刑均衡原则，认为刑罚的轻重应当与罪犯对社会的适应程度相一致。

在刑罚方法与保安处分方面，他以达尔文的自然选择法则为基础，提出刑罚方法应当选择消除与赔偿两种形式。加罗法洛在其《犯罪学》中提出，社会应当把那些通过个人行为足以清楚地说明它们缺乏适应能力的犯罪人驱逐出社会圈。

在犯罪人分类与刑罚体系方面，加罗法洛以犯罪人的分类为基础构建出了他认为能发挥刑罚的最大效益的刑罚体系。

在利他主义情感与道德观念方面，加罗法洛认为，祖国之爱、民族情感、宗教情感、贞节、荣誉感等属于非基本情感，而利他情感（如仁慈感和正义感）是维系社会存在的重要情感。他指出，仁慈感是人们从爱自己孩子的本能发展而来的一种爱自己同类的情感，表现为不同的发展等级。正义感是利他主义最有意义的形式，是自我利他本能中最突出的情感。加罗法洛认为，每个民族都具备一定量的道德观念，这些道德观念并非源自个人的推理，而是通过个体的遗传得以传承。他的理论对现代中西方的刑事政策以及犯罪学的发展产生了深远的影响。

加罗法洛在其代表作《犯罪学》中首次提出了自然犯罪的概念，该书的出版标志着犯罪学从法学中独立出来，成为一门独立学科。加罗法洛强调，犯罪人的危险性是核心要素，犯罪的关键不在于犯罪行为本身，而在于实施行为的犯罪人。他主张，与犯罪作斗争的重点应聚焦于犯罪人的危险性和反社会性格，因此，必须深入研究犯罪人，而非仅关注其行为。

（4）李斯特（1851～1919年），刑事社会学派创始人，其观点在刑法学和刑事政策领域产生了深远影响。在刑事政策的社会契约方面，李斯特的刑事政策思想基于一种社会契约理念，即国家与个体之间的共同约定。他认为，刑法是国家通过法律手段对社会成员行为进行规范的一种方式，旨在保护社会秩序、预防犯罪、惩治罪犯，并最终达到维护社会公平和正义的目标。

在刑罚的目的与功能方面，李斯特主张目的刑论和防卫刑论，他认为法律的主题即法律的目的，而刑罚只是一种手段，其目的在于实现社会防卫，即防止具有社会危险性的人对社会造成危害。

在预防犯罪方面，他强调了预防犯罪的重要性，并指出预防犯罪的重点应放在防止已受过处罚的人再次犯罪上，而非仅预防不特定的潜在犯罪者。他主张实行刑罚个别化，根据犯罪人的反社会性危险程度，将犯人划分为惯犯和偶犯，并进一步将惯犯分为可改造和不可改造两种类型。对于可改造的惯犯，可处以自由刑并进行教育改造；对于不可改造的惯犯，则可采取与社会永远隔绝的措施。

在刑罚的正当性与合理性方面，李斯特认为，罪行与刑罚之间应该存在必然的因果关系，即刑罚应当与犯罪行为的严重程度相匹配。他强调了刑罚的正当性和合理性，并主张根据犯罪的危害性和社会危害程度来确定刑罚的种类和程度。

在刑事政策与社会改革方面，李斯特认为，刑事政策的目标应当是保护个体权益、维护社会公平和正义，而不仅限于对犯罪分子的惩罚。他主张将刑事政策与社会改革相结合，通过刑事政策的制定和实施来推动社会进步和公平发展。

在刑罚的最低限度方面，李斯特提出了最低刑罚原则，即国家对于严重罪行应当规定并执行最低限度、不能再轻的刑罚。这一原则彰显了他在刑罚制定上的审慎态度，旨在确保刑罚既公正又有效。李斯特的刑事政策思想在刑法学和刑事政策领域占据重要地位，具有深远的影响。他的观点不仅倡导了刑罚应与罪行相适应的量刑理念，还强调了预防与惩罚之间的平衡，并提出刑事政策应致力于服务社会公平和正义。

李斯特主张预防犯罪，特别强调个别预防的重点不是预防不特定的可能犯罪的人，而是预防已受到处罚的人再次犯罪；应受处罚的不是行为而是行为人，刑罚从此从行为转向行为人。因此，他主张刑罚个别化，根据反社会性的危险程度，将犯人分为惯犯和偶犯；惯犯分为能改造的和不能改造的两种，对前者可处以自由刑并进行教育改造，对后者可采取与社会永远隔绝的措施。

从上述代表人物的观点可以看出，实证学派主张从个别预防的立场出发，对特定的人采取预防措施。早期的实证主义者主张对具有反社会危险倾向的人实施个别预防，而后来的支持者们则进一步提出，个别预防应重点针对犯罪人的再次犯罪。实证学派的功利论对一般预防持批判态度，认为一般预防的错误在于过分相信重刑的威吓作用能产生预防效果，这容易导致重刑化的倾向。而且实践证明，犯罪人在实施犯罪时，往往无视刑罚的严厉性，或者存在侥幸心理，试图逃避法律制裁。由此可见，实证主义学派对刑法主观主义产生了显著且深远的影响，这种影响主要体现在以下五个方面：

第一，研究方法与理论基础的革新。实证主义学派强调通过观察、实验、统计等实证方法来研究社会现象，这种方法论对刑法主观主义产生了重要影响。在实证主义的影响下，刑法主观主义开始摒弃形而上学的逻辑推理演绎，转而运用生物学、社会学和其他学科的原理来论证和解释犯罪现象。这种转变使刑法主观主义的研究方法更加科学、客观，理论基础也更加坚实。

第二，犯罪原因论的多元化。实证主义学派认为犯罪是出于一些个人所不能控制的因素，这些因素既包括内在的生理、心理因素，也包括外在的社会环境因素。这一观点打破了古典学派关于犯罪是自由意志选择的产物的传统观念，推动了刑法主观主义在犯罪原因论上的多元化发展。菲利等实证主义学者提出的犯罪因素三元论，即犯罪行为的发生是由个人、自然和社会三个方面的原因引起的，进一步丰富了刑法主观主义的犯罪原因理论。

第三，刑罚目的与功能的转变。实证主义学派主张刑罚的目的应是预防犯罪、保护社会和改造犯罪人，而不只是对犯罪行为的惩罚。这一观点对刑法主观主义的刑罚目的与功能产生了深远影响。在实证主义的影响下，刑法主观主义开始强调刑罚的教育、改善和预防功能，主张通过刑罚来消除犯罪人的社会危险性，使其重新回归社会。这种转变使刑罚政策更加人性化、科学化，也更符合现代社会的法治精神。

第四，刑罚个别化与特殊预防论的提出。实证主义学派的研究还推动了刑罚个别化和特殊预防论的提出。他们认为，由于每个犯罪人的情况都是独特的，因此刑罚的制定和实施应当依据犯罪人的具体情况来进行。这种个别化的刑罚政策能够更有效地消除犯罪人的社会危险性，从而实现刑罚的预防和改造功能。此外，特殊预防论还着重强调了教育、改造犯罪人以及促进其重新社会化的重要性，这进一步丰富了刑法主观主义的刑罚理论。

第五，对犯罪对策体系的重构。实证主义学派认为，犯罪是多种因素共同作用的结果，因此应对犯罪需要采取综合性的措施。这一观点对刑法主观主义的犯罪对策体系产生了重要影响。在实证主义的影响下，刑法主观主义开始注重构建综合性的犯罪对策体系，包括预防、惩罚、改造等多个方面。这种综合性的犯罪对策体系有助于更好地应对犯罪问题，保护社会安全和公共利益。

综上所述，实证主义学派对刑法主观主义产生了显著且深远的影响。这种影响不仅体现在研究方法、理论基础和犯罪原因论的多元化探索上，还体现在刑罚目的与功能的转变、刑罚个别化原则的提出及特殊预防论的强调，以及对犯罪对策体系的重构上。这些影响共同促进了刑法主观主义的不断发展和完善。

（五）主观主义解释观的基本观念

1. 刑法主观主义的思想立足点

刑法主观主义立足于社会本位、文化国理念和科学主义的主观主义基本思想，详述如下。

（1）社会本位

社会本位强调社会组织在社会管理中居于主导位置，政府、社会组织和公众平等合作，并以治理的方式运行的社会管理体制。社会本位以社会整体利益为基础，并偏重“社会公利性”。社会本位强调自我管理，但并不意味着要完全撇开政府。政府是社会规则的制定者，负责维持基本的社会秩序。主张合作治理是一种多元化的治理方式，强调社会管理主体之间的平等协商关系。社会本位观认为管理就是服务，公共服务既包括政府的公共服务，也包括社会组织的公共服务。社会本位是综合运用行政、市场等多元手段的规范化管理，区别于单一的行政干预。它更强调契约精神和法治理念。

在刑法中，社会本位原则扮演着至关重要的角色。这一原则强调社会公共利益的重要性，并认为法律应当以此为本位，即法律的制定、执行和解释都应服务于社会公共利益的保护。社会本位坚持社会公共利益至上的原则，要求个人在行使权利时，必须兼顾社会公共利益，不得以损害社会公共利益为代价。

在认定犯罪时，社会本位原则要求法官不仅要看行为人的行为是否违法，还要评估其行为对社会整体利益造成的损害程度。如果行为人的行为严重危害了社会公共利益，那么这种行为就应当被视为犯罪。

在量刑时，社会本位原则要求法官综合考虑行为人行为的严重性和社会危害性等因素，以此来确定量刑的轻重。对于那些严重危害社会公共利益的行为，应当判处严厉的刑罚，以维护社会秩序和公共安全。

虽然刑法主观主义强调行为人的主观恶性是刑罚适用的基础，但社会本位原则为刑法主观主义提供了一个重要的补充和平衡。在刑法主观主义中，刑罚的适用主要取决于行为人的主观心理状态，如故意、过失等。然而，社会本位原则要求我们在考虑行为人主观恶性的同时，也要关注其行为对社会整体利益的影响。这意味着，即使行为人的主观恶性较小，但如果其行为严重危害了社会公共利益，那么也应当给予相应的刑罚。

综上所述，社会本位原则在刑法中具有重要意义。它要求我们在制定和执行刑罚时，不仅要关注行为人的个体行为，还要评估其行为对社会整体利益的影响。这一原则有助于保护社会公共利益，平衡个人与社会的关系，进而促进刑法的发展和完善。

（2）文化国理念

文化国理念是一个综合性的概念，它融合了法学、政治学、社会学等多个学科的理论与实践。文化国理念可以被理解为一种以文化为基础，强调国家的文化责任和文化发展的国家理念。在法学领域，特别是宪法和刑法学中，文化国理念强调国家应当保障和促进文化的自由发展，同时确保公民在文化领域的自由和权利不受侵犯。

在刑法领域中，文化国理念作为一种深入骨髓的法治精神，不仅影响着刑法的制定与执行，更在某种程度上塑造了现代刑法的价值体系。

文化国理念下的刑法，强调以科学的态度对待犯罪与刑罚问题。这要求在制定刑法时，必须遵循犯罪学的客观规律，合理划分犯罪类型，并科学设定刑罚幅度。同时，在司法实践中，也应注重运用现代科技手段，以提高办案效率和准确性，从而确保刑法的公正实施。主要体现在以下七个方面：

一是文化国理念注重实证刑法研究。文化国理念鼓励对刑法进行实证研究，通过收集和分析大量犯罪数据，揭示犯罪的成因、规律和趋势，为刑法的制定和修改提供科学依据。这种实证研究方法有助于我们更准确地理解犯罪现象，从而制定出更加符合社会实际的刑法条款。

二是文化国理念以保障人权为核心。在文化国理念中，保障人权被视为刑法的核心价值之一。这要求我们在制定和执行刑法时，必须充分尊重和保护公民的人身自由、财产权利等合法权益，防止刑罚权的滥用和侵犯人权的现象发生。同时，在司法实践中，也应注重保护犯罪嫌疑人和被告人的合法权益，确保他们在刑事诉讼中的主体地位得到充分尊重。

三是文化国理念注重罪刑法定原则。罪刑法定原则是文化国理念在刑法中的具体体现之一。它要求刑法必须明确、具体地规定犯罪的构成要件和刑罚种类、幅度，确保公民能够清楚地知道哪些行为是违法的，以及违法后可能面临的法律后果。这一原则有助于维护刑法的权威性和稳定性，防止司法擅断和刑罚权的滥用。

四是文化国理念注重刑罚轻缓化趋势。在文化国理念的影响下，刑罚轻缓化成为一种明显的趋势。这要求我们在制定和执行刑罚时，应更加注重刑罚的教育、改造和预防功能，减少对犯罪人的惩罚性制裁，而是通过感化、教育等手段，帮助他们重新融入社会。同时，在刑罚的执行过程中，也应注重保障犯罪人的合法权益，确保他们的基本生活需求得到满足。

五是文化国理念注重法治国刑法文化。文化国理念强调法治精神在刑法中的体现。这要求我们在制定和执行刑法时，必须遵循法治原则，确保刑法的制定、执行和解释都符合法治精神的要求。同时，在司法实践中，也应注重培养法治意识，提高司法人员的法律素养和职业道德水平，确保刑法的公正实施。

六是文化国理念强调限制国家刑罚权。在文化国理念中，限制国家刑罚权被视为保护公民权益的重要手段。这要求我们在制定和执行刑法时，必须严格限制国家刑罚权的行使范围和程序，防止刑罚权的滥用和侵犯人权的现象发生。同时，在司法实践中，也应注重监督国家刑罚权的行使情况，确保刑法的公正性和权威性得到维护。

七是文化国理念注重个人自由与权利。在文化国理念中，个人自由与权利被视为不可侵犯的基石。这要求我们在制定和执行刑法时，必须充分尊重和保护公民的个人自由和权利，确保他们在刑事诉讼中的合法权益得到充分保障。同时，在司法实践中，也应注重培养公民的法治意识和权利意识，提高他们的法律素养和自我保护能力。

由此可见，文化国理念在刑法中的体现是多方面、深层次的。不仅要求在制定和执行刑法时遵循科学、实证的方法论原则，还强调保障人权、限制国家刑罚权等核心价值理念的实现。这些理念共同构成了现代刑法的价值体系和精神内核，为刑法的公正实施和法治国家的建设提供了坚实的理论基础和实践指导。

（3）科学主义

科学主义，又叫唯科学主义，是一种哲学观点，认为自然科学是人类知识的典范，科学家描述的科学方法是获得能应用于任何现实的知识的唯一手段，并相信它能解决一切问题的哲学观点。科学主义强调科学的绝对性和普遍性，试图将科学方法应用于所有领域，包括哲学、艺术、历史、宗教、道德和社会科学等。

刑法主观主义中的科学主义倾向主要涉及如下三个方面：一是对行为人的科学评估。刑法主观主义在定罪量刑时，需要对行为人的主观恶性进行评估。这种评估过程可能借鉴心理学、精神病学等科学领域的知识和方法，以更科学地判断行为人的主观心理状态。二是科学方法的应用。在某些情况下，刑法主观主义可能会借助科学实验、心理测试等科学方法来辅助判断行为人的主观恶性。这些方法能够提供更为客观、准确的数据支持，有助于减少主观臆断和偏见。三是科学精神的强调。刑法主观主义在强调行为人主观恶性的同时，也注重科学精神的运用。它要求司法人员在判断行为人主观恶性时，必须遵循科学的方法和程序，确保评估结果的准确性和公正性。然而，需要指出的是，刑法主观主义中的科学主义倾向并不意味着完全依赖科学方法和数据来判断行为人的主观恶性。因为人的行为和心理状态是极其复杂的，有时难以用简单的科学方法来准确评估。

2. 刑法主观主义的基本理念

刑法主观主义从总体上看有两个基本理念：犯罪征表论和社会防卫论，详述如下：

（1）犯罪征表论

犯罪征表论是刑法主观主义关于犯罪的学说。其基本观点认为，犯罪是对社会安全秩序的潜在或现实危害，当行为表现出足以危及社会安宁秩序的可能性时，即便未发生实际侵害，也应予以预防。犯罪被视为行为人恶性或反社会性的征表，强调的是行为人内心的危险性及其外在表现。

在危害社会安全秩序方面，犯罪征表论认为，犯罪行为从根本上危害了社会的安全秩序。这种危害不仅限于物质层面的损失，更包括对社会稳定、道德风尚以及公众心理安全的破坏。例如，暴力犯罪直接威胁公民的人身安全，而经济犯罪则可能扰乱市场秩序，损害公共利益。

在危及安宁秩序方面，基于对社会安全秩序的维护，犯罪征表论强调预防的重要性。其认为，当行为人的行为表现出可能危及社会安宁秩序时，即应采取措施予以预防，以避免潜在危害的发生。这种预防不仅限于对具体犯罪行为的打击，还包括对犯罪诱因的消除和对社会环境的改善。

在行为人恶性征表方面，犯罪被视为行为人恶性的征表。这种恶性不仅体现在行为人的主观意图上，还通过其外在行为得以表现。行为人的恶性程度越高，其犯罪行为的危害性就越大，对社会安全秩序的威胁就越严重。

在现实性质不问原则方面，犯罪征表论在判断犯罪时，并不过分关注行为的现实性质如何。其认为，只要行为人的行为表现出足以表明其反社会性的象征，犯罪即告成立。这种判断方式更注重行为人的主观恶性和其行为可能带来的潜在危害，而非行为本身的具体形式或结果。

在内心意思与法律约束方面，行为人的内心意思在犯罪征表论中具有重要地位。其认为，行为人的主观恶性是其犯罪行为的根源，因此，法律应对其内心意思进行约束。然而，这种约束并非直接针对行为人的内心，而是通过对其外在行为的规范和惩罚来实现的。当行为人的行为表现出恶性时，法律即应予以制裁。

在刑罚适用条件方面，在犯罪征表论中，刑罚的适用条件主要基于行为人的主观恶性和其行为可能带来的潜在危害。当行为人的行为表现出足以危及社会安宁秩序的可能性时，即应予以刑罚制裁。这种制裁不仅是对行为人恶性的惩罚，更是对社会安全秩序的维护和对潜在危害的预防。同时，刑罚的适用还应考虑行为人的具体情况、犯罪情节以及社会影响等因素，以确保刑罚的公正性和合理性。

综上所述，犯罪征表论是一种强调行为人主观恶性和潜在危害的刑法理论。其认为，犯罪是对社会安全秩序的潜在或现实危害，应予以预防和打击。在判断犯罪时，它更注重行为人的主观恶性和其行为可能带来的潜在危害，而非行为本身的具体形式或结果。与刑法客观主义相比，犯罪征表论在刑罚的适用上更加灵活和宽泛，旨在更好地维护社会的安全秩序和公共利益。

刑法主观主义认为行为内部的、精神的事实，即行为人主观的想法、性情、动机，心情以及危险性是科刑的基础，但是现代科学技术还不足以探测到行为者的内心，只有当行为人的内心表现于外部实施行为时才被识破，所以犯罪是犯罪人危险性格的表露，其实质是犯罪人所实施的行为，行为源于犯罪人，因此，应当处罚的是犯罪人本身。

刑法主观主义者强调，犯罪行为是犯罪人主观恶性和犯罪性的表征，对犯罪人的处罚应当从其危险性进行考察，可以用行为人的危险性和侵害性来取代犯罪构成成立的客观要素。刑法主观主义的人类学派围绕犯罪人而进行研究犯罪和刑罚，注重从人的心理上、生理上、病理上、遗传上等主观因素的个别特征研究犯罪进而研究刑罚。刑法主观主义的刑事社会学派把犯罪人的个人特殊性格与社会因素、自然因素集合起来，认为犯罪是三者的结合并相互作用才导致犯罪。

(2)社会防卫论

社会防卫论是刑法主观主义中的重要理念，它强调刑罚的目的不仅在于对犯罪的惩罚，更在于对社会的保护和对犯罪人的改造。社会防卫论在主观主义解释观中主要涉及如下内容：

一是批判现有斗争制度。社会防卫论首先对传统刑法中的斗争制度进行了批判。传统刑法往往将犯罪视为对社会秩序的破坏，强调对犯罪人的惩罚和报复。然而，社会防卫论认为，这种斗争制度过于简单和粗暴，不仅无法有效预防犯罪，还可能加剧犯罪现象。它主张从更广泛的社会视角出发，探索犯罪产生的根源，并采取综合性的措施来预防和治疗犯罪。

二是强化多学科研究犯罪。社会防卫论强调，对犯罪的研究应超越单一的法律学科，而应借鉴心理学、社会学、经济学等多学科的知识和方法。这种跨学科的研究方法有助于更深入地了解犯罪的本质和原因，从而为制定有效的预防措施提供科学依据。

三是反对报复性惩罚。社会防卫论坚决反对将刑罚视为对犯罪人的报复性惩罚。其认为，刑罚的目的应是预防犯罪、保护社会和改造犯罪人，而不是简单地对其进行惩罚。因此，刑罚的制定和执行应更加注重对犯罪人的教育和治疗，以帮助他们重新融入社会。

四是保护权利以提升价值。社会防卫论强调，在预防和治疗犯罪的过程中，应充分尊重和保护犯罪人的基本权利。其认为，犯罪人也是社会的一员，他们有权得到公正、人道和有效的对待。同时，社会防卫论还主张提升犯罪人的社会价值和道德观念，帮助他们认识到自己的错误，并激发他们积极向上的生活态度。

五是将刑罚作为治疗犯罪人的手段。社会防卫论将刑罚视为一种治疗手段，旨在帮助犯罪人认识到自己的错误，并改正自己的行为。它主张通过教育、心理咨询、职业培训等多种方式，对犯罪人进行全面的治疗和教育，以帮助他们重新获得社会适应能力和道德观念。

六是消除人身危险性。社会防卫论认为，刑罚的目的之一是消除犯罪人的人身危险性。它主张通过对犯罪人的教育和治疗，降低他们再次犯罪的可能性，从而保护社会的安全和稳定。这种消除人身危险性的理念不仅有助于预防犯罪，还能提升社会的整体安全感。

七是形式责任以人格责任为基础。社会防卫论强调，犯罪人的刑事责任应以其人格为基础。其认为，犯罪人的行为是其人格特征的外在表现，因此，在追究犯罪人的刑事责任时，应充分考虑其人格特点和行为动机。这种人格责任的理念有助于更准确地判断犯罪人的罪责，并为其制定个性化的教育和治疗方案。

综上所述，刑法主观主义中的社会防卫论理念是一种强调预防、治疗和改造犯罪人的综合性理念。它批判了传统刑法中的报应性斗争制度，主张多学科研究犯罪问题，反对报复性惩罚，注重保护权利、提升人的价值，通过刑罚来治疗犯罪人、消除其人身危险性。这些理念不仅有助于预防和治疗犯罪，还能提升社会的整体安全感和道德水平。

刑法主观主义者注重必须保卫社会，适用刑罚。在他们看来，一方面，刑罚可以依社会进行反思，调整社会政策从而进化治理策略；另一方面，刑罚可以消除社会中个人犯罪的原因，减少偶发犯罪、犯罪再犯，使社会得到安全有序发展。在此基础上，我们可以对立足于社会本位、文化国理念和科学主义的刑法主观主义的基本思想观点进行概括，即“刑法主观主义认为，刑事责任的基础是犯罪人的危险性即反复实施犯罪的危险性格”〔1〕。

（六）主观主义解释观的基本观点

关于主观主义的概念，不同学者有不同观点，有不同的侧重点。有学者认为，“主观主义也被称之为犯罪人主义、人格主义、行为人主义。依照自然科学的因果律，主观主义认为，刑法上的可罚对象是行为人的主观上的可非难性格和人身危险性，即刑罚的对象不仅包括犯罪的外部行为，还要以行为人反社会的性格为对象。可罚的对象是行为人，而不是行为，但是行为是犯罪人的人格表征，所以不可被忽视”〔2〕。也有学者认为，“‘主观主义’是指把行为人的内心要素即反复实施犯罪行为的性格危险性或人身危险性作为核心来把握犯罪本质的立场。由于该立场把行为人的内心性格作为核心来理解犯罪，所以也叫作‘行为人主义’”〔3〕。张明楷教授指出：“主观主义认为，刑事责任的基础是犯罪人的危险性格及反复实施犯罪行为的危险性；或者说犯罪概念的基础、可罚性及其刑

〔1〕 劳东燕：《刑法中客观主义与主观主义之争的初步考察》，载《南京师范大学学报（哲学社会科学版）》2013 年第 1 期。

〔2〕 童德华：《国外现代刑法学中主、客观主义源流论》，载《浙江社会科学》2001 年第 3 期。

〔3〕 郑军男：《论定罪中的“主客观相统一原则”——解读刑法理论中的主观主义与客观主义》，载《法制与社会发展》2005 年第 4 期。

罚量的根据是危险性格。”“主观主义者注重的是行为人，所以又称为行为人主义；主观主义认为行为只具有表征犯罪人危险性格的意义，所以也被称为表征主义。”〔1〕周光权教授认为：“刑法主观主义主张，犯罪人的反社会性，也就是反复实施犯罪行为的危险性，才是责任的基础，主观主义重视行为人概念（行为人主义），如果把主观主义贯彻到底，会得出犯罪人的危险性格、内心的危险性是科刑对象的结论。”〔2〕还有学者认为：“主观解释理论（主观说）认为，刑法解释的目标应是刑法立法时立法者的意思，即刑法解释的目标就是阐明刑法的立法原意。一切超出刑法立法原意的解释都是违法的。所以，适用法律时，应以立法者在立法当时的主观意思为基准从事解释。”〔3〕从上述学者对主观主义的认识来看，因为各自立足点、侧重点不同，所以得出的认识不可能完全一致，通过分析，主要存在两种观点，第一种是将行为人的危险性格作为刑事责任基础，强调的是行为人，而不是行为。第二种是从刑法解释的目的出发，强调刑法解释就是阐明立法原意，不能超越立法原意。该种观点是将刑法文本作为研究对象，而不是从认识论和范畴论来讨论刑法的主观主义，因此该种观点是值得商榷的。笔者赞同张明楷教授对刑法主观解释的观点，即“主观主义认为，刑事责任的基础是犯罪人的危险性格及反复实施犯罪行为的危险性；或者说犯罪概念的基础、可罚性及其刑罚量的根据是危险性格”之说。

---

〔1〕 张明楷：《刑法的基本立场》，中国法制出版社 2002 年版，第 57 页。

〔2〕 周光权：《刑法客观主义与非法证据排除》，载《人民检察》2013 年第 1 期。

〔3〕 王军明、夏威：《刑法解释立场论》，载《当代法学》2011 年第 1 期。

二、客观主义刑法解释观

（一）生活中的“客观”概念

生活中“客观”一词随处可见，我们时常可以从身边的人口中听见“客观”二字。“客观”是一个抽象名词，在生活中，客观意指在意识之外，不依赖人的精神而存在的，不依人的意志为转移而存在的；是事物本来存在的面目，与一切个人感情、偏见或意见均无关系。“客观”一词也常出现在各门学科的研究中。在哲学研究中，客观属于认识论的基本范畴，指的是人的意识之外的事物世界及其状态。主观和客观的矛盾是认识论的基本矛盾，也是哲学要解决的根本问题。客观与主观的认识论互动是推动人类认识不断发展、思维不断演进的内在动力。人的认识过程就是一个从客观到主观，再从主观到客观的循环过程，在主观和客观对立统一的矛盾中不断推进。主、客观的矛盾将永远伴随着人类对世界的认识过程。人类不断从这一对矛盾中认识世界，人类的认识才得到不断提高，以达到主客观的一致性。主观和客观的矛盾不论是否为人们所意识到，都在人类认识活动中起着支配作用。当主观和客观的矛盾未能为人们所意识到时，它的作用就是自发的。当人们意识到主观和客观的矛盾在人类认识活动中的作用并自觉地加以解决时，认识活动中所具有的主观和客观的矛盾是认识对实践能够起指导作用的前提条件。人类认识的根本目的在于为人类实践服务，即指导实践。认识要对实践起指导作用，就必须在自身中反映客观对象的本质，揭示客观对象运动的规律，才能把握事物，为人类服务。主观与客观的符合永远是相对的，只能在主观与客观的矛盾运动中不断实现。所有客观的事物都是可以被“测量”的，但不可以被“评估”。所谓“测量”，一定是根据事物某种固有的属性进行，客观解决“是什么”“怎么样”的问题，它不能被人为价值“评价”。

（二）刑法中与“客观”有关的概念

如前文所述，我国刑法在犯罪构成上采用四要件说，其中就有客观要素之说，尽管随着刑法研究的不断深入，现在在构成要件的学说中还有三阶层理论和两阶层理论，但无论是三阶层理论，还是两阶层理论，都离不开“客观主义”。因此，两阶层理论被称为比较缓和的“客观主义”理论，而三阶层理论则被称为比较激进的客观主义理论。

这些要件说中均包含与“客观”相关的因素。在刑法上，如果没有客观危害的存在，那么刑罚就无从谈起。刑法处罚的是犯罪行为，而非思想。犯罪的客观方面，是指《刑法》所规定的，能够说明行为对刑法所保护的法益造成侵害的客观外在事实特征，这是构成犯罪所必须具备的要件。犯罪客观方面的要件表现为危害行为、危害结果，以及行为的时间、地点、方法（手段）、对象。客观方面包括危害行为，作为社会主体的人的行为是可以被看见的，当然，这个行为在没有被使用某种技术记录下来的时候，会随着时空的延续而消失，但它是曾经客观存在的状态。客观方面的危害后果是行为人的行为所致的结果表现，这里的危害后果在刑法上是指已出现法益被侵害的事实存在，这个危害结果表现出来也是客观存在的。刑法中的客观方面在《刑法》条文中较为常见，几乎每一个犯罪的罪名中都明示或暗示了犯罪行为的客观方面的存在，这是刑法罪刑法定原则和明确性在《刑法》文本中的表现。如第232条规定："故意杀人的，处死刑、无期徒刑或者十年以上有期徒刑；情节较轻的，处三年以上十年以下有期徒刑。"在故意杀人中，客观方面就是行为人实施了"故意杀人"的客观行为；危害结果就是侵害了他人的"生命权"这一客观事实。至于侵害他人生命的后果严重程度是量刑轻重的依据。在《刑法》条文中客观方面的叙述是必要的，是构成犯罪的刑罚依据。

（三）客观解释立场中"客观"

刑法离不开"客观"一词，从刑法的犯罪构成的"客观"行为认定到刑罚的"客观"结果的定罪量刑均涉及"客观"的问题。因此"客观"在刑法中的具体场景不同，其语义也有所不同。那么，刑法解释立场中的"客观解释"中的"客观"究竟是何意呢？这需要从客观解释立场的概念及其所追求的目标说起。在众多对客观解释的界定中，笔者倾向于魏东教授的观点，认为"所谓客观解释论，又称为客观说、法律客观意思说，主张刑法解释的目标在于阐明解释时刑法规范文本客观上所表现出来的意思，而非刑法立法时立法者的意思，以适应与时俱进的社会现实之客观需要”[1]。刑法适用中解释的立场是基于“立法时立法者的意思”，还是“法律应深入实质而非现实，关注精神而不是仅注重字面含义”[2]，追求刑法治理为“社会现实之客观需要”？在客观主义观看来，刑法的适用不仅是掌握立法原意，更为重要的是，在法律适用中其观点是“它强调法律解释不单单在于揭示立法意图，更重要的是从法律中找出适应社会客观现实的法律的现实含义”[3]。从其概念和所追求的解释目标即可知道，客观解释中的“客观”在刑法适用中应在刑法规范的基础上，也就是坚持罪刑法定的基础上，结合刑法的功能，“找出适应社会客观现实的法律的现实含义”的解释，目的是实现其治理的社会现实之客观需要进行解释，以实现刑法目的。

（四）客观主义解释观的起源及发展

1. 客观主义解释观的哲学基础及代表人物

在认识刑法解释上的客观主义之前，有必要先认识哲学上的客观主义，以便为我们深入了解刑法解释上的客观主义打下理论基础。哲学上的客观主义认为，客观的现实是独立于人类的意识、

〔1〕 魏东：《刑法解释论的主要争点及其学术分析——兼议刑法解释的保守性命题之合理性》，载《法治研究》2015 年第 4 期。

〔2〕 [美]罗斯科·庞德：《法理学》(第 1 卷)，余履雪译，法律出版社 2007 年版，第 338 页。

〔3〕 刘艳红：《网络时代刑法客观解释新塑造：“主观的客观解释论”》，载《法律科学》2017 年第 3 期。

情感或信仰而存在的。人类通过感官和理性能够感知和理解这些现实，并形成知识。它强调知识必须基于可靠的感官证据和逻辑推理，而不是依赖于主观的经验、感觉或情感。

客观主义的哲学基础主要源于启蒙思想和理性主义，启蒙思想是指欧洲特定历史时期继文艺复兴后出现的第二次伟大的思想解放运动时的思想。它反对蒙昧主义、宗教迷信，打破旧的传统观念，传播新思想、新观念。启蒙思想家批判封建专制制度和封建教会，主张法律下人人平等，强调理性是衡量一切的标准。这一思想运动为后来的法国大革命等历史变革奠定了思想基础。启蒙思想的代表人物主要有以下 5 位。

（1）柏拉图（公元前 427～公元前 347 年），古希腊哲学家。柏拉图认为，现实世界是由“理念世界”创造的，理念是世界的本原，现实世界是理念的“影子”。柏拉图的理性主义思想对后世产生了深远影响。

（2）笛卡尔（1596～1650 年），法国哲学家和数学家。笛卡尔是近代理性主义的奠基人之一。他的“我思故我在”思想强调了理性思维和自我意识的重要性。

（3）霍布斯（1588～1679 年），英国哲学家。霍布斯的政治哲学思想，特别是他对国家起源和性质的论述对启蒙运动产生了重要影响。

（4）斯宾诺莎（1632～1677 年），荷兰哲学家。斯宾诺莎的思想体系以理性主义为核心，对启蒙运动产生了深远影响。他强调理性的力量，认为通过理性可以认识世界和改造世界。

（5）洛克（1632～1704 年），英国哲学家和政治理论家。洛克他提出了天赋人权和自然法理论，强调人的理性、自由和平等权利，对启蒙运动中的理性主义思想产生了重要影响。洛克将个人“拥有他们自身”的理想概念化，认为每个人都有权利拥有他们劳动生产出的产品，有生命、自由和追求幸福的自然权利。

在讨论客观主义解释观时，我们不得不提及理性主义。理性主义不仅是哲学，更是一种世界观，它相信宇宙间存在内在的逻辑秩序，人类通过理性揭示真理。尽管理性因存在极端而被批判，但它奠定了现代科学、民主制度和法治社会的基石。理性主义的代表人物主要有以下 2 位。

（1）格劳秀斯（1583～1645 年），荷兰法学家。格劳秀斯被誉为国际法学的奠基人，其理性主义观点深刻影响了近代西方政治与法律思想。

在理性高于知觉方面，格劳秀斯认为理性主义是一切知识的本源，高于任何知觉范畴。理性不仅是人类认识世界的工具，更是指导人类社会行为的根本原则。

在自然法源于理性方面，格劳秀斯认为自然法起源于人的理性，而不是神意或神法。理性是人人都具有的天赋能力，人们凭借理性可以理解并遵守自然法。自然法是一种合理、永恒而又普遍的法则，是指导人类行为的最高准则。

在自然法绝对真理方面，格劳秀斯强调自然法的绝对性和不变性，认为自然法是固定不变的，连上帝也不能更改。自然法代表了人类社会的共同理性，是所有人都必须遵守的道德和法律基础。

在社会契约建国家方面，格劳秀斯是近代社会契约论国家观的倡导者，他认为国家起源于人类的契约，而非上帝的创制。在自然状态下，人类得不到安全保障，经常受到异族或其他动物的侵袭。人们认识到联合起来的好处，通过放弃自然权利，交给少数人或某个人管理全社会的事务，用契约的方式建立了国家，用法律和强制力保护全社会的利益。

在主权国家论观点方面，格劳秀斯进一步发展了主权国家的理论，认为主权即权力的行使不受另外一种权力的限制，当一国不受任何别国控制而处理内部事务时就表现为主权。主权观念为国际关系和国际法奠定了理论基石，主权原则成为国际关系的根本准则。

在私有财产受保护方面，格劳秀斯将财产权与自然法相联系，认为私有财产是自然权利的一部分，是每个人都应享有的权利。自然法不仅尊重那些不以人类意志为转移的事物，也尊重那些由于人类意志而产生的事物，如财产。格劳秀斯强调保护私有财产的重要性，认为这是维护社会秩序和公平正义的基础。

在神法低于自然法方面，格劳秀斯的法学体系中虽然存在神法，但低于自然法。他认为自然法是人类理性的体现，是普遍适用的法则，而神法则是由神的意志决定的，具有地域性和时效性。因此，自然法具有更高的权威性和普遍适用性。

在理性主义法实证方面，格劳秀斯认为，自然法是实证法的基础，实证法是通过归纳总结的方法从自然法中派生出来的。他强调法律应该与人类社会一定历史时期的伦理道德观念相一致，为实证法学的发展奠定了理论基础。

（2）安·兰德（1905～1982 年），美国哲学家和作家。安·兰德提出了客观主义哲学系统，该系统包含形而上学、知识论、政治和美学等方面的立场。安·兰德强调有独立于精神的现实存在，个人通过知觉的感觉能力与这种现实联系，利用理性或非矛盾识别处理所感觉的资讯，以此获得知识。其认为，一个人生命中适当的道德目的是追求自身的幸福或合理的自利，与该道德观吻合的社会系统是自由放任的市场经济体制。

2. 启蒙思想对刑法客观主义的影响

启蒙思想对刑法客观主义的影响深远而广泛，主要体现在以下四个方面：

第一，理性主义为刑法客观主义奠定了基础。启蒙思想的核心是理性至上，这一观念对刑法客观主义产生了重要影响。刑法客观主义强调以客观事实为基础，注重从行为及其结果出发来评价犯罪，这正是理性主义在法律领域的体现。启蒙思想家们主张对理性主义继承并发展了笛卡尔的唯理主义，并逐渐发展成为批判宗教蒙昧主义、反对封建专制集权的思想武器。理性也成为衡量一切观念、学说和具体实践的标准。在刑法领域，这种理性主义思想促使刑法学者更加注重从客观事实出发，以科学的态度和方法来研究和制定刑法。

第二，人权观念推动刑法客观主义发展。启蒙思想中的人权观念也对刑法客观主义产生了重要影响。随着人权观念的发展，刑法客观主义开始更加注重对个人权利的保障。启蒙思想家呼吁宗教宽容、政教分离、法律面前人人平等，这些思想在刑法领域得到了体现。刑法客观主义强调罪刑法定原则，即只有法律明文规定的犯罪和刑罚才能被适用，这既是对个人权利的保障，也是对法律权威性的维护。同时，刑法客观主义还注重在定罪量刑时考虑行为人的主观恶性，但这并非基于主观臆断，而是基于行为人的客观行为及其结果所表现出的危险性。

第三，启蒙思想中法治观念的形成对客观主义构成约束。启蒙思想中的法治观念也对刑法客观主义产生了重要影响。法治观念强调法律的权威性和普遍性，要求所有人在法律面前一律平等。刑法客观主义在定罪量刑时注重客观事实要素，强调法律的普遍性，这与法治观念是一致的。同时，刑法客观主义还强调法律的稳定性和可预测性，认为法律应当明确、具体、稳定，以便人们能够预见自己的行为后果并据此作出选择。这种法治观念对刑法客观主义的形成和发展起到了重要的约束作用。

第四，促进刑法学研究不断深入。启蒙思想还促进了刑法学研究的深入和发展。启蒙思想家们强调科学精神和批判精神，这种精神在刑法学领域得到了体现。刑法学者开始更加注重对刑法理论的深入研究和探讨，以科学的态度和方法来分析和解决刑法问题。这种研究精神推动了刑法学研究的不断进步和发展，为刑法客观主义的形成和发展提供了重要的理论支持。

综上所述，启蒙思想对刑法客观主义产生了多方面的影响。理性主义对刑法客观主义的影响也不可忽视。理性主义强调用理性来分析和解决问题，这一理念为刑法客观主义奠定了理性基础，推动了人权观念在刑法领域的体现和发展，形成了对刑法客观主义的法治约束，并促进了刑法学研究的深入和发展。刑法客观主义者全盘接受了理性主义观念，将刑法学所关注的人视为抽象人，将犯罪行为视为抽象行为。在客观主义者看来，犯罪人是具有自由意志、理性、行动自由和规律的抽象一般人。这些影响共同塑造了刑法客观主义的独特特征和重要地位。

3. 刑事古典学派有益于客观主义的主要观点

作为18世纪中叶19世纪初新兴的资产阶级反对封建专制、要求民主自由权利的刑法理论，刑事古典学派的核心观点深刻影响了现代刑法体系的发展，详述如下：

一是刑罚权源于契约。刑事古典学派认为，刑罚权并非国家随意行使的权力，而是源于公民与社会之间的契约。这一观点强调了法律的权威性和公民权利的保障，认为刑罚的适用必须基于法律的明确规定，以维护社会秩序和公民的自由。

二是坚持罪刑法定主义。罪刑法定主义是刑事古典学派的核心原则之一。其强调法无明文规定不为罪，法无明文规定不处罚。这一原则旨在限制刑罚权的滥用，保护公民免受任意和专断的刑罚。同时，其也要求法律必须明确、具体，以便公民能够预见自己的行为后果。

三是罪责刑应当相称。刑事古典学派主张罪责刑应当相称，即刑罚的轻重应与犯罪行为的严重程度和犯罪人的主观恶性相适应。这一原则体现了法律的公正性和合理性，旨在确保刑罚的适用既不过于严厉也不过于宽松，从而维护法律的权威和社会的正义。

四是刑罚人道主义思想。刑罚人道主义思想是刑事古典学派的重要特征之一。其反对封建专制下的残酷刑罚，主张刑罚应体现人道主义精神，尊重犯罪人的人格尊严和权利。这一思想推动了刑罚制度的改革，促进了刑罚的轻缓化和人道化。

五是客观主义犯罪立场。刑事古典学派坚持客观主义犯罪立场，认为犯罪是客观存在的行为，应基于行为的客观危害性来定罪量刑。这一立场强调了犯罪的客观性和可衡量性，有助于确保刑罚的适用更加客观、公正。

六是功利主义刑罚观念。功利主义刑罚观念是刑事古典学派的重要理论之一。其认为，刑罚的目的是预防犯罪、保护社会利益，并强调刑罚的适用应追求最大的社会效益。这一观念推动了刑罚制度的改革，促进了刑罚的预防性和教育性功能的发挥。

七是刑罚的预防主义。刑事古典学派主张刑罚的预防主义，即刑罚的适用旨在预防犯罪的发生。这一原则强调了刑罚的预防性功能，认为刑罚不仅是对犯罪行为的惩罚，更是对潜在犯罪行为的威慑和预防。

八是反对刑罚的严酷性。刑事古典学派坚决反对严苛的刑罚，认为这样的刑罚不仅违背了人道主义精神，而且无法有效预防犯罪。相反，该学派主张刑罚应遵循宽严相济的原则，既要对犯罪行为进行必要的惩罚，也要注重犯罪人的教育和改造，以此确保刑罚的公正性和有效性。

综上所述，刑事古典学派坚持的这些原则共同构成了现代刑法体系的重要基石。这些原则不仅体现了法律的公正性和合理性，也推动了刑罚制度的改革和进步。其中，客观主义犯罪立场直接影响刑法解释的客观解释立场。

4. 刑事古典学派的代表人物

刑事古典学派也称旧派，最初由贝卡利亚、边沁、费尔巴哈等创立，19 世纪以德国哲学家康德、黑格尔的思想为代表，后经 20 世纪宾丁、毕克迈耶、贝林格、麦兹格等修正并发展为这一理论。该学派的代表人物中对刑法客观主义解释观影响较大的有贝卡利亚、费尔巴哈、康德和黑格尔等人。

（1）贝卡利亚（1738～1794 年），近代刑法学的开创者，18 世纪意大利启蒙思想家和法学家。贝卡利亚对刑法客观解释主义的影响是深远的，主要体现在以下四个方面：

一是刑罚目的与合理限度。贝卡利亚认为，刑罚的目的不仅是报复，更应包括社会预防、犯罪人的改造和公共利益的维护。这一观点为刑法客观解释主义中的刑罚目的理论提供了重要支撑，即刑罚的适用应基于其预防和教育功能，而非单纯的报复或惩罚。同时，他主张刑罚应当符合罪行的严重程度，避免无谓的痛苦和破坏犯人的尊严。这一观点强调了刑罚的适度性和合理性，为刑法客观解释主义中的刑罚限度理论提供了重要依据。

二是法律确定性与公正性。贝卡利亚强调法律的确定性和公正性，反对任意逮捕和审判。这一观点为刑法客观解释主义中的法律解释原则提供了重要指导，即法律解释应基于法律的明确规定和立法意图，确保法律的适用具有确定性和公正性。

三是刑罚人道主义思想。贝卡利亚反对虐待犯人和过度刑罚，主张刑罚应当公正、合理和人道。这一刑罚人道主义思想为刑法客观解释主义中的刑罚适用原则提供了重要指引，即刑罚的适用应尊重犯罪人的人格尊严和权利，避免过度惩罚和虐待。

四是对现实的意义。贝卡利亚强调的刑罚的刑法思想不仅在当时具有重要影响，而且为现代刑法中的罪刑法定原则、罪责刑相适应原则以及刑罚的预防和教育功能等提供了重要理论支持。同时，他的思想也推动了各国对传统残酷刑罚的反思和改革，促进了更加人性化的刑罚体系的建立。

贝卡利亚在 1764 年出版《论犯罪与刑罚》。他从社会契约论出发，认为国家权力源于市民必要最小限度内提供的自由，“每个人都希望交给公共保存的那份自由尽量少些，只要足以让别人保护自己就行了。这一份份最少量自由的结晶形成惩罚权。一切额外的东西都是擅权，而不是公正，是杜撰而不是权利。如果刑罚权超过了保护集存的公共利益这一需要，它本质上就是不公正的。刑罚越公正，君主为臣民保留的安全就越神圣不可侵犯，留给臣民的自由就越多”〔1〕。他认为，人的权利是天赋的，国家通过公民让予权利组成刑罚权。既然是源于个人让与，那这个让与的权利就既不能过宽也不能过窄，要适度，要排除刑罚的干涉性。他认为官员不能自以为是地进行刑罚，只有法律才能规定犯罪和刑罚，超于法律规定的限度那就失去了正义，刑罚不能恣意权益。据此，他提

〔1〕［意］贝卡利亚：《论犯罪与刑罚》，黄风译，中国大百科出版社 1993 年版，第 9 页。

出刑罚制度的限度，是达到安全有秩序的适当目标，超过限度就是暴政。针对当时刑罚的不平等性和身份性问题，他指出："每个人都应由同他地位平等的人来裁判，这是最有益的法律。因为，在那些关系公民自由和幸福的地方，不应该让煽动不平等的那些感情作怪。……当犯罪侵害的是第三者时，法官就应该一半是与犯罪地位平等的人，一半是与受害者地位同等的人，这样，那些改变包括无意中改变事物面目的各个私人的利益得以平衡，这时候，发言的便只是法律和真相。"针对当时欧洲死刑的泛滥，他指出，"即使严酷的刑罚的确不是在直接与公共福利及预防犯罪的宗旨相对抗，而只是徒劳无功而已"〔1〕。他还指出，用死刑来证明法律的严酷是没有用处的，用死刑来阻止公民成为杀人犯是安排一个公共的杀人犯，这种想法和制度是荒谬的。据此，他提出了废除死刑主张，这是人类历史上第一次系统地提出废除死刑的理念。他持理性主义立场，系统而全面地阐述了罪刑法定、罪刑均衡原则、一般预防论的观点。

综上所述，贝卡利亚的理论贡献和观点为刑法客观解释主义的发展奠定了坚实基础，并对现代刑法体系的发展产生了积极的推动作用。

（2）费尔巴哈（1804～1872 年），著名的刑法学家，被西方尊称为"刑法学之父"。费尔巴哈的刑法成就较多，其理论贡献和观点为刑法客观解释主义的发展奠定了重要基础，主要体现在以下

〔1〕［意］贝卡利亚：《论犯罪与刑罚》，黄风译，中国大百科出版社 1993 年版，第 20 页。

三点：

一是心理强制说。费尔巴哈提出了著名的心理强制说，认为任何个人都有进行利弊比较的能力。当个人发现犯罪所得与犯罪后所受的惩罚之间不均衡时，刑法对个人心理的强制作用就会显现出来，从而使其放弃犯罪的邪念。这一观点强调了刑罚的威慑作用，为刑法客观解释主义中的刑罚预防功能提供了理论支持。心理强制说的核心内容是，犯罪是一种恶，刑罚也是一种恶。刑罚是比犯罪更加痛苦的一种恶。人具有追求快乐、逃避痛苦的本能。人是理性动物，但又有自私的特性。通过实施犯罪以追求犯罪所得的快乐之前，人就会权衡犯罪所获得的快乐与可能承受的被刑法处罚带来的痛苦，通过比较会发现刑罚的痛苦远比犯罪所得之快乐更强烈后，便会自动放弃犯罪。也就是说，法律上规定有犯罪必有惩罚，人们就会在快乐与不快乐之间选择而后决定自己的行为，避免更大的痛苦。因此，为了抑制人的犯罪欲望，必须事先有法律规定犯罪的必然后果。在这样的法律规定下，作为理性的人就会权衡是否去行为，刑法对个人心理的强制作用就会显现出来，个人就会放弃邪恶，遵从刑法。据此，在费尔巴哈看来，法律必须事先规定实施犯罪的法律后果，使人们预测到自己不法行为后果遭到刑罚，这可在最大限度上抑制社会民众的犯罪意图，从而起到刑法一般预防的效果。

二是权利侵害说。费尔巴哈认为，犯罪是对权利的侵害。他主张法律应该与道德相分离，应当受到惩罚的是表现于外的侵害行为，而非内心的恶意。这一观点为刑法客观解释主义中的行为中心论提供了重要依据，即定罪量刑应基于客观行为而非主观恶意。费尔巴哈提出的权利侵害说的主要内容是，犯罪的本质是对他人权利的侵害，刑法的任务就是保护权利。费尔巴哈指出，复仇是为了满足自我满足而达到个人目的，而刑罚是为了保障法的实施而对犯罪人施以痛苦。国家的目的是保护个人的权利免遭侵害，最好的手段是对不法行为进行刑罚。费尔巴哈将犯罪分为对国家的犯罪和对个人的犯罪，前者是对国家权力的侵害，后者是对个人权利的侵害。进而指出个人权利与所有人都存在关系，故此，应当将个人权利置于国家权力之前。

三是构成要件理论。费尔巴哈对犯罪构成的贡献也是不可忽视的。他强调犯罪行为必须符合刑法各条所规定的构成要件，这是定罪量刑的前提。这一观点为刑法客观解释主义中的构成要件理论提供了重要基础，有助于确保刑法的适用更加客观、公正。

费尔巴哈的刑法思想不仅在当时产生了重要影响，而且对现代刑法体系的发展仍具有积极意义。他坚持的刑法客观主义立场、心理强制说、权利侵害说以及构成要件理论等观点，为现代刑法中的罪刑法定原则、罪责刑相适应原则以及刑罚的预防和教育功能等提供了重要的理论支撑。

（3）康德（1724～1804 年），德国哲学家、作家、德国古典哲学创始人。康德的哲学理论的一个基本出发点是，将经验转化为知识的理性（“范畴”）是人与生俱来的，没有先天的范畴，我们就无法理解世界。该理论结合了英国经验主义与欧陆的理性主义，对德国唯心主义与浪漫主义影响深远。康德的《实践理性批判》指出，所谓“实践理性”，是指实践主体的意志，对于实践理性的“批判”，就是要考察规定道德行为的“意志”的本质以及它们遵循的原则。全书包括“纯粹实践理性的原理论”和“纯粹实践理性的方法论”两大部分。该书的重要理论意义在于，把人的主体性问题突出来，强调了人格的尊严与崇高，表现了强烈的人本主义精神。

康德主张道德与法律应当分离，认为法律不应涉及个人道德领域，二者之间存在严格界限。在刑罚方面，他提出了等量的报应论，即犯罪的严重程度应与所受刑罚的严重程度相匹配，刑罚手段的残酷程度应与犯罪所受的处罚相当。康德所倡导的道义报应主义，是基于道德义务而产生的报应观念。换言之，道德义务是报应的依据，也是刑法正当性的基础。他认为，恶有恶报、善有善报是人之常情，犯罪是一种恶行，对于犯罪之恶，应以相应的刑罚来回应。

康德的哲学思想对刑法理论产生了影响，促进了刑法客观主义解释论的发展。康德认为，人作为具有社会属性的动物，是有理性的，人人都有自己的自由意志。他强调：“我们必须承认每个具有意志的有理性的东西都是自由的，并且依从自由观念而行动。”这一观点为刑法客观主义提供了重要的哲学基础。主要体现在以下三个方面：

一是强调行为的客观性。康德在刑法思想中，注重行为的客观性质，认为定罪量刑应当以行为的客观性质为依据，而不是以行为人的主观恶性或犯罪动机为主要考虑因素。

二是极力主张罪刑法定。康德认为，公正的正义可以作为惩罚的原则和标准，这是人类的平等原则。他主张罪刑法定，即刑罚的适用必须有明确的法律规定，这体现了对法律客观性和普遍性的强调，与刑法客观主义的核心观点相契合。

三是反对功利主义。康德反对从功利角度出发，将犯人视为工具，如进行人体试验或虐待犯人。他主张维护人类的尊严和法律面前人人平等的原则，这一观点与刑法客观主义所强调的刑法的公正性和合理性相契合。

综上所述，康德对刑法客观主义的贡献主要体现在其哲学思想为刑法客观主义提供了重要的理论基础和指导思想，有力推动了刑法理论的发展和完善。他强调行为的客观性、主张罪刑法定原则、反对功利主义等观点，都与刑法客观主义的核心观点高度契合，为刑法客观主义的发展奠定了坚实的基础。

（4）黑格尔（1770～1831年），德国哲学家。黑格尔关于客观主义的观点主要体现在他的哲学体系中，尤其是他的客观唯心主义思想。

一是客观唯心主义的基础。黑格尔认为，世界的本质是“绝对精神”，是一种客观存在的精神实体，而非主观意识或个体心灵的产物。绝对精神是宇宙万物的基础和根源，自然、人类社会和人的精神现象都是它在不同发展阶段的表现形式。这种对绝对精神的强调，构成了黑格尔客观唯心主义的基础。

二是思想的客观性。黑格尔提出了“客观思想”的概念，认为思想不仅是主观的，而且能够把握事物的本质，从而成为客观的存在。这种客观思想是与黑格尔的“实体即主体”观念紧密相连的，即事物的普遍性需要主体的思维活动来揭示，而这种揭示的产物——普遍性——是实体本身通过主体揭示的自在真相。

三是反思与客观性的实现。黑格尔认为，要认识事物的本质，就必须对事物进行反思。反思是思想能动性的体现，通过反思，思想能够改造直接的东西，揭示出事物的本质。这种反思的产物不仅是客观的，而且是自由的。因此，在黑格尔看来，具有反思能力的思想能够把握事物的本质，从而成为客观思想。

黑格尔的客观主义观点还对法学、社会学等领域产生了积极的影响。他的思想为这些领域的研究提供了重要的理论支撑和方法论指导。

黑格尔的法哲学思想以客观唯心主义和辩证法为基础，认为法是一种精神层面的东西，而精神的根基是意志，且意志是自由的。因此，法的实体和规定性就是由自由构成的。黑格尔对刑法客观解释主义的贡献主要体现在其法哲学思想对刑法解释理论的影响上，具体如下：

一是强调自由意志与责任。黑格尔认为，自由是意志的本质性决定的，所有的人都有意志，也就都有自由。同时，所有的人都承担着与意志自由相伴而生的责任。这一观点为刑法客观解释主义中的责任理论提供了理论基础，即犯罪行为是自由意志的结果，因此犯罪人应当承担相应的责任。

二是区分不法与犯罪。黑格尔在其法哲学著作中区分了不法与犯罪。他认为，不法是特殊意志与普遍意志的背离，而犯罪则是一种特殊的不法，它侵犯了法的自由定在，即法的客观性。这一区分有助于刑法客观解释主义在解释犯罪行为时，更加注重行为的客观性质和对法的侵害程度。

三是刑罚的否定之否定。黑格尔关于“刑罚是对犯罪的否定之否定”的观点，是其在探讨法律与刑罚关系时提出的一个重要论断。这一观点不仅揭示了刑罚的本质，也体现了刑法客观解释主义中的报应刑论思想。黑格尔认为，犯罪首先是对法律（或称为“法的法”）的否定，它侵犯了社会秩序和道德规范，破坏了法律所确立的正义秩序。刑罚则是对犯罪的否定，即是对犯罪行为的惩罚和制裁，通过剥夺犯罪人的某种权益来恢复被破坏的法律秩序。“否定之否定”在黑格尔的哲学中意味着一种辩证的发展过程，即从一个状态出发，经过否定达到另一个状态，再经过否定之否定回到更高层次上的原初状态。在这里，刑罚作为对犯罪的否定之否定，意味着刑罚不仅是对犯罪的简单回应，更是通过惩罚和制裁来恢复和提升法律秩序，使社会回到一个更加正义和有序的状态。

报应刑论认为，刑罚是对犯罪的回报或报应，是正义的要求。它强调刑罚的正当性在于其对犯罪的回应，而非预防或改造犯罪人。黑格尔的刑罚观与报应刑论高度契合。他认为，刑罚的本质就在于对犯罪的报应，是正义的体现。他强调刑罚的轻重应与犯罪的轻重相适应，即“罪刑均衡”，这也是报应刑论的核心原则之一。刑法客观解释主义强调刑法的解释应基于法律文本本身的意义和目的，避免主观臆断和任意解释。在黑格尔的刑罚观中，刑罚是对犯罪的客观回应，不受主观意志的干扰。这种客观性正是刑法客观解释主义所要求的。

黑格尔的刑法思想主要体现在其著作《法哲学原理》中，他将辩证法的否定之否定借用到刑法领域，认为犯罪行为是对社会正常秩序的否定，刑罚是对犯罪的否定，是一种否定之否定，是用暴力的方式来扬弃暴力。他强调，刑罚的适用应当是对犯罪行为的客观回应，而不是基于主观恶性或犯罪动机的惩罚。在刑罚的正当根据上，他认为犯罪是违反法律的行为，刑法是对犯罪的法律的报应，是理性的当然要求。对此，他这样表述："犯罪的扬弃是报复，因为从概念上说，报复是对侵害的侵害，以按定在说，犯罪具有在质和量上的一定范围，从而犯罪的否定，作为定在，也是同样具有在质和量上的一定范围。但是这一基于概念的同一性，不是侵害行为的特种性状的等同，而是侵害行为自在地存在的性状的等同，即价值的等同。"〔1〕在黑格尔的哲学体系中，"定在"是一个重要的概念。定在，或限有，是具有一种规定性的存在。这种规定性作为直接的或存在着的规定性，就是质。定在返回到它自己本身的这种规定性里，就是在那里存在着的东西，或某物。质是与存在同一的直接的规定性，某物之所以是某物，乃由于其质，如失掉其质，便会停止其为某物。以保证犯罪与刑罚在质上的相当性。黑格尔在论及犯罪的社会危害性及其社会危害性程度时，运用了辩证法中的质量互变规律理论，认为"在道德方面，只要在'有'的范围内来加以考察，也同样有从量到质的过渡；不同的质的出

〔1〕［德］黑格尔：《法哲学原理》，范扬、张企泰译，商务印书馆1961年版，第104页。

现，是以量的不同为基础的。只要量多些或少些，轻率的行为越过尺度，于是社会出现完全不同的东西，即犯罪，并且，正义会过渡为不义，德行会过渡到恶性”。[1]这种质和量的关系，不仅涉及罪与非罪的界限，还关涉罪行的程度问题。黑格尔认为，犯罪侵害的客体为社会，因为任何犯罪都具有“社会危险性”，即行为人的特殊行为具有社会的自在的普遍性。他指出，对一个社会成员的侵害，就是对全体社会成员的侵害，因此，侵害行为必然遭到全体社会成员的反对。

综上所述，黑格尔对刑法客观解释主义的贡献主要体现在其法哲学思想为刑法解释提供了坚实的理论基础和指导原则。这些思想为后世刑法学家提供了重要的启示和借鉴，推动了刑法解释理论的发展和完善。

从上述代表人物的观点可以看出，贝卡利亚主张刑罚造成的痛苦和损失应大于或者等于具体犯罪行为可能带来的满足和快感；费尔巴哈则根据趋利避害的人的本性通过“心理强制”的作用来抑制犯罪行为的实施。总之，一般预防指向的是犯罪行为及其造成的危害。该学派中的报应论者从惩罚的意义上将刑事责任指向犯罪行为，康德提出“以牙还牙，以眼还眼”，黑格尔提出“等价报应论”。该学派强调惩罚的原因来自犯罪的行为，刑罚针对的是行为，而不是行为人，是指惩罚已经发生的犯罪，而不再过问将来是否再发生类似犯罪。该学派以犯罪及其刑事责任为基础，强调

---

〔1〕［德］黑格尔：《逻辑学》（上卷），杨一之译，商务印书馆1966年版，第40页。

行为及危害结果作为犯罪的客观方面，犯罪的本质就是刑事责任的基础和刑罚量刑的根据，以此惩治犯罪，所以该学派被称为“客观主义”。在刑法适用过程中，对刑法的适用就采用客观主义解释立场。

（五）客观主义解释观的基本理念

客观主义认为，刑事责任的基础是外部犯罪人的行为及其社会危害性。犯罪是对社会的现实危害，没有客观行为就没有危害，就没有犯罪。客观主义在犯罪和刑罚上有自己的基本理念。

1.客观主义解释观在犯罪方面的理念

客观主义重在客观，着眼于外部的实际行为，即已经现实发生的各种犯罪行为和危害结果，且这些行为是客观化、现实化、类型化的存在。其责任依据是道义责任，对人的要求是抽象的人，即能接受规范命令的人，而不必特别强调“个别人”的构成要件，只要是具有平等自由意志的“抽象人”即可。客观主义解释观在犯罪方面的理念，主要体现为刑法客观主义。刑法客观主义认为，犯罪是对社会有害的行为，如果没有客观的行为，就没有犯罪。刑事责任的基础应该是表现在外部的犯罪人的行为，而不是行为人的主观恶意。因此，在评价犯罪行为时，应重视客观事实，先客观判断后主观判断，先违法判断后责任判断。刑法客观主义强调，犯罪成立的首要条件是行为符合刑法各条所规定的构成要件。因此，行为和构成要件是客观主义的重要范畴。行为是表现于外的，是对法益造成损害的行为。当该行为违反规范并对法益构成侵害时，我们强调其现实性。这些构成要件是客观的，可以被观察和验证。例如，犯罪行为必须已经发生，并且已经对法益造成了实际侵害或产生了危险。

与主观主义不同，刑法客观主义在评价犯罪行为时，不考虑犯罪人的性格、人格、动机、目的等主观因素。这些因素虽然可能影响量刑，但不影响犯罪的成立。

刑法客观主义强调行为的客观实害。刑法客观主义认为，刑罚必须与犯罪行为在客观上的实际危害相称。这种危害是可以通过客观事实来衡量的，如犯罪行为造成的财产损失、人身伤害等。刑法客观主义主张刑罚是对犯罪行为的报应，即刑罚的目的是惩罚犯罪人，使其承担因犯罪行为而产生的法律责任。这种报应是基于犯罪行为的客观实害来确定的。除了报应刑论外，刑法客观主义也强调刑罚的一般预防作用。即通过刑罚的执行，对社会中的一般人产生心理强制，预防他们实施犯罪行为。这种预防作用是基于刑罚的威慑力和公正性来实现的。

综上所述，刑法客观主义在犯罪方面的理念主要体现在对犯罪构成的客观理解、对刑罚的报应和预防作用的强调上。这种理念有助于确保刑法判断的可视化和公正性，从而维护社会的法治秩序和公平正义。

2. 客观主义解释观的刑罚理念

刑法客观主义强调刑罚的轻重要与客观化的犯罪事实有关，认为犯罪人是通过一定的行为对国家、社会、集体或个人等实施了危害，刑罚就应当对其在外部行为上罚处，因为刑罚的本质就是对造成社会危害的行为予以报应。同时,刑罚还有预防犯罪的目的。国家制定《刑法》,在《刑法》中针对不同危害行为制定不同的刑罚,目的在于对社会中的人进行心理强制,以达到预防犯罪之效果,在于对权利的保障和规范秩序的维护。在此基础上,我们可以对源于启蒙思想和理性主义的刑事古典学派的观点进行概括,即"客观主义认为,刑事责任的基础或者说刑罚评价的对象是行为人外在的行为及实害,仅以行为人的主观恶意作为处罚根据,会混淆法律与道德的区别"〔1〕。

在刑法学领域,客观主义解释观占据着重要地位,其刑罚理念强调对犯罪行为的客观分析和法律规范的严格遵守。

一是重视法益侵害。客观主义解释观认为,刑罚的首要目的是保护法益,即法律所保护的公民、社会、国家的利益。犯罪行为是对法益的侵害,因此,刑罚的适用应当与法益被侵害的程度和性质相适应。这一理念要求刑法在设定刑罚时,必须充分考虑犯罪行为对法益造成的实际损害或潜在威胁。

二是强调客观构成要件。客观主义解释观强调,犯罪的成立必须满足刑法规定的客观构成要件。这些构成要件是客观、可观察和验证的,如行为对象、行为方式、行为结果等。只有当行为符合这些构成要件时,才能认定为犯罪。这一理念有助于确保刑法的明确性和可预测性,防止刑法的滥用和误用。

三是客观行为为基础。在客观主义解释观下,犯罪行为是刑

---

〔1〕 劳东燕:《刑法中客观主义与主观主义之争的初步考察》,载《南京师范大学学报(哲学社会科学版)》2013 年第 1 期。

罚适用的基础。刑罚的轻重应当与犯罪行为的性质、情节和后果相适应。这一理念要求刑法在评价犯罪行为时，必须注重行为的客观表现，而不是犯罪人的主观恶意或动机。

四是坚持罪刑法定原则。罪刑法定原则是客观主义解释观的核心之一。它要求刑法必须明确规定犯罪的构成要件和刑罚种类、幅度，以确保刑法的明确性和可预测性。同时，罪刑法定原则也要求司法机关在适用刑法时必须严格遵守法律规定，不得超越法律授权的范围。

五是刑罚与犯罪事实相关。客观主义解释观认为，刑罚的适用必须与犯罪事实相关。即刑罚的种类、幅度和执行方式应当与犯罪行为的性质、情节和后果相适应。这一理念有助于确保刑罚的公正性和合理性，防止刑罚的滥用和误用。

六是刑罚人道性限制。在客观主义解释观下，刑罚的适用必须遵循人道主义原则。即刑罚的种类、幅度和执行方式应当符合人的尊严和权利，不得对犯罪人造成不必要的痛苦和折磨。这一理念要求刑法在设定刑罚时，必须充分考虑犯罪人的身体状况、心理状态和社会关系等因素，以确保刑罚的人道性和合理性。

七是客观归责理论。客观归责理论是客观主义解释观在刑法归责领域的应用。它要求司法机关在认定犯罪时，必须根据客观事实和行为规范来判断犯罪人是否应当承担刑事责任。这一理论有助于确保刑法的公正性和准确性，防止因主观臆断或偏见而导致的错误归责。

八是区分主客观判断。客观主义解释观强调在刑法适用中必须区分主客观判断。即在对犯罪行为进行认定和量刑时，必须根据客观事实和法律规范来进行判断，而不是根据犯罪人的主观恶意或动机来进行判断。这一理念有助于确保刑法的客观性和公正性，防止因主观因素导致的错误判断。

综上所述，客观主义解释观的刑罚理念强调对犯罪行为的客观分析和法律规范的严格遵守。这些理念有助于确保刑法的明确性、可预测性、公正性和合理性，为司法机关正确适用刑法提供了重要的指导原则。

（六）客观主义解释观的基本观点

关于客观主义的概念，不同学者有不同观点，有不同的侧重点。有学者认为："客观主义又称为犯罪主义、事实主义或行为主义。客观主义认为，刑法上的可罚对象是行为人的外部危害事实即社会危害性，即刑罚以犯罪外部的行为为对象。行为的外部事实仅指狭义的行为与结果等客观要素，作为刑法价值判断对象的是危害行为与危害结果。犯罪的主观要素，只考虑故意和过失，刑事责任的轻重与行为社会危害性的大小成正比。"[1]也有学者认为："'客观主义'是指在犯罪的外部行为及其所产生的危害结果上把握犯罪本质的立场，或者说将犯罪的外在部分即客观行为及其结果作为刑罚评价的核心。又因客观主义把从客观上能够认识

〔1〕 童德华：《国外现代刑法学中主、客观主义源流论》，载《浙江社会科学》2001年第3期。

的行为作为核心来理解犯罪，所以也叫作‘行为主义’。”[1]张明楷教授指出：“客观主义认为，刑事责任的基础是表现在外部的犯罪人的行为及其实害；或者说犯罪概念的基础、可罚性及其刑罚量的根据是客观行为及其实害。”“客观主义首先注重的是行为，因此，又被称为行为主义；客观主义将表现在外部的现实的行为作为科刑的基础，因此也被称为现实主义。”[2]周光权教授指出：“刑法客观主义认为，犯罪是对社会有害的行为。如果没有客观的行为，没有客观的法益侵害后果，就没有犯罪；行为没有对社会造成可以外观上观察的实害或者危险时，不能作为犯罪处理。”[3]有学者认为：“所谓客观主义，是指以危害行为及其后果为核心所形成的系统化了的关于犯罪、刑事责任以及刑罚的根据、目的等一系列问题上总的观点和根本看法。”[4]也有学者认为：“所谓客观主义，是强调客观行为及其实害在定罪量刑中的意义，而主观主义是注重人身危险性在定罪量刑中的地位，但是两者均不排斥故意、过失与行为或实害是犯罪成立的条件。”[5]还有学者认为：“客观解释理论（客观说）认为，刑法解释应以揭示适用时刑法之外在意思为目标，即刑法解释的目标是阐明解释时刑法条文客观上所表现出来的意思，而不是立法者制定刑法时主观上所赋予刑法条文的意思。所以，在适用

〔1〕 郑军男：《论定罪中的“主客观相统一原则”——解读刑法理论中的主观主义与客观主义》，载《法制与社会发展》2005年第4期。

〔2〕 张明楷：《刑法的基本立场》，中国法制出版社2002年版，第56页。

〔3〕 周光权：《刑法客观主义与非法证据排除》，载《人民检察》2013年第1期。

〔4〕 聂立泽、苑民丽：《客观主义刑法理论产生的时代背景及其内涵》，载《武汉大学学报（社会科学版）》2002年第3期。

〔5〕 张小虎：《主观主义与客观主义之分野及趋同》，载《法律科学》2002年第4期。

法律时，应以法条在适用当时的客观意义为基准从事解释。"[1]

上述学者因为各自立足点和侧重点不同，得出的认识不可能完全一致，通过分析，主要存在以下两种观点：第一种观点认为，客观是犯罪人所实施的行为对客观的法益侵害，强调客观行为对社会造成可以从外观上观察的实害或者危险。第二种观点从刑罚解释目标入手，强调进行解释时刑法条文客观上所表现出来的意思的客观。可见，该种观点认为刑法的客观是法律条文的客观表述。笔者认同第一种观点，即"犯罪是对社会有害的行为。如果没有客观的行为，没有客观的法益侵害后果，就没有犯罪；行为没有对社会造成可以外观上观察的实害或者危险时，不能作为犯罪处理"。

三、刑法解释中主、客观解释之对立

刑法解释的主、客观解释由于其各自立场、目标、基础的不同，进而展现出两者之间的对立。通过对两种解释立场的对立分析，可以更好地以发展的观点来对待两种解释立场，有助于在刑法司法实践中更好地了解解释立场，完善自身的解释方法论，选择解释立场，更好地实现刑法对社会治理的功能。

（一）起始立场之对立

主观解释持社会预防的立场观。社会预防认为，通过对社会

---

〔1〕 王军明、夏威：《刑法解释立场论》，载《当代法学》2011年第1期。

结构的调整与完善，使社会健康和谐发展，消除或减少社会不良因素，防止社会失调，从而达到控制和减少犯罪现象发生。在犯罪方面主张通过对社会一般人进行刑罚威吓，产生心理作用，以达到预防犯罪的功效，以减少犯罪，促进社会和谐。其代表人物有意大利刑法学家贝卡里亚、英国哲学家边沁、德国刑法学家费尔巴哈等。贝卡里亚认为，犯罪对于行为人有一种引力，引导其作恶；而刑罚则是一种阻力，阻碍其行为，其目的在于阻止犯罪，否则将会处以刑罚。因此，在贝卡里亚看来，“刑罚的目的仅仅在于：阻止罪犯再重新侵害公民并规诫其他人不要重蹈覆辙”〔1〕。边沁认为，一切惩罚都是损害，所有惩罚本身也是恶。根据功利原理，这种惩罚的“恶”是被允许的、必要的，因为它有可能阻碍更大的恶出现，所以刑罚处罚恶有很好的预防目的。“刑罚的主要目的是一般预防，因为它是刑罚的真正的目的。”〔2〕费尔巴哈从心理强制说的观点相信“用法律进行威吓”可以预防犯罪，并认为，违法则意味着获得法律处罚的痛苦，刑罚使具有违法意图的人不得不在违法行为可能带来的快乐与刑罚处置的痛苦之间进行权衡，而后决定自己的行为是否继续。据此，费尔巴哈认为立法者应当通过立法明确“恶”，让行为人自己衡量恶所带来的痛苦，起到心理强制作用，实现一般预防的目的。一旦违法行为出现恶，那么就由法官对此进

---

〔1〕［意］贝卡里亚：《论犯罪与刑罚》，黄风译，中国大百科全书出版社 1993 年版，第 42 页。

〔2〕 See Philip Bean, *Punishment: A Philosophical and Criminological Inquiry*, Martin Robertson, 1981, p.32.

行评价。法官拥有根据刑法文本进行解释以适用法律的义务，没有擅断解释法律的权力，“法官是为该法律服务的仆人。法官只有严格遵守法律，才是名副其实的仆人”[1]。

客观解释持法律报应的立场观，认为刑罚是对犯罪人的恶行的恶报。人生活在有序的社会中，一旦某种运行良好的状态遭到破坏，那么这种破坏的行为就应当对社会有一种应偿付之债，社会则因其犯罪的罪恶行而理所当然地向其索取，作为对罪恶的制裁而进行的处罚，这是刑罚的本质追求，正如格劳秀斯对刑罚的界定，“因为所为的一种恶而承受的一种恶之施加”[2]。报应论发掘于人类质朴的正义观念，是一种基于人类本性的、朴素的、天然的感情。报应思想源于原始社会的复仇观念，但这里的报应具有一定的客观性和节制性。其表现出来的是以恶报恶、以善报善，这就是在今天的刑罚中为何还需考虑情节。报应论认为，只有现实犯罪才是发动刑罚的正当根据，刑罚所适用的对象只能是已然的犯罪行为。

（二）追求目标之对立

主观解释观认为，刑法解释的目标应当是阐明刑法立法时立法者的意思是什么，也就是刑法解释追求的目标是阐释刑法的立

---

〔1〕 邱兴隆：《西方刑罚一体论的九大模式》，载《湖南省政法管理干部学院学报》2001年第1期。

〔2〕 邱兴隆：《西方刑罚一体论的九大模式》，载《湖南省政法管理干部学院学报》2001年第1期。

法原意。司法实践中对法律的解释源于解释者对法律条文的理解，其理解是找寻立法原意的过程。在主观解释者看来，解释法律就是探寻立法原意，必须按照立法原意适用法律，不能将超越立法原意的解释用于司法案件。正如日本学者佐伯千仞所言："做超出刑法条文之原意解释是不行的。"[1]主观解释论者强调，解释中应探寻立法者的立法原意，要求尊重和忠实于立法者经过法律文本表达出来的立法原意，并将立法原意适用于具体案件形成判决。该观点认为，在法律解释适用中必须以立法意图作为解释的指向，否则法律解释者很可能对法律作出不同的解释来处理案件，致使法律文本失去本来的安定性，很可能导致案件判决不公。

客观解释观认为，刑法解释应当以揭示适用时刑法条文之外在意思为追求目标。也就是说，在刑法适用中要阐明适用条文时刑法文本客观上所表现出来的意思，以惩治犯罪。法律源于社会，是抽象概况于社会生活事实的规则，其适用应当符合社会客观实际的生活。立法者完成立法并经过法定程序颁布法律后，立法便完成，接下来就是法律的司法适用。司法适用法律都是在立法之后，面对日新月异的社会，已颁布的法律极可能无法完全适应后来产生的社会纠纷，这就需要司法者站在客观的解释立场上适用法律，正如日本刑法学者拢川幸辰指出的，"只要社会永远处在不断地发展变化之中，那么所有法律解释，当然刑法也不例外，就应适

---

〔1〕［日］中山研一：《刑法的基本思想》，姜伟、毕英达译，国际文化出版公司 1988 年版，第 97 页。

应这种新的社会现实"[1]，否则刑法将难以发挥社会治理功能。

（三）哲学基础之对立

主观解释论的哲学基础是古典解释学。在古典解释学看来，解释文本中存在独立于解释者之外的"原意"，已制作的文本的原意是固定于文本中，文本的制作活动就已使制作者的意图进入文本并固定下来。解释者理解和解释的目的在于重构制作者意图，解释者作为认识主体，在解释时必须抛弃自己的外在因素，按照文本制作者创作时的真实原意去将其"原意"找寻到，其目标就是对解释文本的原意的揭示。对于刑法文本适用而言，就是需要解释者（司法者）在司法实践中，找寻立法者的原意以适用于具体案件。

客观解释学论的哲学基础是哲学解释学。哲学解释学认为，在对文本的理解中独立于解释者的解释之外的原意是不存在的，因为文本的意义源于解释者与文本之间的对话。然而文本具有时间性、历史性，因此对文本的理解要具有时空性，要随时空的变化而变化，坚持客观现实的原意理解。对于刑法解释而言，应当在坚持法律文本的前提下，结合客观的、现实的时空对刑法文本作出客观需要的解释意义。所以刑法解释的目标就是揭示适用刑法时法律条文客观上表现出来的意思，刑法解释的任务就是要克服由历史时间造成的主观成见和误解，以达到客观的、历史的真实。在刑法司法实践中，在坚持客观解释立场下，要求司法人员综合考虑社

---

〔1〕［日］中山研一：《刑法的基本思想》，姜伟、毕英达译，国际文化出版公司 1988 年版，第 97 页。

会的实际、社会治理的需要、行为的客观性、客观损害的后果等来处理案件。换言之,“这就要求法官更加偏重实用性的考量,不仅从法律规则、法律实践出发,也要从社会情境以及案件后果入手展开分析”〔1〕。

(四)刑罚理念之对立

在刑罚理念上,主观解释者强调,犯罪行为是犯罪人主观恶性和犯罪性的表征,对犯罪人的处罚应当从其危险性考察,可以用行为人的危险性和侵害性来取代犯罪构成成立的客观要素。刑法主观主义的人类学派围绕犯罪人进行研究,注重从人的心理、生理、病理、遗传等主观因素方面研究犯罪进而研究刑罚。刑法主观主义的刑事社会学派把犯罪人的个人特殊性格与社会因素、自然因素集合起来,认为是三者的结合并相互作用才导致犯罪。

客观解释强调刑罚的轻重要与客观化的犯罪事实相联系,认为犯罪人通过一定的行为对国家、社会、集体或个人等实施了危害,刑罚就应当对其在外部行为上罚处,因为刑罚的本质就是对造成社会危害的行为予以报应。同时,刑罚还有预防犯罪的目的。国家制定刑法,在刑法中针对不同的危害行为制定不同的刑罚,目的在于对社会中的人进行心理强制,以达到预防犯罪之效果;在于对权利的保障和规范秩序的维护。在客观主义看来,刑事责任的基础或者说刑罚评价的对象是行为人外在的行为及实害,如仅

〔1〕 赵英男:《论整全法与哲学解释学的同一与差异——基于方法论的考察》,载《法制与社会发展》2019 年第 3 期。

以行为人主观的恶作为处罚的根据，则很可能混淆法律与道德的区别。

四、刑法解释中主、客观解释的中国走向

刑法解释立场是处理刑事案件必须具备的场域观，选择何种解释立场至关重要，不同的立场将产生不同的法治效果。作为具有最为严厉惩治手段的刑法，事关国家的安全、人民的政权，和社会制度、国有财产和私人权益、各种秩序的维护等，其适用需要正确的解释立场，以获得公正的判决，实现刑法对国家的治理。主观解释和客观解释这组解释观，在当下并存于刑事司法实践中，有的司法人员“忠”于法律文本字面而选择主观解释立场，有的司法人员在罪刑法定原则下坚持客观需要而选择客观解释立场，更有采取折中的解释立场观者。那么，在中国这组解释立场观到底哪一方最终会成为刑法解释立场的适用解释观呢？笔者认为，根据党和国家对法治要求、人民群众对法治的需求、解释立场对刑事判决的供求等因素，最终将以客观解释立场为走向。

（一）客观解释立场更能对立法原意进行续补

主观解释追求立法“原意”，认为在刑法适用中应立足立法原意进行解释。刑法条文内容从形成上讲，至少涉及如下因素：

首先，刑法条文内容从形成上需要立法机关对条文的形成有明确的指导思想、立法目的、追求的治理效果等，并具有立法的必

要性和可行性。因为一旦形成具体的刑法条文，应用于司法实践，司法人员就必须了解这些条文，以便促进对法律条文的深刻理解，这是立法的基础，也是司法人员理解刑法解释刑法的前提。解释源于理解，只有充分理解，才可能形成正确的解释，进而有立场的选择，才可能形成公正的案件结论。

其次，刑法条文的形成是特定时空的社会生活规范的产物，这里形成刑法规范的时空具有时间延续性、事实复杂性等特点，也就是说，刑法规范的行为极可能随时间和空间的变化而将变得更加复杂。这在一定程度上增加了刑法解释的难度。因此，此时其立法原意是否还是先前的立法原意呢，这就需要解释立场去处理。

再次，在字面含义上，刑法的条文的文义来自立法时的社会通常文义，但随着时间的流逝，在将来适用该刑法条文时，该刑法条文的文义较立法时是否有增加或减少或改变呢，如按照追寻立法原意的目标去理解和适用刑法，就极可能产生不公正的案件结论。

最后，在刑法条文形成规范上，其内容多是对已发生的社会生活事实进行抽象概况和提炼而成，而对于将来可能发生的需要刑法规范的生活事实进行预测是有限的，因为“人类立法者根本不可能有关于未来可能产生的各种情况的所有结合方式的知识”[1]。可见，立法对未来需要规范的生活事实的预测是有限的。在法的运行上，立法在前，司法（解释适用）在后。因此，立法预测的有限性决定了探寻立法原意的不可取性。

---

〔1〕［英］哈特：《法律的概念》，张文显等译，中国大百科全书出版社1996年版，第128页。

主观解释认为，刑法解释的目标在于探寻立法者在制定刑法时的“立法原意”，但实践和事实证明这是不可能的。因为，“文本一旦发生之后，作者就死了，文本具有自身的独立性”〔1〕。无法找准和找到与立法时完全一致的立法原意。客观解释则认为，刑法解释的目标就在于阐明刑法条文在客观上所呈现的意思，即在罪刑法定的前提下，关注客观实施的行为和客观的法益侵害后果，而这里的客观也是符合法治精神和刑法法律原则的，不是无根据的，正如陈洪兵教授指出的，“……客观解释论所得出的结论不可能是‘任意’、‘主观’的，相反，客观解释更具有安定性、稳定性，更能符合变化了的时代要求、更有利于保护法益、更能维护罪刑法定原则”〔2〕。客观解释立场中，在立足法律文本含义的基础上掺入“客观”的因素考虑案件中行为造成的客观侵害进行判决，这在本质上是对主观解释一直追求的立法原意未成的续补，解决了主观解释立场难以克服的问题。

（二）客观解释立场更能严织法网有效惩治犯罪

惩治犯罪是刑法的任务，任务的完成需要解释立场的选择适当。主观解释论主张探寻立法者的立法原意，认为刑法解释者应当尊重和忠于立法者，将立法时的刑法规范原意予以刑法文本的表达。因此，刑法解释应以探求立法者的意思为目标。而客观解

〔1〕［法］保罗·利科尔：《解释学与人文科学》，陶远华等译，河北人民出版社 1987 年版，第 150 页。

〔2〕陈洪兵：《双层社会背景下的刑法解释》，载《法学论坛》2019 年第 2 期。

释论则注重发现法律文本现在应有的客观意思，即强调法律文本的独立性，认为立法原意是难以找寻的，解释者应当根据社会变化的情势，结合刑法解释追求的目标，不断挖掘刑法文本现在的合理意思，在案件事实与法律之间进行客观解释，以应对永不停止且复杂多变的社会发展中出现的案件。追求以已制定法律文本原意来处理今天发生的复杂多变的新案件，很可能致使犯罪逍遥法外。以探求刑法文本中现在应有的客观意思去处理案件，则很可能找到刑法规范中表现出的客观意思，进而不放纵犯罪，不让犯罪逍遥法外，其实质是客观的解释立场为惩治犯罪严织了一张惩治之网。

（三）客观解释更能“造法”以弥补法律漏洞

生活事实的绝对发展性与法律规范的相对稳定性使案件事实与法律规范之间不可能绝对一一对应。因此，任何国家都不可能制定出没有法律漏洞的法律，“法律再完备，也不可能将社会政治生活、经济生活囊括无遗；法条再严密，也会有不尽如人意之处。因而任何法律都有漏洞”[1]。刑法调整的内容是随社会发展而不断变化的。在制定上，刑法确实是最为严厉的法律，因涉及人的生命和自由，其制定和修改相当严格和复杂，必须经过相关程序才能提请国家制定至最终获得人大通过。案件中所体现的社会刑事法律关系发生变化，与之相对应的刑法条文也应当作出必要的填补，才

---

〔1〕 刘正峰：《论我国法官对法律漏洞的补充与完善》，载《法学》1996年第8期。

能适应社会治理的需求。总之,作为立法者,其对社会关系的复杂性认识不足及其自身认知的有限性等,导致刑法条文形成规范的规范性出现不全面、不清晰,涵摄不够等情形,在立法时难免出现这样或那样的漏洞,形成"欠缺可适用的法律规则"[1]。可是,由于最为严厉的刑法需要稳定性,而刑事案件的处理又要求及时性,就产生了对法律漏洞如何处理的司法实务问题。在立法难以短期内完善的情况下,解决此问题的场域应转向司法实践中寻求。

主观解释从刑法解释的目的出发,强调阐明立法原意,在解释中不能超越立法原意。主观解释以法律这个"主观"为依托,在法律条文本身都存在法律漏洞的事实前提下,追求立法原意当然是不现实的,也是无法做到的。而客观解释是在罪刑法定原则下,根据"客观"行为及事实,对损害法益的客观行为进行法律评价,即揭示刑法条文客观上所表现出来的意思,而不是立法者制定刑法时"主观"上赋予刑法条文的意涵,以此补正法律条文中存在的漏洞,以获取公平正义之判决。可见,在填补法律漏洞方面,客观解释较主观解释更具有补正漏洞的功能。

(四)客观解释更体现司法适用的时代性以弥补立法的滞后性

刑法是一个国家治理的法制手段中名副其实的重器,且具有鲜明的时代性。一个国家在不同的时代有不同的任务,"一个国

---

〔1〕 黄泽敏:《法律漏洞填补的司法论证》,载《法学研究》2020 年第 6 期。

家，一个民族，不同的历史时期或发展阶段，其总的经济状况和生产力发展水平不尽相同，因此，国家的根本任务和时代主题也就不同。国家的根本任务和时代主题决定法的任务，决定法的价值取向，决定法的制度安排和功能设计”。[1]不同的任务直接影响刑法的立法，刑法的时代性表现在它与国家的政治、经济和文化等治理的嵌入性，且与时代发展步伐保持紧密的共进关系，与社会的发展保持较大的一致性。对于一些因时代发展变化而产生的新型的严重破坏社会自由、秩序、平等和公正的刑事案件，刑法应当及时予以回应，以展现刑法对时代需要的社会治理的回应。例如，这些年随科技发展出现的网络盗窃案件中对于财产（如加密币、抖音账号等）的认定，按照主观解释追求“立法原意”，在案件处理上就会出现一些问题。因为，随时代而出现的新事物，在先前的刑法文本中是难以找到其“立法原意”的。然而，这些新案件又确实破坏了社会既存的法益。此时社会对刑法所要求的是维护一种秩序，提供一种保障，规范和保障社会已然的状态，进而保障社会安全有序地运行。此时，如果期许具有“立法原意”存在的对应的刑法条文来处理案件，是很难实现的。因为，刑法的立法需要经过立法讨论起草及严格的程序才能形成刑法文本，这就需要一定时间的等待，然而，等待刑法到来再适用，将失去法的正义、效率，更重要的是，失去民众对司法的权威、信仰和期待。

客观解释者持客观解释立场，根据案件事实的客观违法行为、

〔1〕 郑祝君：《英美法：时代性背景下的制度变迁》，载《法商研究（中南政法学院学报）》2002 年第 2 期。

损害的客观事实，在罪刑法定原则下解释刑法，以保护法益。其较主观解释立场而言克服了法律文本的“主观性”，适应了社会发展的时代性，避免刑法立法的滞后性，更显刑法的正义性。

法的时代性表现在法的社会性和实践性中，“法的社会性与实践性进一步体现在特定的时代背景之中，一个特定的时代蕴含着特定的社会发展背景和实践运行规律，这种发展背景和运行规律蕴含着对法律调整的需求，对于法律而言，衡量其实施效果和调整绩效的关键，也就具体化为与特定时代背景的契合程度以及对时代规律的把握程度”[1]。刑事立法难以及时满足法的时代性，就需要在刑事司法适用中用客观解释来弥补刑事立法的滞后性，对客观行为进行时代的客观解释，以有效惩治犯罪，实现社会公平正义。

（五）客观解释更能适应社会发展的客观现实需要

中华人民共和国自建立以来，发展比较迅速，特别是党的十八大以来，在政治、经济、文化等方面都发生了巨大变化。在党的十九大报告上，中共中央宣布中国特色社会主义进入新时代，我国社会主要矛盾已经转化为人民日益增长的美好生活需要和不平衡不充分的发展之间的矛盾，社会发生巨大的变化，政治风清气正、经济高速发展、文化融汇和谐、科技日新月异等。新时代、新环境、新变化对法治有新期望，社会处于转型期，社会关系发生巨大变

〔1〕 冯辉：《论时代需要的竞争法与竞争法的时代价值——从公私对峙到公私融合》，载《政治与法律》2010 年第 12 期。

化，权利多元、矛盾多发，国家安全、社会和谐、个人权益维护等都需要刑法积极作为，踊跃担当，立足于客观需要去评判案件中的客观行为，作出客观公正的判决。新时代表现出新的刑事法律关系，新类型案件等以“新”的面貌出现，不是直接源于立法原意就可以直接处理、直接适用法律，需要灵活地处理案件，在刑法的精神和原则下，站在客观解释的立场上，发挥解释的主动性。客观主义的客观不是仅以客观为依据，而无视法律的文本，作出随心所欲的判决，而是要求在法律文本无具体要求时，立足于客观事实，审视客观行为，在罪刑法定的原则下处理案件，阐明解释时刑法条文客观上所表现出来的意思，以刑法条文适用时的客观意义为基准从事解释，处理案件，实现对社会的治理。

随着改革开放向纵深发展，迎来了科技的飞速发展，经济的高速前进，文化的深度融合等，这可能带来一系列社会问题，极易产生一些社会刑事案件，可能影响国家安全、破坏社会既有秩序，侵害民众正当权益等。这就需要选择适当的刑法解释立场，释放刑法应有的功能，予以在解释中处理案件，彰显社会正义。然而，作为追求立法原意的主观解释对于这类客观发生的案件显得无能为力，在社会演进中产生的客观解释正好能适应新要求，以发展的眼光探求刑法文本中隐含的随时代发展的客观意识去处理案件，规范客观行为，惩治犯罪，实现对社会的治理。在现代文明的法治观念下，刑法解释立场应当在坚持罪刑法定的原则下，维护国家、社会和个人权益，保护人权，保障犯罪嫌疑人权益等，以客观解释立场进行定罪量刑，以实现刑法对社会的治理价值。

第二节 形式、实质主义解释观

刑法适用中解释立场的选择尤为重要，因为不同的立场可能导致不同的判决结论，更为重要的是，如解释立场选择错误，极可能造成冤假错案，“选择正确的解释立场有助于刑法对国家秩序维护、社会稳定和个人权益的保护等功能的发挥”〔1〕。要达到选择正确的刑法解释立场，就必须对解释立场有清晰的认识和理解。因此，尽管关于形式解释和实质解释之争的讨论由来已久，但仍未给出一个清晰结论。因此，关于形式解释和实质解释的争论研究仍有进一步讨论的必要，这可为全面深入了解形式解释和实质解释的立场观，为刑法适用的解释立场选择提供智识，以惩治犯罪，促进刑法正义。

一、形式主义刑法解释观

（一）“形式”与“实质”

1.生活中的“形式”再辨析

生活中随处可见到、可听到“形式”一词，如“这在形式上还不完善”“不能仅仅从形式上看，要从……”等。在我们的生活中

〔1〕 黄硕:《刑法中主、客观解释之争及其走向》，载《政法论丛》2022年第6期。

往往将“形式”与“内容”、“实质”相对应，“形式”被指代为某事物的外在表现和构造，可以被人直接感观的某种存在的“型”。在生活语境中，“形式”主要有三种意思：一是表示外形，表现于事物的外在；二是相对于内容而言的，指事物的组织结构和表现方式。三是犹言表象，即等于说表象。“形式”一词虽只有三个意涵，但却在生活中时常出现，是一个不可或缺的词汇。探究该词汇的来源，它最初源于哲学领域，并被柏拉图、亚里士多德、培根等人广泛应用于哲学中，并赋予其哲学意义。培根认为，“一物的形式就是此物本身，而事物与形式的区别不过是表面的与实在的、外在的与内在的之间的区别，或者说，是一物对于人来说与一物对于宇宙来说之间的区别”。〔1〕可见，在培根看来，形式和客观的物质之间是相互联系的，而不是脱离物质的空洞形式而独立存在的。培根认为：“一种性质的形式就是这样：有了一定的形式，一定的性质就必然跟着出现。……如果被取走了，这个性质也就必然跟着消失。”〔2〕可见，培根所言的“形式”也就是事物固有的质的外在特性，由于形式的质之间是存在差别性的，所有事物才能存在特殊性和个性。形式不在事物的外部表现，而是在事物之中存在，它是决定事物个性的有效表达。“形式”属于认识论的范畴，常被应用于不同学科的研究中，对事物进行认识。

---

〔1〕《十六—十八世纪西欧各国哲学》，北京大学哲学系编译，商务印书馆 1975 年版，第 9 页。

〔2〕《十六—十八世纪西欧各国哲学》，北京大学哲学系编译，商务印书馆 1975 年版，第 51 页。

2. 生活中的“实质”再辨析

“实质”一词也常见于我们的生活中，它似乎是人们所要追寻的目标，常常被喻为某事物所固有的性质、特点、实际内容等核心的能见其本质的东西。“实质”与“形式”相对应，用来区分事物的“里”与“表”。“实质”也属于认识论的范畴，常用于人文社会学科，如在哲学中，实质又称为“本质”，是指某一对象或事物本身所必然固有的。从根本上，使该对象或事物成为该对象或事物，否则该对象或事物就会失去其自身的特定属性或特定的一套属性。

（二）刑法解释中的“形式”与“实质”

1. 刑法解释中的“形式”再把握

刑法与其他事物一样，要被外界所认识，就需要具备一定的外在形式。刑法是关于犯罪与刑罚的研究，要判断什么是犯罪、什么是刑罚，就需要依据刑法所规定的形式来进行。随着对刑法研究的深入，研究者发现构成犯罪需要具备一定的犯罪构成要件，不同的刑法有不同的犯罪构成要件。我国主要是借鉴苏联的犯罪构成四要件来解释适用刑法，但后来随着对德日刑法研究的深入，有学者发现阶层理论在司法实践中有其优势，更有益于追责，实现罪责相适应。无论是四要件还是三阶层（或二阶层），只有把犯罪的“形式”要件确定下来，在司法实践中才具有可操作性。在此意义上，“形式”一词是刑法学中的一个重要词汇，在对刑法进行形式分类等时，常将“形式”与“实质”进行概念上的对应性分类，如张明楷教授在其《刑法学》中将刑法划分为形式刑法和实质刑法，并认为:“形式刑法是从外形或名称上(形式上)便可得知其为刑法的法律,刑法典与单行刑法即是。”[1]从人类认识事物的顺序上讲,将事物划分为形式和实质两方面,并从形式再到实质进行认识和把握,更有益于或更方便于人类认识事物的有序性,因为形式往往是表征的,更易于人类最初对事物的外在认识。

2. 刑法解释中的“实质”再辨析

关于刑法解释中的实质解释立场的认识,也有很多种观点,在这些观点中笔者比较赞同魏东教授对实质解释的界定,即“刑法的实质解释,是指刑法解释应以处罚的必要性为出发点,主张在解释法条时,首先应直接将不具有实质处罚必要性的行为排除在法条范围之外,亦即先实质判断某种行为是否属于具有处罚必要性的社会危害性行为,然后再进行形式解释并审查刑法条文的可能含义是否涵盖了该行为方式”[2]。魏东教授认为,“先实质判断某种行为是否属于具有处罚必要性的社会危害性行为”,这里的实质指向的是“某行为”的“处罚必要性的社会危害性行为”。对实质的认识,陈兴良教授指出:“实质解释论之实质是指处罚必要性,而这种处罚必要性本身就是所谓实质正义。”[3]刑法应对侵害法益的行为有所回应,以实现刑法功能。在罪刑法定原则下达到对刑法条文的解释目的,因为“实质刑法观的基本目的是,避免仅仅根据法条

---

〔1〕 张明楷:《刑法学》(第4版),法律出版社2011年版,第22页。

〔2〕 魏东:《刑法解释学基石范畴的法理阐释——关于“刑法解释”的若干重要命题》,载《法治现代化研究》2018年第3期。

〔3〕 陈兴良:《形式解释论的再宣示》,载《中国法学》2010年第4期。

文字规定对构成要件作形式的理解，通过实质的解释阐述法条背后蕴含的正义理念，通过实质正义以矫正形式正义存在的不当出入罪，实现刑法人权保障之机能与法益保护之目的；实现这一基本目的，也就是实质刑法观的基本价值"〔1〕。实质作为人们认识事物、把握事物内核所追求的境况，对于深入研究事物具有重要的价值和意义。追寻事物的实质，成了人们不懈努力的动力。

二、我国刑法中形式主义解释与实质主义解释的产生与形成

（一）形式解释观与实质解释观的形成背景

前文已有述及，从中华人民共和国成立初期至 1979 年，我国尚未颁布刑法典，法官判案依靠的是《中华人民共和国惩治反革命条例》（已失效）、《中华人民共和国惩治贪污条例》（已失效）和《妨害国家货币治罪暂行条例》（已失效）等规范性文件，这些具有刑法性质的规范文件对危害行为进行实质评价，采取的是视其行为是否对国家、社会和个人有实质的危害的标准。那时国家的工作重心是维护国家政权稳定，发展经济建设等。在法制建设上，我们废除了国民党的"六法全书"，受国家政治经济建设需要，国家法制还处于不完善阶段，最早制定的是《婚姻法》，认为家庭是社会细胞，家的和谐更有益于社会的稳定。然而，事实上是刑事判案急

〔1〕 刘艳红：《实质刑法的体系化思考》，载《法学评论》2014 年第 4 期。

需专门的刑法典以阻止司法者恣意断案的行为，实现社会公平正义。在1979年颁布中华人民共和国第一部《刑法》后，在实践中发现了一些问题，如法官判案中对刑法解释不准不透，甚至可能偏离刑法文本含义；法官断案易出现臆断；刑法法律文本本身不够清晰等。于是在1997年对《刑法》进行了修订，这次修订将“罪刑法定”注入刑法中作为基本原则，这在中国刑法制度上是一次巨大的进步，对于防止法官恣意断案起到较好的效果。

在1978年以后，我国实行改革开放。随着改革开放带来的经济、社会、文化等的前所未有的变化，人们的观念也发生了较大变化，国外的先进文化及其理念不断传入我国，并对我国制度提出了新的要求，需要制度上的更新以适应社会及人们的新需求、新期待。同时，由于法制不够健全、司法人员法律素养素质普遍相对较低等原因，民众对法治的期待随改革开放的深入越来越高。但在短时间提高司法人员法律素养是不太可能的，于是选择从健全法制和加强法律制度的形式完善入手，提倡以法制的形式完善来规范司法人员和行政人员的恣意行为，这在立法上表现为我国改革开放后颁布和修改了大量的法律制度，仅《刑法》自1997年修订至今已经颁布了12次修正案即为证。国家追求法制的形式完善来达到法律适用的实质完善，即法律适用的形式完善，这在刑法领域就表现为刑法适用解释上的形式解释论的产生。事实上，随着改革的不断深入，社会利益多元，民众法治观念更新，社会科技发达等导致了国家和社会通过法治实现治理的种种困境，如社会多元利益如何平衡，法律如何跟进人们的观念变化而立法，法律如何规范科技等，在国家治理上只完善法律制度是远远不够的，形式再完美的法律都不足以维护国家和社会安全和秩序安定。这表现在刑法领域就是当时发生的许多案件，法律难以对其适用刑法或在刑法适用中存在问题。因此，在司法适用中还需要追求一种实质性的刑法解释以实现刑法的社会功能和价值。同时，由于德日刑法理念不断涌入我国，对我国刑事法律观念的更新起到较大作用。在国家刑法适用解释上，一方面，应强调刑法要具有古典刑法学派所主张的防止司法者法外恣意的性质，需要进行形式规范；另一方面，面对现行刑法治理的功能还需提高的现实，需要刑法适用解释进行实质化的判断对社会危害行为予以处理。在这样的背景下，先前的刑法形式解释不足以治理社会违法犯罪行为，需要对刑法适用进行实质解释，以实现刑法对社会的法益侵害进行处理的必要性。实质解释应运而生。当然，就我国形式解释与实质解释而言，是实质解释早于形式解释，形式解释又助推实质解释更加实质化。

（二）形式主义解释观与实质主义解释观的形成

关于形式解释和实质解释的形成，有不同观点，有人认为是舶来品，陈兴良教授认为，“传统的刑法解释方法中，并无形式解释与实质解释之分”，“刑法的形式解释与实质解释是我国学者提出的，在德、日刑法学中并无形式解释论与实质解释论的对峙”〔1〕。陈兴

〔1〕 陈兴良：《形式与实质的关系：刑法学的反思性检讨》，载《法学研究》2008年第6期。

良教授认为，传统刑法无该种分类，并认为在中国形式解释和实质解释是梁根林教授基于刑法解释目标和意义提出来的分类，他指出：“我国学者梁根林教授较早地在刑法解释的目标意义上提出了形式解释论与实质解释论这对范畴。”〔1〕也有学者认为，在我国形式解释论与实质解释论之争是随1997年《刑法》修正中确定罪刑法定原则以后兴起的学术研究和刑法适用探讨兴起的。对此，刘艳红教授则认为，在国内最早论及形式解释和实质解释的是阮齐林教授，并认为阮齐林教授是最早的倡导者，原因是1997年5月《法学研究》组织了一次刑法研讨，阮齐林教授作为发言人之一参与讨论，其讨论以《新刑法提出的新问题》为成果发表在1997年第5期《法学研究》上，阮齐林教授在该文中指出，“罪刑法定原则的确立，还将导致刑法解释方法论的转变，即由重视实质的解释转向重视形式的解释。在罪刑法定原则之下，刑法形式上的东西将居于首要的、主导的地位。”〔2〕阮齐林教授认为，随着“罪刑法定”入刑，将会产生形式解释与实质解释的分类。张明楷教授在1999年出版的《刑法格言的展开》中指出：“从解释学的角度而言，对刑法规定的犯罪构成，不能仅从形式上解释，而应从实质上把握。因为刑法是以一定标准在危害行为中选择若干严重危害行为并将其规定为犯罪的，犯罪构成不外是严重危害行为的法律标志。既然如

〔1〕 陈兴良：《形式与实质的关系：刑法学的反思性检讨》，载《法学研究》2008年第6期。梁根林教授在《中国法学》2004年第3期发表的《罪刑法定视域中的刑法适用解释》中论及了形式解释论与实质解释。

〔2〕《刑法学研讨会发言摘要——阮齐林：新刑法提出的新问题》，载《法学研究》1997年第5期。

此，符合犯罪构成的行为，一定是严重危害社会的行为。如果只是从形式上解释犯罪构成，就会使一些琐细之事都符合犯罪构成(在某些情况下也可能造成相反的不良后果)；只有从实质上解释犯罪构成，才使符合犯罪构成的行为成为严重危害社会的行为。"〔1〕张明楷教授是从犯罪构成入手强调实质解释的重要性。2000 年，张明楷教授在《法益初论》中进一步指出，"我主张实质的犯罪，并且认为，即使在罪刑法定原则之下，也应当采取实质的犯罪论，即必须以犯罪本质为指导来解释刑法规定的构成要件"，"由于我主张实质的犯罪论(在刑法有明文规定前提下的实质的犯罪论)，故主张对犯罪……要件进行实质意义的解释"。〔2〕张明楷教授论述了从犯罪构成到实质犯罪论，以犯罪本质来解释刑法。在该书中张明楷教授首次将形式的解释与实质的解释联系在一起进行论述。2002 年，张明楷教授在《刑法的基本立场》中分析了形式的解释与实质的解释，并将形式的解释与实质的解释并列纳入"构成要件"中讨论，表达了自己的刑法解释立场是实质的解释论，指出："我主张实质的解释论，并且认为，即使在罪刑法定原则之下，也应当采取实质的犯罪论，即必须以犯罪本质为指导来解释刑法规定的构成要件。"〔3〕

关于形式解释和实质解释的产生时间及其先后顺序，梁根林教授概括性地指出："大体而言，在形式的罪刑法定观念支配下的

---

〔1〕 张明楷：《刑法格言的展开》，法律出版社 1999 年版，第 115 页。
〔2〕 张明楷：《法益初论》，中国政法大学出版社 2000 年版，第 261、265 页。
〔3〕 张明楷：《刑法的基本立场》，中国法制出版社 2002 年版，第 110 页。

19世纪的刑法解释论，一般倾向于采纳形式的解释论与主观解释论，20世纪以来，在实质的罪刑法定观念主导下的刑法解释论则多坚持实质的解释论与客观解释论。”[1]并进一步阐述自己的立场：“根据当代罪刑法定对刑法适用的形式合理性与实质合理性的双重诉求，法官在适用解释刑法文本时，一方面应当尊重和忠实于立法者通过刑法文本表达的立法当时的标准原意，使刑法适用解释的结果满足形式合理性的最低限度的要求。就此而论，形式的解释论与主观的解释论应当是当代刑法解释论的基本立场。另一方面，在确保罪刑法定所保障的法律后果的可预测性、公民的法自由与法安全的前提下，也不排斥在必要与个别情况下，基于实质合理性的考虑，而对刑法文本及其语词含义进行实质解释或客观解释。”[2]可见，梁根林教授持形式解释论观点，但认为在个别情况下可能需要考虑实质解释。另外，从梁根林教授的观点中可知，梁根林教授将形式解释和主观解释等同，将实质解释与客观解释等同。2009年，刘艳红教授在《实质刑法观》中提出了以实质可罚性为内容的实质犯罪论体系，认为对犯罪构成要件的解释不能仅从形式上进行，而应从是否达到了值得刑事处罚的程度进行实质解释。[3]在刘艳红教授看来，“现行刑法颁布之后，随着罪刑法定原则在我国刑法典中法典化地位的确立，围绕着如何适用和理解罪刑法定原则这一新的事物，我国刑法理论上才开始出现形式与

---

〔1〕 梁根林：《罪刑法定视域中的刑法适用解释》，载《中国法学》2004年第3期。
〔2〕 梁根林：《罪刑法定视域中的刑法适用解释》，载《中国法学》2004年第3期。
〔3〕 参见刘艳红：《观实质刑法》，中国人民大学出版社2009年版，第169页。

实质解释之命题”。可见，刘艳红教授也认同形式解释和实质解释之争是在1997年《刑法》中确定罪刑法定原则后才兴起的理论研究之争，并指出：“正是罪刑法定原则的法典化，才引发了如何在遵守罪刑法定原则的前提下解释运用刑法典，围绕罪刑法定原则的形式与实质双重侧面，进一步才引发了形式与实质解释的问题。”刘艳红教授认为，形式与实质解释论不是产生于中国，它是一个从外国引入中国的概念，并指出：“形式与实质解释论不是中国的本土概念，而是来自日本刑法学的舶来品，其在中国作为本土化问题则是始于1997年罪刑法定原则在中国的法典化；形式与实质解释同时既是对构成要件的解释，也是针对犯罪成立的所有条件亦即犯罪论的解释，同时也是针对整个刑罚法规的解释；形式与实质解释论的对立不仅仅是构成要件论的对立，也是犯罪论的对立；不仅是刑法体系的对立，也是刑法方法论的对立；同时也是法治观、刑法观、价值观、世界观的对立。”〔1〕持形式解释观的劳东燕教授则认为，刑事解释与实质解释源于德、日刑法，并指出：“形式解释与实质解释是当前形式解释论与实质解释论之争中最为核心的范畴，它们源于德日刑法理论。”〔2〕劳东燕教授认为，德、日刑法中形式解释与实质解释存在两个维度，一是传统维度意义上的形式解释与实质解释之争，与如何界定构成要件该当性和违法性、有责性之间的关系有关；二是当代维度的形式解释与实质解释之争，

〔1〕　刘艳红：《形式与实质刑法解释论的来源、功能与意义》，载《法律科学》2015年第5期。

〔2〕　劳东燕：《刑法解释中的形式论与实质论之争》，载《法学研究》2013年第3期。

当前德日刑法学中的形式解释与实质解释之争另有所指，它与刑法学体系由本体主义向功能主义（或从存在论向规范论）的转型有关。〔1〕

有学者指出，形式解释与实质解释源于德日刑法中的“形式的犯罪论”和“实质的犯罪论”，“由此，在德日刑法学中形式的犯罪论与实质的犯罪论的对立就是形式的构成要件论与实质的构成要件论的对立。‘形式解释’就是指形式解释构成要件的形式解释，‘实质解释’就是指‘构成要件的实质解释’，这是德日刑法学场域中的形式解释与实质解释的最主要体现。”〔2〕并进一步指出，在形式解释与实质解释的产生先后上，德、日是先有形式解释再有实质解释，而我国则是先有实质解释再有形式解释，“德日刑法学中是先有形式解释后才有实质解释的发展顺序，而我国刑法学中则是先有实质解释论的存在，然后在批驳与反对实质解释论的过程中才使形式解释论得以一定的呈现。实质解释论在我国刑法学中的产生受到双重因素的影响：一方面是实质解释论的主导者在学习借鉴德日刑法学犯罪论时受到其中关于实质的犯罪论以及构成要件实质解释的深刻影响；另一方面是由于实质解释论者先期的刑法思想脱胎于我国通说的‘苏俄式’的刑法知识体系，而这一通说理论知识中蕴涵的实质刑法观在这些实质解释论者思维中打上了

---

〔1〕 参见劳东燕：《刑法解释中的形式论与实质论之争》，载《法学研究》2013 年第 3 期。

〔2〕 高仕银：《形式与实质：刑法解释论的进路考察及选择》，载《当代法学》2011 年第 6 期。

抹不去的烙印"〔1〕。陈兴良教授也认为,我国的实质解释论是源于苏俄和日本的犯罪论的嫁接物,指出,"我们可以看到,实质解释论的理论资源主要是来自苏俄并经过本土化的社会危害性理论以及来自日本的实质的犯罪论。我国学者以法益概念为中介,将两者巧妙地嫁接在一起,从而使实质解释论以一种学术姿态进入司法实践,被司法实践所接受,并且产生了较大的影响。""而苏俄所倡导的解释方法则称为辩证法唯物论,也就是辩证唯物论。虽然苏俄学者主张法律解释应以严格遵守社会主义法制为前提,但其重心不仅在法律文句的阐明,而且在其社会内容之阐释,这实际上就是一种实质解释论。""及至1979年刑法颁布,我国进入一个法治的时代。当然,由于历史的惯性,在1979年刑法中不可避免地存在着苏俄刑法学中的法律实质主义方法论的影响。"〔2〕1979年《刑法》将犯罪危害性作为一个实质解释的标准。事实上,在司法实践中社会危害性是很难把握和认定的,鉴于此,陈兴良教授提出用法益及法益侵害代替社会危害性更为合理。〔3〕犯罪的实质判断来自德日理论的部分主要是犯罪构成要件,在构成要件中作处罚必要性的实质判断,以主张构成要件的违法行为类型说;在犯罪构成判断中,将实质判断置于违法性判断之中,指出,"对违法性的判断,是一种实质判断,违法性的有无必须以行为是否违反规定为基础

〔1〕 高仕银:《形式与实质:刑法解释论的进路考察及选择》,载《当代法学》2011年第6期。

〔2〕 陈兴良:《形式解释论的再宣示》,载《中国法学》2010年第4期。

〔3〕 参见陈兴良:《社会危害性理论:一个反思性检讨》,载《法学研究》2000年第1期。

进行评价。但是，违法性又并不是指行为形式上违反规范，而是有其实体内容的，对此，有行为无价值论和结果无价值论”[1]。

三、形式主义解释与实质主义解释的再辨析

经过上述对形式解释和实质解释的形成背景及其原因的讨论，我们再进一步明晰认识两者的概念，因为认识事物往往从概念入手，原因在于概念中往往隐含事物特征，有了特征才有益于理解与区别。高仕银博士认为，“形式解释的功能主要是为了对法律条文的含义进行不超过字面意思的解释，在遵从罪刑法定原则的前提下，使符合刑法规定的构成要件的行为得以规制，在这一解释过程中，既可能达到了主观解释所追求的目标，也可能满足了其他解释的要求，核心在于符合形式正义；实质解释则是以处罚必要与合理性为主旨，对刑法文本进行合目的性的解释，从而达到既坚持罪刑法定的形式侧面与形式正义，又坚持了实质侧面与实质正义的功能，其解释结论既可能是扩大解释，也可能是限缩解释，并且也可能符合了客观解释的目标。”[2]该观点以刑法解释在罪刑法定下是否超出法律条文含义和是否符合形式正义来判定形式解释，而以合目的性的处罚必要性和合理性来界定实质解释。邓子滨教授则认为：“形式解释是指遵循立法者的立法原意，依照法律条文的字

[1] 周光权：《刑法总论》(第3版)，中国人民大学出版社2007年版，第80页。

[2] 高仕银：《形式与实质：刑法解释论的进路考察及选择》，载《当代法学》2011年第6期。

面含义的刑法解释论，它是由古典学派所确立的罪刑法定原则衍生出来，强调追求法律的形式正义；而实质解释认定立法原意不可寻，强调法律文本和解释者的互动，致力于破除法律的僵硬滞后，在个案的定罪量刑中综合考虑各种因素，贯彻以实现实质正义为目的的刑法解释论。”〔1〕

一直从事刑事实务的最高人民法院张军院长认为：“所谓形式解释就是以刑法文本为根据，以实定法规范为判断标准，对构成要件进行形式意义上的严格解释的理论和主张，在解释方法上倾向于文理解释、平义解释等方法；而实质解释则以法益（侵害性）为判断标准，立基于但不拘泥于刑法文本的规定，通过引入处罚必要性的考量因素，对构成要件进行旨在实现具体的、实质的正义的灵活（自由）解释的理论和主张，在解释方法上推崇目的解释，虽禁止类推解释但不反对扩大解释。”〔2〕周详教授通过比较方法认为：“德日刑法学中的实质解释特指对作为犯罪成立条件之一的构成要件的实质解释，而我国刑法学中所谓的实质解释指的是对犯罪成立的所有条件的实质解释，且在实践中被进一步扩大到对刑法中其他刑罚规范或非刑罚规范的实质解释。”〔3〕上述学者对形式解释和实质解释的分析各有侧重，存在细微的区别，但共同之处就是认为形式解释是基于刑法文本的解释，追求立法原意。而实质解

〔1〕 邓子滨：《中国实质刑法观批判》，法律出版社 2009 年版，第 11 页。

〔2〕 张军：《刑法解释的立场：一元双层形式解释论刍议》，载《时代法学》2014 年第 4 期。

〔3〕 参见周详：《刑法形式解释论与实质解释论之争》，载《法学研究》2010 年第 3 期。

释则是在遵从刑法文本的前提下，基于法益的实质侵害，为了达到处罚的必要性，实现刑法的实质正义的解释。

关于形式解释与实质解释、主观解释和客观解释，有学者将这四者混杂，未能区分其间的关系。“法律解释论关于法律解释的目标向来就有主观解释论与客观解释论、形式解释论与实质解释论之争。主观解释论强调探寻立法者的立法原意，这是一种强调尊重和忠实于立法者通过法律文本表达的立法原意的解释论，因而亦称形式解释论。而客观解释论则着重发现法律文本现在应有的客观意思。简言之，这是一种强调法律文本的独立性，试图挣脱立法者的立法原意，而根据变化了的情势与适用的目标，挖掘法律文本现在的合理意思的解释论，因而又称为实质的解释论。与此相适应，刑法解释论亦存在着关于解释目标的形式解释论与实质解释论。”〔1〕梁根林教授认为，主观解释等于形式解释，客观解释等于实质解释。对此观点，陈兴良教授指出：“……梁根林基本上是把形式解释等同于主观解释，实质解释等同于客观解释，并按照这一逻辑展开讨论的。但形式解释与实质解释是相对于刑法文本解释而言的，而主观解释与客观解释则是以刑法解释追求的宗旨而论的，两者似乎不能混同。”〔2〕可见陈兴良教授不赞同这种等同观。陈兴良教授认为，形式解释论与实质解释论是一种解释限度划分，正如姜涛教授所言：“形式解释论与实质解释论是一种解释限度之

---

〔1〕 梁根林：《罪刑法定视域中的刑法适用解释》，载《中国法学》2004 年第 3 期。

〔2〕 陈兴良：《形式与实质的关系：刑法学的反思性检讨》，载《法学研究》2008 年第 6 期。

分，两者最根本的分歧是，刑法解释能否立足于罪刑法定原则之实质侧面，根据刑法文本的可能含义进行扩大解释。”〔1〕

关于主观与客观解释、形式与实质解释的划分依据，笔者倾向认为：主观解释论和客观解释论之争主要解决的是刑法条文的含义应不应该随着时间、外部世界以及人们的价值观念的变化而流变的问题，而形式解释论与实质解释论之争主要解决的则是解释的限度问题，即解释是否只能严格遵循刑法条文的字面含义的问题。〔2〕关于形式解释与实质解释的区分，陈兴良教授更进一步指出：“形式解释论与实质解释论的根本区分仅仅在于：在对刑法进行解释的时候，是否先进行形式判断，然后再进行实质判断。换言之，在形式判断与实质解释判断之间形成逻辑上的位阶关系。尤其是在刑法没有所谓的形式规定的情况下，能否通过实质解释将其入罪？”〔3〕由此可见，之所以存在形式解释与实质解释、主观解释与客观解释，是因为两组解释论的划分标准不同，不能将其混同或等同，但它们都属于刑法解释立场范畴。

四、形式主义解释观与实质主义解释观的评价

形式解释和实质解释在中国之所以会产生学术争论，形成学

---

〔1〕 姜涛：《法益衡量中的事实还原运用——刑法解释的视角》，载《法律科》2021年第2期。

〔2〕 参见许浩：《刑法解释的基本立场——对实用主义法律解释观的论证》，载《东方法学》2008年第6期。

〔3〕 陈兴良：《形式解释论的再宣示》，载《中国法学》2010年第4期。

派，并且争议至今仍未停止，主要原因在于两者各自的解释目标和宗旨不同。而法治又需要一个统一的法价值来实现其功能，才能获得人们的遵从。对于形式解释的理性问题，陈兴良教授认为："形式解释论基于罪刑法定原则所倡导的形式理性，通过形式要件将实质上值得科处刑罚但缺乏刑法规定的行为排斥在犯罪范围之外。"〔1〕强调通过形式要件实现刑罚，强调罪刑法定。然而，对于实质解释中的"实质"，因实质解释强调行为的危害性，有学者批判实质解释可能为了追求社会危害性而违反罪刑法定。对此，张明楷教授针对性地指出："一提实质解释，就有人以为是在单纯根据行为的社会危害性认定犯罪，因而违反罪刑法定原则。其实，实质解释主要是就刑法规定的构成要件进行实质解释，而不是单纯对案件事实进行实质判断；如果缺乏构成要件的规定，或者说，如果刑法没有对某种行为设置构成要件，当然不可能通过实质解释将其认定为犯罪。"〔2〕有学者这样反驳："实质解释论屡受批判的主要原因是实质解释论可能会违背罪刑法定。这是对实质解释论的一种误读。……实质解释论事实上也是坚持罪刑法定主义的。只不过在实质解释论者眼里的罪刑法定，不仅具有形式的侧面，而且还具有实质的侧面。刑法在适用的过程中，不仅仅能实现形式正义，还必须实现实质正义。"〔3〕关于刑法解释是否遵循罪刑法定的文本，陈兴良教授这样认为："确实，凡是解释必须都以文本为依

〔1〕 陈兴良：《形式解释论的再宣示》，载《中国法学》2010年第4期。

〔2〕 张明楷：《实质解释论的再提倡》，载《中国法学》2010年第4期。

〔3〕 李立众、吴学斌：《刑法新思潮——张明楷教授学术观点探究》，北京大学出版社2008年版，第67页。

据，但以文本为依据的解释并不必然与罪刑法定原则相符合。只有当被解释的行为包含在法律文本当中时，这种刑法解释才是符合罪刑法定原则的；而当被解释的行为并不包含在法律文本当中，法律文本只是提供了‘最相类似’的规定，这种解释是类推解释，其与罪刑法定原则相违背是毋庸置疑的。质言之，法律解释既可能是法内解释，又可能是法外解释。只有法内解释才是符合罪刑法定原则的；而法外解释并不符合罪刑法定原则。因此，不能认为只要是依据法律文本所作的解释就一定符合罪刑法定原则。”〔1〕

实质解释重视法益的被侵害事实，强调刑法适用的法益保护解释。“法益的解释功能是限制国家司法专横的实质保障，它使国家对每一个形式上违反刑法规范的行为的惩罚必须加以证明，一个行为即使形式上违反了刑法上的规定，如果不能证明它实际上侵犯了法益，它就不具备实质的违法性，因而也不是犯罪，国家不得予以处罚。”〔2〕刑法保护的是法益，在遵循罪刑法定的前提下，对一个行为是否属于侵害法益进行判断就是刑法适用的解释追求。因此，刑法解释必须保证所保护的法益不受侵害，法益体现在犯罪构成要件之中，在实质解释中要注重对犯罪构成要件的解释。“一切犯罪之构成要件系针对一个或数个法益构架而成，因此，在所有之构成要件中，总可找出其与某种法益之关系。换言之，即刑法分则所规定之条款，均有其特定法益为其保护客体。因之，法益可谓所有客观之构成要件要素与主观之构成要件要素所描述之中

〔1〕陈兴良：《形式解释论的再宣示》，载《中国法学》2010年第4期。
〔2〕罗翔：《冲出困境的罪刑法定原则》，中国法制出版社2007年版，第241页。

心概念。准此，法益也就成为刑法解释之重要工具。”[1]

五、形式解释与实质解释之争及其走向

自刑法解释立场的形式解释观和实质观在我国产生争论后，2010 年第 4 期《中国法学》同时刊登了持形式解释立场观的代表陈兴良教授的《形式解释论的再宣示》和持实质解释立场观的代表张明楷教授的《实质解释论的再提倡》，两文观点针锋相对，将这场争论引向高潮，争论至今仍未平息。从这场持续不断的争论中，我们可以看到刑法解释观的立场走向尚不明朗。因此，今后在刑法解释立场上到底持哪种观点，需要我们深入思考后作出抉择。案件的最终立场选择在于法院的抉择，而这个抉择源于法律制度和公民整体自治意愿，“法院应在进行价值判断和价值选择的过程中清醒地意识到，不能简单地将民主理解成多数人的决定，而应该将民主制度与公民整体的自治意愿紧密联系起来”[2]。应根据刑法自身特点、社会发展、刑法的基本原则、刑法价值等来看待这个问题，选择确定应持何种立场。

（一）实质解释较形式解释对克服法律自身语义的优势

法律是用语言文字表述的规范。在中国文字中，一般情况不

---

〔1〕 林山田:《刑法特论》(上册)，台北，三民书局 1978 年版，第 6 页。

〔2〕 季金华:《智慧时代司法发展的技术动力、价值基础和价值机理》，载《中国海商法研究》2022 年第 3 期。

是一个词语对应一个语义，而是多数情况下存在一个词语产生多个语义。法律语言讲究精简，而精简的语言稍不注意，就容易产生歧义，这就需要在解释中找寻刑法的真实含义，“为了发现刑法的真实含义，解释者应当准确把握刑法的规范的目的，并在规范的目的指导下解释刑法用语、刑法条文；解释者应当将刑法用语、刑法条文置于刑法整体之下进行解释，要知道解释一个条文，实际上是解释整部刑法，适用一个条文，实际上是适用全部刑法；解释者应考虑到字面含义的多种可能性，了解字面含义可能存在的缺陷，判断哪一种解释结论最符合正义理念、文字表述与实践需要”〔1〕。然而，“形式解释论依据刑法条文的字面含义形式地解释刑法，固然可以保证不超出字面含义以保障人权，但不能充分保证刑法法益保护目的的实现”〔2〕。这就显得形式解释僵化于字面含义，而可能忽视法益的保护，失去对犯罪行为的追究，导致正义缺失。较形式解释而言，“实质论者强调刑法条文的解释应当回应现实的需要，对立法背景与沿革的回顾往往是为了得出合乎现实需要的解释结论”〔3〕。实质解释实现了法律正义对社会的回应，体现了法的功能所在。词汇的意思也是在社会演变中不断变化的，“词语的意思是不断更迭的，只有用历史解释的方法找到立法者立法时相关词语的含义，才能领悟立法条文所要表达的意思，否则就是对立法原意

〔1〕 张明楷:《刑法学研究中的十关系论》,载《政法论坛》2006 年第 2 期。

〔2〕 苏彩霞:《我国刑法立法解释立场的实证考察》,载《浙江大学学报(人文社科版)》2010 年第 2 期。

〔3〕 劳东燕:《刑法解释中的形式论与实质论之争》,载《法学研究》2013 年第 3 期。

的曲解”[1]。随着社会的发展，立法时的词汇语义在社会中不可能一成不变，要找到立法时的原意还是较难的，如“绿色”一词在过去单纯指颜色，现在则引申为“安全、健康”。要实现对立法条文的正确解释，就需要对立法条文的适用进行社会现实的客观解释，以适用于具体案件，实现处罚的必要性。“当刑法条文的字面含义可能包含不具有处罚必要性的行为时，实质解释论总是从处罚必要性出发，通过解释确保犯罪构成达到应予追究刑事责任的程度，从而将不具有当罚性的行为排除在犯罪构成之外。”[2]法律适用总是在立法之后，司法中对法律进行解释是必然的。在法律语义上，客观解释较形式解释而言更能体现刑法功能的效用。

（二）实质解释较形式解释在罪刑法定原则下的解释优势

1997年修改后的《刑法》第3条规定了罪刑法定，这有效规范了刑事司法的肆意裁判，一致倾向于“法无明文规定不为罪，法无明文规定不处罚”的刑事原则。随之产生了形式解释与实质解释的讨论，“正是罪刑法定原则的法典化，才引发了如何在遵守罪刑法定原则的前提下解释运用刑法典，围绕罪刑法定原则的形式与实质双重侧面，进一步才引发了形式与实质解释的问题”[3]。实质解释立场是对犯罪惩治的必要性进行实质性解读，这一立场被有

〔1〕 董邦俊：《刑法解释基本立场之检视》，载《现代法学》2015年第1期。

〔2〕 张明楷：《刑法的基本立场》，中国法制出版社2002年版，第125页。

〔3〕 刘艳红：《形式与实质刑法解释论的来源、功能与意义》，载《法律科学》2015年第5期。

些人认为可能违背罪刑法定原则：因为刑法已经明确规定了犯罪，所以只需要按照法律文本的规定（形式内容）去适用，无须再进行实质性解释，否则岂不是偏离了罪刑法定原则？对法律文本的解释就是法内的解释。事实上，所谓解释，是需要一种被解释的前在物的，这在刑法解释上就是法律文本。"凡是解释，不管是形式解释还是实质解释，都是以文本为依据的，否则就谈不上是一种解释。实质解释论事实上也是坚持罪刑法定主义的。……刑法在适用的过程中，不仅仅能实现形式正义，还必须实现实质正义。"〔1〕这就要求形式正义在前，实质正义在后。这里的形式就是法律文本的表述，是刑法明确规定的，即罪刑法定的。

"由此可见，形式解释论与实质解释论之争，实际上是对罪刑法定原则的理解之争。如何正确地解读罪刑法定原则的内在精神，才是对形式解释论与实质解释论作出正确判断的关键之所在。""其中，核心问题在于如何寻找罪刑法定原则下刑法解释的边界。"〔2〕从形式解释和实质解释的解释观点来看，两者均是以遵守罪刑法定为前提，有些形式解释论者认为，实质解释以社会危害性为判断来衡量正义价值观，可能导致实质解释违背罪刑法定。其实这是一种误解。对此，笔者认为，应当从法的本质上去认识罪刑法定，在法律文本之外找法的真谛，正如陈忠林教授指出："在法的本质问题上在实在的制定法以外去寻求法的真谛，把'罪刑法

〔1〕 李立众、吴学斌主编：《刑法新思潮——张明楷教授学术观点探究》，北京大学出版社 2008 年版，第 67 页。

〔2〕 陈兴良：《形式解释论的再宣示》，载《中国法学》2010 年第 4 期。

定原则’中的法理解为体现了‘人类理性’的‘自然法’，在实际生活中为人们所遵循的‘活法’或‘司法创造的法’（nullun crimen sine iniuria）；在法的价值取向问题上着重强调了人的利益应服从社会的需要，将维护社会生活的基本条件作为刑法的首要任务，在刑法的渊源问题上强调刑法表现形式的多样性和内容的不确定性（nullum crimin sine iniuria——无社会危害不为罪），这就是西方刑法学中对‘罪刑法定原则’的实质主义理解。”〔1〕据此，实质解释观较形式解释观更能在罪刑法定原则下探寻法的真谛，实现社会治理，给人以福祉。

（三）实质解释较形式解释在法益保护上的优势

实质解释重视法益的被侵害事实，强调刑法适用中对法益的保护。“法益的解释功能是限制国家司法专横的实质保障，它使国家对每一个形式上违反刑法规范的行为的惩罚必须加以证明，一个行为即使形式上违反了刑法上的规定，如果不能证明它实际上侵犯了法益，它就不具备实质的违法性，因而也不是犯罪，国家不得予以处罚。”〔2〕刑法保护的是法益，在遵循罪刑法定的前提下，对一个行为进行判断，视其是否属于侵害法益就是刑法适用的解释追求目标。因此，刑法解释必须保证所保护的法益不受侵害。法益体现在犯罪构成要件之中，在实质解释中要注重对犯罪构成

〔1〕 陈忠林：《从外在形式到内在价值的追求——论罪刑法定原则蕴涵的价值冲突与我国刑法应有的立法选择》，载《现代法学》1997 年第 1 期。

〔2〕 罗翔：《冲出困境的罪刑法定原则》，中国法制出版社 2007 年版，第 241 页。

要件的解释。“一切犯罪之构成要件系针对一个或数个法益构架而成，因此，在所有之构成要件中，总可找出其与某种法益之关系。换言之，即刑法分则所规定之条款，均有其特定法益为其保护客体。因之，法益可谓所有客观之构成要件要素与主观之构成要件要素所描述之中心概念。准此，法益也就成为刑法解释之重要工具。”〔1〕

在法治追求上，仅有形式的法治是远远不够的，形式的法治是必备前提，实质的法治才是现代社会的追求。在法治建设中，往往注重形式的法治，在形式上强调法的技术性，“然而，由于形式的法治过于强调法律的技术性特征，而忽视关注法律内容的公平、正义性，单纯注重法官的机械司法而忽视法官对个案正义的追求，虽然能够形式地保障人权，但却隐含了实质地侵犯人权的巨大危险”〔2〕。形式解释正是强调立法技术中体现的立法原意，这就可能隐含对公平正义的忽视。“而实质解释，基于实质法治保障人权的这一核心理念，可以相应调整解释结论与法条文义的偏离范围，无论做出平义解释还是扩大、缩小解释都是相宜的。”〔3〕这正是惩治犯罪，实现正义的体现。保障人权是法治价值之一，刑法解释应当注重保障人权的实现。据此，实质解释较形式解释在保护法益上更具有优势。

---

〔1〕 林山田:《刑法特论》(上册)，台北，三民书局1978年版，第6页。

〔2〕 苏彩霞:《实质的刑法解释论之确立与展开》，载《法学研究》2007年第2期。

〔3〕 吴林生:《实质法治观与刑法实质解释论》，载《国家检察官学院学报》2015年第5期。

（四）实质解释较形式解释对社会生活事实解释的优势

社会总是千变万化的，从未停止过其发展的脚步，而且随着时间的推移，其复杂程度越来越高。例如，随着时代的推进，科技的变化可能给刑法保护带来困境，“制定刑法的是人而不是神，任何一部刑法典都可能存在缺陷。即使在制定的当时似乎没有缺陷，但在社会急剧变化的时代，稍微经过一段时间也会显现出缺陷。法治应当是良法之治，而不应当是恶法之治”〔1〕。“只要社会永远处于不断的发展变化之中，那么所有法律解释，当然刑法也不例外，就应适应这种新的社会现实。”〔2〕随着社会人的理念更迭，要求刑法在保护力度上越来越强，在精度上越来越准，如对人权和社会权益的保护随社会发展越来越细致而全面，“随着社会的变迁和发展，法律的意义和目的也会跟随而变化，法律解释的目标就是永远发现和阐明法律的客观意义。”〔3〕刑事立法者在立法时不能将所有社会生活抽象概括后通过立法程序形成法律，而只是将社会生活中触及刑事犯罪的事实进行概括提炼形成的类型化犯罪类型和其对本类犯罪可能犯罪的预测一并提炼后通过立法程序最终成为刑法规范对社会进行调整，“为了使刑法规范满足一个处在永久运动

---

〔1〕 张明楷：《也论刑法教义学的立场——与冯军教授商榷》，载《中外法学》2014 第 2 期。

〔2〕 ［日］中山研一：《刑法的基本思想》，姜伟、毕英达译，国际文化出版公司 1988 年版，第 74 页。

〔3〕 刘艳红：《网络时代刑法客观解释新塑造：“主观的客观解释论”》，载《法律科学》2017 年第 3 期。

中的社会的所有新的需要，解释者在面对某种崭新的生活事实，同时根据正义理念认为有必要对之进行刑法规制时，总是将这种生活事实与刑法规范相对应，现实的生活事实成为推动解释者反复斟酌刑法用语真实含义的最大动因。”〔1〕因此，立法总是表现出一定的滞后性，而刑法的立法又是一件严肃的事情，不能朝令夕改，以免显得不稳定。那么，如何解决这一问题呢？那就是在刑法适用过程中，对已有的刑法形式文本进行实质性解释，以有效地惩治犯罪，实现刑法的功能。

国民的生活是千变万化的，而法律条文却是抽象概括的，如何将违反生活事实的行为与法律条文对应进行法律判断是关键。“形式的刑法解释论主张，法官在认定犯罪时对具体生活事实能否涵摄在法定的构成要件之中的判断，也只是形式的、抽象的、类型的判断，不允许法官进行任何实质的、价值的判断以损害法定构成要件的安定性、实证性。”〔2〕这是案件判决在刑法条文上的形式要求，涉及刑法规范如何与生活事实对应，找寻对应生活事实的法律规范来规范生活事实，这是对法律规范对生活事实的解释要求，“规范必须与生活事实进入一种关系，它必须符合事物。这就是我们所称的‘解释’——探求规范的法律意义。然而这种意义并非如传统法学方法论所说的，仅隐藏在制定法中，隐藏在抽象而广泛的意义空洞的法律概念中，相反地，为了探求此种意义，我们必须回溯到某些直观的事物，回溯到有关的具体生活事实。没有

〔1〕 张明楷：《刑法学研究中的十关系论》，载《政法论坛》2006 年第 2 期。
〔2〕 苏彩霞：《实质的刑法解释论之确立与展开》，载《法学研究》2007 年第 2 期。

意义，没有拟判断之生活事实的‘本质’，是根本无法探求‘法律的意义’的。因此，‘法律意义’并非固定不变的事物，它系随着生活事实而变化——尽管法律文字始终不变，也就是随着生活本身而变化。”〔1〕源于生活事实抽象概括的法律文本面对随时空变化的生活事实的治理就需要实质解释以达到惩治的必要性。“法律的意思只能从条文的词义中找到。条文的词义是解释的要素，因此在任何情况下必须将‘可能的词义’视为最宽的界限。”〔2〕这就是要求刑法解释探求生活事实的本质以对应刑法规范，以刑法规范对违反生活事实的实质侵害进行惩处和规范以实现正义。“刑法是正义的文字表述。但是，活生生的正义需要从活生生的社会生活中发现；制定法的真实含义不只是隐藏在法条文字中，而且同样隐藏在具体的生活事实中。”〔3〕形式的刑法解释论强调形式的法律，关心字面含义，往往注重形式，忽视实质，“形式的刑法解释论只关心字面含义的机械解释，结果可能是实现了形式的安定性却损害了内容的妥当性，这显然不是形式法治优先、兼顾实质法治的法治国所想要的。合适的途径就是，通过法官从处罚的合理性与必要性出发，实质地解释刑罚法规与构成要件，实现刑法内容的妥当性。这正是实质的刑法解释论的主张。”〔4〕因此，作为最为严

〔1〕［德］亚图·考夫曼：《类推与“事物本质”——兼论类型理论》，吴从周译，台北，学林文化事业有限公司1999年版，第89页。

〔2〕［德］汉斯·海因里希·耶塞克、［德］托马斯·魏根特：《德国刑法教科书》，徐久生 译，中国法制出版社2001年版，第197页。

〔3〕张明楷：《实质解释论的再提倡》，载《中国法学》2010年第4期。

〔4〕苏彩霞：《实质的刑法解释论之确立与展开》，载《法学研究》2007年第2期。

肃的刑法规范，在适用中必须在罪刑法定的限定内，在注重文字形式的前提下，更应当在生活事实中把握法治的实质进行实质判断，进行实质的解释刑法，以实现处罚的妥当性，实现社会正义的需求。

（五）实质解释较形式解释在构成要件方面的解释优势

犯罪构成要件从不同角度说明行为对法益的侵犯性和行为人的罪过性的实质内容。在构成要件上的判断也是形式解释与实质解释的主要区别之一。“就犯罪构成要件的解释而言，形式解释意味着仅仅根据法条的文字表述解释构成要件，而不问经过解释所形成的构成要件是否说明犯罪的实质；实质解释意味着仅仅将值得科处刑罚的行为解释为符合构成要件的行为。”〔1〕实质解释论注重构成要件，强调对构成要件的解释。张明楷教授在《实质解释论的再提倡》中强调提倡的实质解释论，主要是针对构成要件的解释而言，其中包括以下三个方面：(1)对构成要件的解释必须以法条的保护法益为指导，而不能仅停留在法条的字面含义上。换言之，解释一个犯罪的构成要件，必须先明确该犯罪的保护法益，然后在刑法用语可能具有的含义内确定构成要件的具体内容。(2)犯罪的实体是违法与责任。所以，对违法构成要件的解释，必须使行为的违法性达到值得科处刑罚的程度；对责任构成要件的解释，必须使行为的有责性达到值得科处刑罚的程度。易言之，必须将字面

〔1〕 张明楷：《刑法学研究中的十关系论》，载《政法论坛》2006年第2期。

上符合构成要件，实质上不具有可罚性的行为排除于构成要件之外。(3) 当某种行为并不处于刑法用语的核心含义之内，但具有处罚的必要性与合理性时，应当在符合罪刑法定原则的前提下，对刑法用语作扩大解释。质言之，在遵循罪刑法定原则的前提下，可以作出不利于被告人的扩大解释，从而实现处罚的妥当性。〔1〕构成要件是刑罚的前提，如在构成要件中存在问题，那么刑罚正义何以实现？对此刘艳红教授指出："这一切，决定了犯罪论体系不单是纯粹形式的行为框架，而应该从实质上判断行为是否值得科处刑罚；对犯罪构成要件的解释不能仅从形式上进行，而要从刑罚法规的妥当性的实质层面进行。简言之，应该建立以形式的、定型的犯罪论体系为前提，以实质的可罚性为内容的实质的犯罪论体系。相应地，对刑法规范应该从是否达到了值得处罚的程度进行实质的解释。"〔2〕否则，将失去刑罚的妥当性，欠缺刑法正义。"刑法实质解释论，应当是在刑事实质法治观理念的观照下，解释刑法所秉持的一系列观点、方法和价值理念。这种实质解释论，要求在不违反现行刑法的前提下追求实质公正，不赞同单纯的实质思维司法。"〔3〕

正确的解释立场既能实现刑法正义，又能通过司法诉讼解纷，树立刑法权威，"诉讼解纷作为司法保障社会公平正义的最后一道防线，往往直接体现为诉讼解纷的法律权威性和司法终局权威

〔1〕 参见张明楷:《实质解释论的再提倡》，载《中国法学》2010 年第 4 期。

〔2〕 刘艳红:《走向实质解释的刑法学——刑法方法论的发端、发展与发达》，载《中国法学》2006 年第 5 期。

〔3〕 吴林生:《实质法治观与刑法实质解释论》，载《国家检察官学院学报》2015 年第 5 期。

性"[1]。法律的权威性促进人民对法律的信仰，因为"法律的权威源自人民的内心拥护和真诚信仰。"[2]在形式解释与实质解释的立场争论中，经过比较研究笔者发现，实质解释观较能够克服刑法文本本身及社会发展的一系列问题而达到行为处罚的必要性，体现入罪的妥当性，展现刑法适用的效能，实现刑法的正义。因此，随着社会发展快速化，人权保障精细化，刑法研究深入化等，在对刑法解释立场的选择上，刑法解释立场将无疑走向实质解释观。

---

〔1〕 王国龙：《法院诉源治理的司法理念及功能定位》，载《政法论丛》2022年第6期。

〔2〕 陈玺：《习近平法治思想中的传统法律文化观》，载《法律科学（西北政法大学学报）》2022年第4期。

— 第五章 —

我国刑法解释立场的演进论

我国刑法理论在借鉴苏俄刑法理论的基础上，结合我国实际情况不断发展和规范，在关于犯罪本质的规范上，认为犯罪的本质是社会危害性，但随着刑法研究的不断深入、刑事司法实务经验的不断丰富及域外刑法理论的融入，人们逐渐认识到法益侵害较有更强的信服力和实践操作性。刑法解释立场的历史演进系刑法文本不断规范化和刑法理论研究不断深入的共同结果。本章将从犯罪本质理论上的演进和刑法规范文本的不断完善方面来讨论刑法解释立场的演进进阶。

第一节　社会危害性的确立

一、苏联刑法中的“社会危险性”

1922年12月30日成立的苏维埃社会主义共和国联盟（简称苏联）是由15个权利平等的加盟共和国组建而成，要统一制定一部刑法典是很困难的，不可能所有规范行为在15个加盟国一致适用，因为涉及不同地域、不同文化、不同民族的法律适用问题，那就需要一部关于制定刑法的指引来规范联邦刑法和各加盟国刑法，于是在1919年12月通过的《苏俄刑法指导原则》（以下简称《指导原则》）来指导联邦及各加盟国的刑法制定。该原则第5条规定，犯罪就是对“刑法所保护的社会关系秩序的破坏”。第6条进一步规定，犯罪是“对现有社会关系体系有危险的作为或不作为……”依据这一规则指引，苏联刑法典及各加盟国制定的刑法认定犯罪时必须具备两个特征，即社会危险性和违法性。1922年颁布的《苏俄刑法典》规定，犯罪是对工农法律秩序有危险的作为或不作为。可见，其通过刑法保护“工农法律秩序”。当然，在那时秩序对于刚刚建立的苏联及其盟国具有极为重要的作用。

1924年颁布的《苏联和各加盟共和国立法基本原则》（以下简称《基本原则》）规定，犯罪是“损害劳动人民政权或者破坏劳动人民政权所建立的法律秩序的社会危险行为”。在这里还是强调秩序问题。

1926 年《苏俄刑法典》根据《基本原则》修订，其第 6 条规定："对抗苏维埃制度或者破坏工农政权在向共产主义过渡时期所建立的法律秩序的一切作为或不作为，都被认为是对社会有危险的。"该条仍是强调保护秩序，把破坏秩序的行为认定为犯罪。

1953 年，我国中央人民政府法制委员会编汇的《刑法资料汇编》一书在翻译《关于修改苏联及各盟员共和国刑事立法基本原则》立法文件时，也使用了"社会危险"一词介绍苏联刑法。〔1〕

苏联解体后，俄罗斯颁布其现行刑法典，即 1996 年《俄罗斯联邦刑法典》，依据该法第 14 条的规定，犯罪是"有罪过地实施本法典以刑罚威慑相禁止的社会危险行为"。该条文第 2 款规定："虽然形式上包含了本法典规定的某些行为的特征，但因轻微性而不具有社会危险性的行为不是犯罪。"可见，从苏联的刑法到现在的俄罗斯的刑法均是把"社会危险行为"作为犯罪的本质，认为"社会危险性（违法性）乃是一切犯罪的客观属性"〔2〕。

二、我国刑法产生的背景

国家在部门立法中需要考虑该部门法要解决什么问题，规范哪些社会行为等问题。对作为法律重要组成的刑法部门法而言，

---

〔1〕 参见中央人民政府法制委员会编：《刑法资料汇编》（第 2 辑 · 苏联部分），1953 年 12 月 20 日编纂，第 2 页。

〔2〕 苏联司法部全苏法学研究所：《苏联刑法总论》（下），彭仲文译，大东书局 1950 年版，第 329 页。

刑法的作用是规范犯罪与刑罚。刑法要规范违法行为，惩治犯罪，首先要解决的问题是犯罪的本质是什么。犯罪的本质是刑法中的核心概念，刑法文本中必有体现。

1949 年，中华人民共和国成立，国家的各项建设进入战略谋划和具体实施，法治作为国家管理的重要手段之一，自然也在积极谋划建设中。法制是法治的前提，法制建设必然需要立法来实现。我们废除了国民党的“六法全书”，要建立属于党领导下的人民的司法机构和法律制度。刑法作为国家法律体系中重要的部门法之一，也在紧密地谋划制定中。由于当时的国际形势和我国社会主义建设经验不足的背景，我国多项建设制度向苏联学习和借鉴。在中华人民共和国成立之初，国内外形势还非常严峻，司法机关是国家机器的重要组成部分，理应承担保卫政权、打击敌人、维护人民权益等的使命。通过学习借鉴苏联式现代化道路，我国的社会发展和国防建设取得了一系列成绩，但是随着我国现代化进程的推进，苏联式现代化道路的弊端也逐渐暴露了出来。1956 年前后，苏联在社会主义建设中的问题逐渐显现，如经济管理体制僵化、农业滞后、个人崇拜严重等。我党很快察觉到苏联模式的局限，随后毛泽东主席在《论十大关系》中指出：“最近苏联方面暴露了他们在建设社会主义过程中的一些缺点和错误，他们走过的弯路，你还想走？”对于此问题，毛泽东主席提出把马克思列宁主义基本原理同中国具体实际进行“第二次结合”的任务，强调要以苏联的经验教训为鉴戒，独立探索适合中国国情的社会主义建设道路。

在刑法制度建立方面，刑法制度来源的实践需要与经验借鉴主要有以下两点：一是革命根据地的刑事制度创建经验。中国共产党领导的革命根据地时期，就已经开始积累刑事立法和司法经验。这些经验为中华人民共和国刑法的制定提供了一定的经验基础。然而，由于历史条件的限制，这些经验还需要进一步完善和发展，才足以支撑起我国的刑法制度。二是苏联刑法实践的成功经验制度借鉴。苏联刑法在实践中取得了显著成效，有效地维护了其社会稳定和国家政权安全。学习苏联刑法，有助于我国在实践中更好地运用刑法手段，打击犯罪行为，保护公民权益，实现国家稳定，保障社会和谐和人民幸福。

综上所述，中华人民共和国第一部刑法学习苏联的做法，是出于当时的历史背景、政治考量、法制基础、理论体系以及实践需要等多方面的考虑，也为中华人民共和国的法制建设，及我国刑法学的发展奠定了基础。

三、我国第一部《刑法》产生的历程

我国《刑法》的制定经历了一个漫长而曲折的过程，涉及多个阶段，从最初的起草准备到最终形成正式《刑法》规范文本，主要经历了以下阶段。

一是刑法起草准备阶段。在中华人民共和国成立初期，国家就意识到了制定《刑法》的重要性，并开始进行相关的起草准备工作。这一时期的准备工作主要由原中央人民政府法制委员会主持进行。从 1950 年至 1954 年 9 月，原中央人民政府法制委员会完成了两个重要的稿本：第一稿是《中华人民共和国刑法大纲（草案）》（共157条，以下简称《刑法大纲草案》），第二稿是《中华人民共和国刑法指导原则草案（初稿）》（共76条，以下简称《刑法指导原则草案初稿》）。尽管这两部稿本为后续的《刑法》制定奠定了基础，但由于当时国家正处于抗美援朝、改革土地制度、镇压反革命等运动的关键时期，这两部稿本并未被提上立法程序，也没有公开向社会征求意见。

二是初步稿本拟定阶段。1954年9月，一届全国人大一次会议的召开标志着我国法制建设进入了一个新阶段。此次会议通过了我国第一部宪法和五部组织法，极大地推动了刑法典的起草工作。自此，刑法典的起草工作改由全国人大常委会办公厅原法律室负责。从1954年10月至1957年6月，全国人大常委会办公厅原法律室共写出了22稿。这一阶段的稿本经过多次审议和修改，逐渐趋于完善。

三是起草工作中断阶段。然而，随着1957年“反右倾”斗争的开始和法律虚无主义思潮的抬头，刑法草案的公布工作被迫中断。在此后的四年多时间内，刑法起草工作完全停滞。直到1961年10月，全国人大常委会办公厅原法律室才重新组织有关机构和人员对刑法草案进行座谈和研究。

四是刑法典起草重启阶段。1962年3月22日，毛泽东同志作出“刑法、民法一定要搞”的指示，这推动了刑法起草工作的继续进行。从1962年5月开始，全国人大常委会办公厅原法律室在有关部门的协同下，对刑法草案第22稿进行了全面的修改。经过多次的重大修改和征求意见，到1963年10月9日写出了第33稿。尽管这个稿本曾考虑公布，但因随后开始的"文化大革命"等政治运动的冲击，最终也没能公布。直到1976年粉碎"四人帮"之后，随着党和国家对法制工作的重视程度逐渐提高，刑法起草工作才得以真正重启。

五是1979年《刑法》颁布。从1978年10月开始，国家组成刑法草案的修订班子，对第33稿进行修订，并先后写出了两个稿本。1979年2月，全国人大常委会原法制委员会宣告成立，从当年3月中旬开始，刑法起草工作以刑法草案第33稿为基础，根据新经验、新情况和新问题，对草案作了较大的修改，先后写出了3个稿本。第二个稿本于当年5月29日获得中央政治局原则通过，接着又在原法制委员会全体会议和五届全国人大常委会第八次会议进行讨论审议，修改以后提交五届全国人大二次会议进行审议，最后于1979年7月1日获得一致通过，7月6日正式公布，1980年1月1日起施行。至此，我国第一部刑法典正式诞生。1979年《刑法》的颁布是中国刑事法治史上的一个重要里程碑，它不仅奠定了中国刑法体系的基础，也为后续的刑法发展、司法实践、刑法学教学研究以及公民权利和社会秩序的保障提供了重要的法律支撑。

四、1979年《刑法》中"社会危害性"

（一）1979年《刑法》中的"社会危害性"及原因分析

1979年《刑法》第10条规定："一切危害国家主权和领土完

整，危害无产阶级专政制度，破坏社会主义革命和社会主义建设，破坏社会秩序，侵犯全民所有的财产或者劳动群众集体所有的财产，侵犯公民私人所有的合法财产，侵犯公民的人身权利、民主权利和其他权利，以及其他危害社会的行为，依照法律应当受刑罚处罚的，都是犯罪；但是情节显著轻微危害不大的，不认为是犯罪。”该条采用类型化的列举方式将危害国家主权政权、专政制度、社会秩序、全民财产和个人合法财产、民主权利等行为认定为犯罪行为，在内容上不仅涉及秩序，还有主权、制度、财产等。在文字上表述为“以及其他危害社会的行为”，其中“以及”是对前述列举类型的延展，再加上“其他危害社会的行为”构成对此处未能列举事项进行兜底，但随后紧接着用“依照法律应当受刑罚处罚的”对“其他危害社会的行为”进行限定，处罚的是“依照法律应受刑罚处罚的”行为，而不是任何危害行为都将作为犯罪处理。此条将对“社会危害”的行为作为犯罪的本质，即将“社会危害性”作为犯罪本质。

社会危害性作为犯罪的本质主要有以下几个原因：

一是社会危害性揭示了犯罪的本质原因。社会危害性是指行为对刑法所保护的社会关系造成或可能造成损害的特性。它揭示了行为之所以被认定为犯罪的本质原因，即犯罪行为对社会秩序和公共安全造成了负面影响。这种危害性不仅体现在对个体的伤害上，更体现在对整个社会秩序的破坏上，还有对国家政权政治等的破坏。因此，将社会危害性作为犯罪的本质，有助于人们深入理解犯罪行为的本质特征和社会危害程度。

二是社会危害性是立法者界定犯罪成立的指导思想。在立法过程中，立法者需要根据社会实践得出的经验来判断某一行为的合理性，并根据这种合理性的大小进一步判断该行为对国家、社会与个人的影响，从而确定社会危害性的有无及其大小。社会危害性作为犯罪的本质属性，是立法者界定什么是犯罪成立的指导思想。立法者通过明确哪些行为具有社会危害性，并将其规定为犯罪行为，从而维护社会秩序、公共安全、个人权益等。

三是社会危害性体现了刑法的保护功能。刑法作为保护社会、维护社会秩序的法律规范，其首要任务就是要保护那些对于社会具有重要意义的生活利益。社会危害性正体现了刑法所要保护的生活利益受到侵害或威胁的程度。因此，将社会危害性作为犯罪的本质，有助于刑法更好地发挥其保护功能，确保那些对社会具有重要意义的生活利益应得到充分的保护。

四是社会危害性与刑事违法性的关系。虽然刑事违法性是犯罪的法律特征，但社会危害性是犯罪的本质特征。二者在刑法中并不是孤立的，而是相互联系、相互依存的。社会危害性作为犯罪的本质特征，是刑事违法性的基础；而刑事违法性则是社会危害性在法律上的体现。只有将社会危害性与刑事违法性相结合，才能全面、准确地认定犯罪。

1979 年《刑法》规定社会危害性是犯罪的本质，那什么是社会危害性呢？如前所述，我国刑法中的社会危害性借鉴于苏联，苏联刑法中的社会危害性对苏联而言也不是本土资源，而是源于西方的理论，正如俄罗斯刑法学者 A．B．纳乌莫夫指出的，社会危害性学说源于西方，是由刑事社会学派学者创立的，不是苏维埃学者的发明，后者的贡献在于将该学说引入苏联并加以本土化。[1]苏联从西方引进社会危害性概念后并不断本土化并且加入政治因素，表现出一定的政治性阶级性，正如苏联学者沃尔科夫所指出的，“在刑法中，特别是在犯罪问题，主要的一环是社会危害性，也可以理解为阶级危害性”[2]。对此，陈兴良教授也认为，“在苏俄早期刑法学中，社会危害性被理解为阶级危害性，并且把社会危害性当作犯罪的本质特征”[3]。对于苏联刑法中社会危害性的阶级性是很容易理解的，因在苏联当时的背景下，布尔什维克刚刚取得政权，基于国内国际的政治环境，刑法的制定内容肯定具有一定的阶级性。

其实，在苏联制定《刑法》以前西方还存在“危害原则”，为何苏联没有在《刑法》中采纳“危害原则”呢？1859年，英国著名哲学家约翰·密尔出版了专著《论自由》中认为，“仅只有为阻止社会成员对他人造成危害时，违背文明社会的个体成员意愿对其施加刑罚才具有正当性”[4]。这是危害原则的起源，其核心旨意是，“如果公民个体实施了危害他人的行为，那么公民的行为在本质上

---

〔1〕 参见薛瑞麟：《俄罗斯：纠结的社会危害性》，载张仁善主编：《南京大学法律评论》（2017年春季卷·总第47卷），第212页。

〔2〕 孟沙金主编：《苏联刑法总论》，彭仲文译，大东书局1950年版，第311～312页。转引自陈兴良：《社会危害性理论——进一步的批判性清理》，载《中国法学》2006年第4期。

〔3〕 陈兴良：《刑法知识的转型（学术史）》，中国人民大学出版社2012年版，第121页。

〔4〕 ［英］约翰·密尔：《论自由》，许宝骙译，商务印书馆1959年版，第10页。

就应受到惩罚，据此，公民的个人自由才应受到限制和干预"[1]。密尔认为，"凡属社会以强制或控制方法对付个人之事……唯一目的只是要防止对他人的危害……他人的利益或是通过法律明文规定，或是通过默认的规则应该被视作权利而受到保护"[2]。密尔强调，国家不得以"促进个人福祉"或"维护道德秩序"为由干涉个体自由，刑罚的正当性必须根植于对他人利益的保护（"prevent harm to others"）。例如，刑法可惩罚谋杀、盗窃等侵害他人生命财产的行为，但无权禁止自损行为（如自杀、吸毒）或单纯违背道德的行为（如通奸）。危害原则通过区分"涉己行为"（self-regarding acts）与"涉他行为"（other-regarding acts），确立了个体在私域内的绝对主权。危害原则要求立法者仅在行为造成"清晰、直接、具体的损害"（如人身伤害、财产损失、公共安全威胁）时方可将其犯罪化。例如，普通法系国家普遍将危害原则作为判断罪与非罪的基准。从危害原则的观点可知，其重在或倾向强调个人利益，彰显出较强的个人本位，展现出的社会本位不强，这对于刚建立起来的苏联政权而言不是优先考虑的，因为此时的苏俄刑法需要社会本位的立场以维护社会稳定和发展，而社会危害性则表现出较强烈的社会本位和国家的管控观念。

（二）我国刑法中的"社会危害性"解读

学界对于我国刑法中的社会危害性有多种解读，概括起来主

---

〔1〕 姜敏：《英美刑法中的"危害原则"研究——兼与社会危害性比较》，载《比较法研究》2016年第4期。

〔2〕［英］约翰·密尔：《论自由》，许宝骙译，商务印书馆1959年版，第10页。

要有以下四种观点：

一是“利益侵害说”，即“危害统治阶级的利益”，如邓又天、邓定义、赵长青认为：“所谓社会危害性就是危害统治阶级的利益。我国刑法上认为有社会危害性的行为，就是对我国无产阶级专政制度，社会主义财产，公共秩序，公民的人身和其他权益以及合法财产，社会主义现代化建设的侵犯，危害国家和人民利益的行为。”〔1〕危害指向的是行为对统治阶级的利益的侵害。

二是“社会主义社会关系侵害说”，如马克昌教授指出，社会危害性是“对刑法保护的社会主义社会关系的严重而不是一般的侵犯（包括实际损害和可能损害）”〔2〕。危害的指向是对“社会主义社会关系”的侵害。

三是“社会关系侵害说”，即“犯罪的社会危害性虽然主要侵害的是社会主义社会关系，但在我国现阶段也会侵害到某些有利于生产力发展的非社会主义性质的社会关系。因此，犯罪的社会危害性应当是……对刑法所保护的全部社会关系造成可能的或实际的损害”〔3〕。在这里，社会危害性指向的是对“全部社会关系”的侵害。

四是“法益侵害说”，即“法益侵害是犯罪的社会危害性的实质内容”〔4〕。这里指向发生转向，即指向了“社会危害性的实质内

---

〔1〕 邓又天、邓定义、赵长青：《我国刑法上的犯罪概念》，载《人民司法》1979年第9期。

〔2〕 马克昌：《论犯罪的概念和特征》，载《武汉大学学报（社会科学版）》1990年第4期。

〔3〕 高铭暄：《刑法学原理》（第1卷），中国人民大学出版社1993年版，第386页。

〔4〕 杨春洗、苗生明：《论刑法法益》，载《北京大学学报（哲学社会科学版）》1996年第6期。

容是法益”。

上述四种观点中，“社会关系侵害说”的观点在1997年《刑法》修订前是通说，而“法益侵害说”的观点在进入21世纪后，日益被学界广泛接受。

修订后的1997年《刑法》第13条规定：“一切危害国家主权、领土完整和安全，分裂国家、颠覆人民民主专政的政权和推翻社会主义制度，破坏社会秩序和经济秩序，侵犯国有财产或者劳动群众集体所有的财产，侵犯公民私人所有的财产，侵犯公民的人身权利、民主权利和其他权利，以及其他危害社会的行为，依照法律应当受刑罚处罚的，都是犯罪，但是情节显著轻微危害不大的，不认为是犯罪。”该条对犯罪的类型化进行了再科学化、再精简、再法律化的修改，但其中关于社会危害性的表述仍未改变，依然是“……以及其他危害社会的行为……”还是一贯认为，犯罪是危害社会的行为。

第二节 法益理论在我国的情况

一、西方法益理论产生及其发展

“法益”一词是舶来词，在19世纪30年代由德国人比恩鲍姆最先提出。1834年，比恩鲍姆在其著作《论有关犯罪概念的权利侵害的必要性》中，对德国先前刑法观念中存在的犯罪本质在于“权利侵害说”进行了批判性的考察[1]，其基于犯罪的现实侵害不是权利，而是反映的根据或对象的认识，指出：“犯罪侵害的对象是‘财’，但犯罪的本质是侵害或者威胁了应当由国家保护的‘财’。”[2]在这里，比恩鲍姆将国家保护的“财”(Gut)描述为应当由法律进行保护的“财”，这里的“财”一部分是自然所赋予，另一部分是人类社会发展所积累和市民劳动结合的成果，国家应当靠其权力给予在国家中的人同样的保障。在日本刑法学者的考证中“法的财”与“法益”两词的含义十分接近，基本相同。[3]德国学者将“财”通过哲学思维抽象概括为物质存在的形态后称为“财物”，并将其体现的社会利益称为“财产权利”。这充分体现了德国人对法律的思维严谨与概念精确，也展现了德国人对个人权利与社会义务的深刻认识。这是德国人的抽象思维能力在法律领域的充分展现。他们善于将复杂的现实问题抽象为简洁明了的法律概念，以精准规范生活。此后有不少学者对此进行深入研究，1872年宾丁在《规范及其超越》中把法益理论推上一个新台阶，指出，规范之所以禁止引起某种结果发生，是因为所禁止的行为可能造成的状态，与法的利益相矛盾。而另一方面，行为前的状态是与法的利益相一致的，不应通过变更而被排除的所有这些状态，具有法的价

---

〔1〕 参见张明楷：《法益初论》，中国政法大学出版社2003年版，第17页。

〔2〕 参见张明楷：《法益初论》，中国政法大学出版社2003年版，第17页。

〔3〕 [日]内藤谦：《刑法中的法益概念的历史的展开(一)》，载《东京都立大学法学会杂志》1966年第6卷第2号，第246页以下。转引自张明楷：《法益初论》，中国政法大学出版社2003年版，第19页。

值，这就是法益。[1]

李斯特认为“法益就是合法的权益”，指出：“所有的法益，无论是个人的利益，还是集体的利益，都是生活利益，这些利益的存在并非法制的产物，而是社会本身的产物。但是，法律的保护将生活利益上升为法益。”[2]德国罗克辛教授从宪政和法治国的角度认识“法益”，指出：“刑法只允许保护‘法益’……刑法应当保护确定的预先规定的‘利益’。”[3]杨兴培教授指出：“说到底‘法益’不过是在评价一种行为是否应当构成犯罪过程中应当要依据的一种价值观念，它本身不是一种事实，也不具有特定的规范内容。‘法益’只是用来解释刑事立法根据的一种理论性表达和体现刑法价值的一种标记性符号。”[4]由此可见，法益在刑法中的重要性，无论认为其是一种理论还是一种符号，其确是现代刑法的犯罪评价标准，尽管各国对“法益”的理解存在细微的差异，其具体规范内容体现不完全相同，但作为犯罪的评价的价值是一种共识。

关于“法益”的定义也是众说纷纭，未有统一的定义。李斯特认为，“法益就是合法的利益”，就是“由法律保护的利益”[5]。罗克辛教授认为：“刑法只允许保护‘法益’，……刑法应当保护确定的

〔1〕 参见张明楷：《法益初论》，中国政法大学出版社 2003 年版，第 31 页。

〔2〕 [德]李斯特：《德国刑法教科书》，徐久生译，法律出版社 2006 年版，第 6 页。

〔3〕 [德]克劳斯·罗克辛：《德国刑法学总论》(第 1 卷)，王世洲译，法律出版社 2005 年版，第 13 页。

〔4〕 杨兴培：《中国刑法领域“法益理论”的深度思考及商榷》，载《法学》2015 年第 9 期。

〔5〕 [德]李斯特：《德国刑法教科书》，徐久生译，法律出版社 2006 年版，第 6 页。

预先规定的‘利益’。”〔1〕日本学者认为:“法益作为刑法的保护客体实质上就是法律依据构成要件进行保护的利益或价值。”〔2〕我国台湾地区学者林山田认为:“法益即是国家与社会所公认应以国家强制力加以保护之社会共同生活上不可或缺之生活利益之基本价值。”〔3〕张明楷教授认为,法益“是根据宪法的基本原则,由法所保护的、客观上可能受到侵害或者威胁的人的生活利益”〔4〕。从不同时空、不同国度或地区学者对“法益”的定义来看,存在一定差异,但是概念中体现出共同点,那就是法益所体现在刑法中的社会利益和社会秩序的规范。

二、法益概念引入我国

追寻“法益”概念的过程中,笔者发现在国内是杨春洗教授最先将德日刑法中的“法益”概念引入国内的,其后,经由李海东博士、张明楷教授等进一步传播,在刑法研究和实务中,人们将“社会危害性”与“法益”进行比较,使“法益”及其相关概念、理论逐渐被广泛接受并形成取代社会危害性理论及犯罪客体概念的态势。

---

〔1〕[德]克劳斯·罗克辛:《德国刑法学总论》(第1卷),王世洲译,法律出版社2005年版,第13页。

〔2〕[日]福田平、大塚仁编:《日本刑法总则讲义》,李乔等译,辽宁人民出版社1986年版,第47页。

〔3〕林山田:《刑法特论》(上册),台北,三民书局1978年版,第2页。

〔4〕张明楷:《法益初论》,中国政法大学出版社2003年版,第167页。

杨春洗教授、杨敦先教授针对我国刑法指出:“社会危害性是指犯罪行为对于某一社会形态中各种利益以及整体利益的危害的特性。”〔1〕杨春洗教授、苗生明教授在对我国刑法中“社会危害性”与“法益”进行联系后指出,“将犯罪的社会危害性的内容仅仅归结为对社会关系的侵害是不全面的,它无法囊括对社会关系以外的其他方面的保护。例如,危害环境行为是对生产力和自然资源、自然环境的侵害,而这些内容是社会关系难以囊括的。但是这些内容能够满足人类生存和发展的各种需要,是一种利益,因此用‘法益侵害说’取代传统的‘社会关系侵害说’等观点,更具有全面性和直接性”〔2〕。并进一步指出:“应以法益侵害全面概括犯罪的社会危害性的内容,法益侵害说才是‘对犯罪的社会危害性的最为直接、最为科学的表述。’”〔3〕李海东教授在1997年出版的《刑法原理入门——犯罪论基础》中指出社会危害性理论的不足时认为,“社会危害性的含义含混不清,是一个具有无限外延的任意话语,它不仅为突破罪刑法定原则的刑罚处罚提供了一种貌似具有刑法色彩的理论依据,而且也在实践中对国家的法治起着反作用”〔4〕。从宪法角度来讲,“法益”作为犯罪本质更科学和合理,正如日本内藤谦教授指出的:“法益,是从宪法的基本原理与构造来看,值得

---

〔1〕 杨春洗、杨敦先:《中国刑法论》,北京大学出版社1998年版,第48页。

〔2〕 杨春洗、苗生明:《论刑法法益》,载《北京大学学报(哲学社会科学版)》1996年第6期。

〔3〕 杨春洗、苗生明:《论刑法法益》,载《北京大学学报(哲学社会科学版)》1996年第6期。

〔4〕 李海东:《刑法原理入门——犯罪论基础》,法律出版社1998年版,第11页。

由刑罚法规保护的生活利益。”[1]张明楷教授也同样从宪法角度指出，“法益，是根据宪法的基本原则，由法所保护的、客观上可能受到侵害或者威胁的人的生活利益”。[2]张翔教授也指出，“立法者要受到宪法的约束，其在确立法益内容时，应当意识到法益的内核是基本权利”。[3]

2003 年，张明楷教授出版《法益初论》，该书是我国首部系统研究法益理论的专著，具有开创性的学术价值。张明楷教授在书中详细阐述了法益的概念、机能以及法益侵害说，对法益学说史进行了深入的评述。为法官、检察官等司法工作者在办案过程中开始注重从法益的角度分析案件提供了理论支持和务实操作的理论范式，推动了我国法益理论的发展，为我国的法益理论研究奠定了坚实的理论基础和实践探索。该书倡导法益侵害说，反对规范违反说，并运用法益侵害说剖析了刑法理论中的不妥当观点与司法实践中的不合理现象，从而推动了法益理论在我国的进一步发展。

我国《刑法》采用四要件说，在司法实践中也多有适用三阶层理论进行判案。案件是否值得刑罚是需要进行犯罪评价的，在罪刑法定的法治理念下，一切刑罚都必须要有法律明文规定。在我国刑法体系中，对什么是犯罪及其范围的规定处于《刑法》文本的较前位置，一般置于第二章，如依据 1979 年《刑法》第 10 条的规

---

〔1〕 张明楷:《宪法与刑法的循环解释》，载《法学评论》2019 年第 1 期。

〔2〕 张明楷:《刑法学》(第 5 版)，法律出版社 2016 年版，第 63 页。

〔3〕 张翔:《刑法体系的合宪性调控——以“李斯特鸿沟”为视角》，载《法学研究》2016 年第 6 期。

定，犯罪为："一切危害国家主权和领土完整，危害无产阶级专政制度，破坏社会主义革命和社会主义建设，破坏社会秩序，侵犯全民所有的财产或者劳动群众集体所有的财产，侵犯公民私人所有的合法财产，侵犯公民的人身权利、民主权利和其他权利，以及其他危害社会的行为，依照法律应当受刑罚处罚的，都是犯罪；但是情节显著轻微危害不大的，不认为是犯罪。"在上述规定中被认定为犯罪，并作出处理的可概括为六类：(1)国家主权、领土和制度及建设；(2)社会秩序；(3)公有和集体所有财产；(4)公民私有财产；(5)公民人身权利、民主权利和其他权利；(6)其他危害社会的行为。本条是概括性加预留性的认定犯罪规定，是对列举之外的危害行为的预测，但必须遵循罪刑法定，而非由司法者对此进行恣意解释的犯罪预留。在这一条规定中，还用"但书"将违反上述行为中"情节显著轻微危害不大"的排除在犯罪之外。这是我国首部《刑法》关于犯罪的规定，也就是《刑法》所保护的客体，当然那时还未被称为"法益"。1997 年《刑法》对于犯罪的规定仍放于第二章中规定，即"一切危害国家主权、领土完整和安全，分裂国家、颠覆人民民主专政的政权和推翻社会主义制度，破坏社会秩序和经济秩序，侵犯国有财产或者劳动群众集体所有的财产，侵犯公民私人所有的财产，侵犯公民的人身权利、民主权利和其他权利，以及其他危害社会的行为，依照法律应当受刑罚处罚的，都是犯罪，但是情节显著轻微危害不大的，不认为是犯罪"。此后，《刑法》经过 12 次修正，但关于此条对犯罪的规定始终未有变动。从现行《刑法》来看，关于犯罪的规定较 1979 年更为先进也更加体现法治，如将“破坏社会主义革命和社会主义建设”改为“颠覆人民民主专政的政权和推翻社会主义制度”，将“破坏社会秩序”改为“破坏社会秩序和经济秩序”等，阶级成分及意识形态要求更加少了，更符合法治语言语境。犯罪的本质是侵害法益，刑法的目的是保护法益。《刑法》这样的规定就是框定限定犯罪范围，规范国家刑罚权，规范司法人员司法权以防止国家刑罚权力的滥用。

三、我国刑法从社会危害性到法益侵害的走向

在作为犯罪本质的“社会危害性”与“法益”中二元观点论战中，到底“法益”可否取代“社会危害性”，需要对两者进行比较分析，看谁更具有优势。

（一）定义与内涵方面的比较分析

社会危害性，是指行为人的行为对社会造成了一定的危害，这种危害可能表现为对国家主权、领土完整和安全的破坏，对社会秩序和经济秩序的扰乱，对公民人身权利、民主权利和其他权利的侵犯等。由此可见，社会危害性是一个相对抽象的概念，其含义不够清晰，缺乏具体的衡量标准和操作依据。对此劳东燕教授指出，“传统的社会危害性理论对公民自由形成的潜在威胁多么可怕，它已经完全成为吞噬个体正当权利的无底黑洞，成为扼杀法制生命和真谛的刽子手。甚至可以说，只要社会危害性范畴在我国刑法领域中继续占据帝统地位，刑事法治就永远难见天日，夭折在摇篮

里是早晚的事"[1]。社会危害性不是一种注释刑法的概念，它属于前实证概念，容易造成理论混乱，正如陈兴良教授所指："社会危害性也不是一种注释刑法的概念，其并非刑法所专属，在以实证方法构建的注释刑法学中，社会危害性这种前实证的概念容易造成理论混乱。"[2]

在判断方法上，通常将行为普遍化，假设其在整个社会中对共同生活可能产生的危害，并结合道德、经济、政治等多方面的评价进行判断。这些判断极可能造成定性不准，对此陈兴良教授指出，"社会危害性便是一个未经法律评价的概念，因而以社会危害性作为注释刑法中的犯罪概念的本质特征，并以之作为区分罪与非罪的界限，就会导致超法规的评价。这在罪刑法定原则的刑法构造中是极危险的"[3]。

法益是刑法学上的用词，是指"所有对于个人的自由发展与基本权利之实现，以及对于为实现此目标而设立之国家体系的运作所必不可少的现实存在或目的预设"[4]。是指法律所保护的利益，是经过法律规范所评价过的利益，包括国家、社会和个人的各种利益。在类型上包括个人法益（如生命权、健康权、财产权）、社会法益（如公共安全、公共卫生、环境保护）和国家法益（如国家安全、国家秩序）等，这些被保护的利益就是所谓的"法益"。它们通常

---

〔1〕 劳东燕：《社会危害性标准的背后——对刑事领域"实事求是"认识思维的质疑》，载陈兴良主编：《刑事法评论》（第7卷），中国政法大学出版社2000年版，第199页。

〔2〕 陈兴良：《社会危害性理论——一个反思性检讨》，载《法学研究》2000年第1期。

〔3〕 陈兴良：《社会危害性理论——一个反思性检讨》，载《法学研究》2000年第1期。

〔4〕 陈家林：《法益理论的问题与出路》，载《法学》2019年第11期。

是关系社会生活的重要利益。当这些利益受到侵害时，就会触发刑法的制裁机制。法益理论对侵害行为具有法定性规范性，“法益理论使刑法上的价值评价独立于国家与社会，而从被侵害的对象本身去考察行为的社会危害性。正是在这个意义上，法益概念较之于早期的社会危害性理论、权利侵害说更具有描述性与规范性。因此，虽然基于不同历史时期的法益论受到特定国家政治、经济的影响，但作为刑法理论，它不再需要以某种国家理论为基础，即它直接考察刑法作为独立的科学，它保护什么，从而回答犯罪侵害了什么的问题”〔1〕。

在明确性方面，法益侵害行为是《刑法》明文规定的，具有明确的衡量标准和操作依据，对此张明楷教授认为：“在任何刑法规范中，都可以找到法益；法益完全由立法者主观地决定，即只要立法者认为有保护的必要，就可以决定什么是法益。”〔2〕这就是法益在《刑法》条文中的体现，《刑法》条文是立法者在刑法立法中所进行的法益表述。而社会危害性较为模范，缺乏具体的明文规范，存在一定主观性。

在法律性方面，相较于社会危害性，法益侵害性更强调行为的法律属性，将犯罪限定在法律保护范围之内，而社会危害性范围较广，且体现较强的社会性，其认定的模糊性极可能超越法律保护的范围。

---

〔1〕 苏青：《社会危害性理论的反思与改造——以法益视角为进路》，载《法学评论》2011 年第 3 期。

〔2〕 张明楷：《法益初论》，中国政法大学出版社 2003 年版，第 31 页。

在客观性方面，法益之间具有较为明确的类型区分、位阶关系和衡量准则，从而保证对法益侵害的判断尽可能客观化，以避免司法恣意。而社会危害性可能因不同司法者的主观原因导致标准不一，影响司法权威和公信力。

（二）特点与区别的比较分析

在特点方面，社会危害性具有抽象性、模糊性，需要引申道德、经济、政治等多方面的评价。而法益具有合法律性、社会性、具体性和可侵害性，是刑法明确规定的保护对象。社会危害性的设定标准具有主观性、模糊性，缺少规范性。社会危害性是由犯罪实施者、受害者、犯罪主客观多方面决定的，是一个系统而复杂的概念。这种主观性和模糊性使在司法实践中难以准确界定社会危害性的程度和范围，从而给定罪量刑带来困难和不确定空间。相较于法律明文规定的法益侵害，社会危害性标准缺乏明确的类型区分、位阶关系和衡量准则。

在性质区别方面，社会危害性是从社会整体利益出发对侵害行为进行的评价，而法益是从法律角度明确规定的保护对象。

在判断方法上，社会危害性依赖于一般理性人的司法直觉和道德、经济、政治等多方面的评价，而法益则基于刑法体系所构建的法益保护系统进行规范判断。

在适用范围方面，社会危害性可以涵盖所有对社会造成危害的行为，而法益则仅限于法律明确规定的利益。

（三）在遵循罪刑法定原则方面的比较分析

在罪刑法定原则遵守方面，社会危害性理论将行为的规范属性作为犯罪体系的核心，以行为是否违反刑法作为区分犯罪与危害社会行为的重要标准。然而，社会危害性只是以社会政治为目的对犯罪的一种否定评价，其作为犯罪本质能够决定规范形式，这会导致犯罪标准的模糊性，进而为超法律规范依据埋下伏笔。这种模糊性对刑法而言并不具有实体意义，且以此作为指导司法实务的理论可能有悖罪刑法定原则，导致刑法泛道德化。而法益是法律明确规定的利益，没有法律明确规定的利益就不是刑法保护的对象，其破坏此等利益的行为就不能被刑法认定为犯罪，“犯罪，在实质意义上，是由于侵害了社会生活上的利益而必须采取某种强制措施的有害行为”〔1〕。据此可见，法益理论严格遵循罪刑法定原则，并按此规定定罪量刑。

综上所述，法益较社会危害性而言更具有规范性、科学性，法益取代社会危害性是一种必然的趋势，正如陈兴良教授指出的，“社会危害性并非犯罪所专有，其他违法行为也都具有社会危害性。……法益侵害这个概念则科学、严谨，并且是刑法所专属的，它的引入可以克服许多无谓的分歧”〔2〕。

---

〔1〕［日］大谷实：《刑法总论》，黎宏译，法律出版社2003年版，第65页。

〔2〕陈兴良：《刑法的知识转型（方法论）》，中国人民大学出版社2017年版，第197页。

（四）本位观的比较分析

刑法理论发展推动犯罪本质的深入认识。随着刑法理论的不断发展，人们逐渐认识到社会危害性标准的局限性，并开始探索更加明确、具体的犯罪认定标准，以更加有效地打击犯罪，促进公平正义。

现行《刑法》第13条明确规定了犯罪的概念，即“一切危害国家主权、领土完整和安全，分裂国家、颠覆人民民主专政的政权和推翻社会主义制度，破坏社会秩序和经济秩序，侵犯国有财产或者劳动群众集体所有的财产，侵犯公民私人所有的财产，侵犯公民的人身权利、民主权利和其他权利，以及其他危害社会的行为，依照法律应当受刑罚处罚的，都是犯罪”。这一规定既揭示了犯罪的实质社会内容（社会危害性），又强调了犯罪的法律形式特征（刑事违法性），也指出了法益侵犯性范围，即“具体表现为危害国家权、领土完整和安全，侵犯人民民主专政的政权和社会主义制度，破坏社会秩序和经济秩序，侵犯国有财产或者劳动群众集体所有的财产、公民私人所有的财产，侵犯公民的人身权利、民主权利和其他权利，等等”〔1〕。尽管现行《刑法》中没有“法益”字样明确出现在判断犯罪的刑法条文中，然而，在司法实践中，应用法益侵害性标准判断犯罪的情况，原因在于用法益判断是否构成犯罪较用社会危害性进行判断更具有明确性、准确性和可操作性。

---

〔1〕 张明楷：《刑法学》，法律出版社2003年版，第96页。

司法实践倾向法益判断标准，因为法益较社会危害性而言操作性更强。在司法实践中，法官在认定犯罪时，越来越注重考察行为是否对刑法所保护的利益造成了侵害。如果行为没有侵害任何法益，或者侵害的法益微不足道，那么该行为就不应被视为犯罪。这不是违背罪刑法定原则，恰恰是遵循罪刑法定原则，因为是司法论证中，判断某一行为是否构成犯罪以及如何量刑的问题，绝大多数情况下是用具体的法律规范法律条文规定的法益进行论证，而不是主观地论证推理其侵害行为的社会危害在哪里及其程度如何，这种推理难以让当事人信服。司法实务机关的这种转变体现了刑法对犯罪认定的精确性和公正性，这恰是刑法从社会危害性转向法益侵害性的具体例证。

在持有立场上，社会危害性强调的是社会本位，依附于国家本位，因为“传统的社会危害性理论依附于国家本位主义”〔1〕。其认为没有国家权益何来社会和个人的权益。因此，在司法中首先要充分考虑国家和社会权益。刑事司法要充分考虑侵害行为对社会秩序的破坏，因为“社会危害性的国家本位/社会本位思想，导致其终极的旨意是追求秩序和控制”〔2〕。在定罪量刑中要充分考虑侵害行为的社会危害性，如侵害行为对社会秩序的破坏程度如何等社会本位内容。其考量因素包括行为的性质、情节、后果、行为人的主观恶性、破坏的社会秩序和将会对社会秩序造成什么样的不

---

〔1〕 苏青：《社会危害性理论的反思与改造——以法益视角为进路》，载《法学评论》2011 年第 3 期。

〔2〕 姜敏：《英美刑法中的“危害原则”研究》，载《比较法研究》2016 年第 4 期。

良影响等内容。在司法实务中，要将侵害行为置于社会中去考量其危害性，操作过程中很容易嵌入处理案件的司法办案人员个人的主观价值评判，而个人主观价值评判因人而异，很难形成一个统一标准，因此，社会危害性在司法实务中可能导致对同一案件出现不同案件结论。

法益强调个人本位，认为刑法所保护的利益最直接的最终都是落实在社会个体人的权益上，如故意伤害行为，直接侵害的是他人生命权和健康权，其次才是破坏社会秩序问题，惩治侵害行为最终保护的也是被侵害人的生命权和健康权等权益。在刑事司法实务中用法益判断案件，直接考虑的是侵害了什么权益，对权益侵害多少等进行定罪量刑，司法者掺入主观价值判断的因素相对较少，判断标准就是法益侵害了什么及侵害程度如何。很容易形成较为统一的判决标准，形成可普遍接受的司法结论。在刑事司法实务中考虑的就是法益侵害，没有或少有将侵害行为放在社会中去考量的，其是基于刑法体系所构建的法益保护系统进行判断，是一种规范判断。而社会危害性突出社会本位，对于法律上个体权益保护而言是间接的权益保护。通过刑法理论和司法实务比较可以发现，法益侵害性强调个人本位，作为犯罪的实质特征逐渐被学界和司法实践所接受。

鉴于上述原因，笔者大胆预测，“法益”将会取代“社会危害性”成为犯罪本质认定的走向，形成犯罪本质认定的历史演进过程。

第三节 我国刑法解释立场的历史演进

一、无当下讨论的刑法解释立场阶段(1949～1979年)

1949年2月22日,中共中央发出由时任中共中央原法律委员会主任的王明起草的《关于废除〈六法全书〉和确定解放区司法原则的指示》,此后在我国有关国民党的法律制度被彻底废止了。中华人民共和国成立以后需要建立一套党领导人民,以人民利益为中心法律体系。1950年5月1日,中华人民共和国颁布并施行了《婚姻法》,这是中华人民共和国成立后颁布的第一部法律。在国家政权建立起来后,国家急需一套法律制度来维护国家政治、经济、文化等的健康发展。1953年12月24日,由毛泽东担任宪法起草委员会主席的领导小组成立,毛泽东带领胡乔木、陈伯达、田家英共四人到杭州刘庄一号楼起草宪法,历时近半年时间完成宪法的草稿。

在中华人民共和国成立初期,国家处于建设中,立法尚未全面启动,刑事案件多是依靠政策处理,国家司法机关处理刑事案件的重点工作是惩治反革命类型犯罪、贪污犯罪以及破坏国家货币政策犯罪。1951年2月20日,为惩治反革命罪犯,镇压反革命活动、巩固人民民主专政,中央人民政府委员会批准《中华人民共和国惩治反革命条例》(已失效)。1951年4月19日,为保护国家货币，巩固国家金融，原政务院颁布《妨害国家货币治罪暂行条例》(已失效)；1952 年 4 月 18 日，中央人民政府公布施行《中华人民共和国惩治贪污条例》(已失效)。在那个时期国家的刑事案件基本都是以此三个规范为依据进行处理。

1950 年 7 月 25 日，中央人民政府原法制委员会组织一批专家拟出了《刑法大纲草案》，采用总则和分则的体例，在总则中规定了罪刑指导原则，在分则中规定了犯罪与具体的处罚。该草案中对“犯罪”的规定是：“凡反对人民政权及其所建立的人民民主主义的法律秩序的一切危害社会行为，均为犯罪。”强调的是保护人民政权和人民民主。

1954 年 9 月 30 日，中央人民政府法制委员会组织刑法专家在《刑法大纲草案》的基础上又拟出《刑法指导原则草案初稿》。这次修改较《刑法大纲草案》来说较为精确，更显技术性，如将“犯罪”确定为：“一切背叛祖国、危害人民民主制度、侵犯公民的人身和权利、破坏过渡时期的法律秩序、对于社会有危险性的在法律上应当受到刑事处罚的行为，都认为是犯罪。情节显著轻微并且缺乏危害结果，因而不能认为对社会有危险的行为，不认为是犯罪。”这次《刑法指导原则草案初稿》是在《宪法》刚刚颁布后进行的修稿。自《刑法大纲草案》形成到 1957 年 6 月 28 日，刑法草案形成了 22 稿，随后从“文化大革命”开始，刑法起草工作停滞。刑事案件没有刑法典，仅靠《中华人民共和国惩治反革命条例》(已失效)、《中华人民共和国惩治贪污条例》(已失效)和《妨害国家货币治罪暂行条例》(已失效)三个规范。判决出来案件既无统一罪名标准，也无具体的量刑标准。鉴于上述刑法法制的状况，在刑法解释立场问题上，用现在的刑法研究中的“四大立场”解释立场来评价，可以说是无立场可循，无解释立场观。那时中华人民共和国刚刚成立，我们废除了国民党的“六法全书”，新的法律又尚未制定出来，具有法律功能的规范性文件对社会规范的侧重点在于维护国家政权稳定、社会稳定，保障国家各项工作顺利开展。另外，若从政治上讲，这一时期，非要有一个刑事法制解释适用立场的话，那就是在政治话语主导下的刑法解释适用的阶级立场，因为在这一时期，国家以阶级斗争为重点开展各项工作，通过阶级斗争的方式来维护和巩固刚刚建立起来的政权组织，保护人民的各项权益，刑法实务自然也避免不了带有浓厚的阶级性。这与今天我们“依法治国，建立法治国家”所倡导的刑法适用意义上的刑法解释立场存在区别。

二、以主观主义解释观和形式主义解释观为主（1979～1997年）

（一）刑事立法概况

1976年“文化大革命”结束，国家各项建设进入复苏及发展状态，法律制度建设也一样得到复苏和发展。在“文化大革命”刚刚结束后的一段时间里，关于政治形势仍有诸多讨论，主要围绕国家建设的方向、路径以及之前的经验教训展开。这些观点在随后的党的十一届三中全会上得到了明确和强化，成为改革开放后中国发展的主旋律。人们在讨论中也强调了政治稳定和民主法制的重要性。认为只有保持政治稳定，才能为经济建设提供有力保障。

在邓小平等国家领导人的领导下，党中央对党和国家的未来进行了观察与思考，认为应通过建立一套法律制度来治理国家，规范社会各主体行为，保障人民权益是当务之急。在邓小平同志主持的会议中，党中央形成抓法制建设，以完善法制促进国家各项工作的规范化、制度化的决定，对法制建设的形成高度认同。

1978 年 12 月 18～22 日，在北京召开了党的十一届三中全会，这是一次在特殊的历史背景下的会议。不仅在国家的政治、经济等方面指明了方向，国家法制建设也被提到重要位置，要求必须回到法制的轨道上，才能彻底扭转政治局面。《中国共产党第十一届中央委员会第三次全体会议公报》指出："为了保障人民民主，必须加强社会主义法制，使民主制度化、法律化，使这种制度和法律具有稳定性、连续性和极大的权威，做到有法可依，有法必依，执法必严，违法必究。从现在起，应当把立法工作摆到全国人民代表大会及其常务委员会的重要议程上来。检察机关和司法机关要保持应有的独立性；要忠实于法律和制度，忠实于人民利益，忠实于事实真相；要保证人民在自己的法律面前人人平等，不允许任何人有超于法律之上的特权。"公报表述中多次出现法制建设的表述，可见，在当时法制建设被提上重要建设日程。

1979 年 3 月，全国人大常委会成立了法制委员会（今天的全国人大法制工作委员会的前身），在彭真委员长的主持下，以此前的刑法草案为基础，起草刑法。1979年7月1日，五届全国人大二次会议通过《刑法》，并决定于1980年1月1日开始实施。从此，我国刑法迎来一个新时期，结束了中华人民共和国成立30年来没有刑法典的历史，结束了各级法院刑事判决罪名无固定化的历史，结束了量刑无规范化的历史，使刑事司法案件有了定罪量刑的依据，实现了刑事判决有法可依。

1979年9月9日，中共中央发布《关于坚决保证刑法、刑事诉讼法切实实施的指示》(中发〔1979〕64号)，指出："粉碎'四人帮'、特别是党的十一届三中全会以来，我们为加强社会主义民主和法制，已经做了大量工作，创造了许多有利条件。但是，旧社会遗留下来的封建主义、官僚主义、特权思想、家长制作风至今严重存在。我们党内，由于建国以来对建立和健全社会主义法制长期没有重视，否定法律，轻视法律，以党代政，以言代法，有法不依，在很多同志身上已经成为习惯……"指示第1条即明确提出："一、严格按照刑法和刑事诉讼法办事，坚决改变和纠正一切违反刑法、刑事诉讼法的错误思想和作法。"并要求"今后，各级党组织的决议和指示，都必须有利于法律的执行，而不能与法律相抵触"。

1979年《刑法》总体来看，条文比较粗略，总则89条、分则103条，一共192条，128个罪名包括反革命罪20个，危害公共安全罪20个，破坏社会主义经济秩序罪15个，侵犯公民人身权利、民主权利罪23个，侵犯财产罪9个，妨害社会管理秩序罪26个，妨害婚姻、家庭罪6个，渎职罪9个。

尽管1979年《刑法》在当时的历史条件下具有一定的局限性和不完善之处，但其颁布和实施仍然具有重要意义，它奠定了我国刑法体系的基础，提供了明确的法律依据，维护了社会秩序，保障了人权，推动了法治建设进程，促进了刑法学研究和发展，并适应了时代发展的需要。

（二）主观主义解释观的倾向

对于主观主义的认识，在前文已有论述，在笔者看来，张明楷教授对此的定义较为准确，即“主观主义认为，刑事责任的基础是犯罪人的危险性格及反复实施犯罪行为的危险性；或者说犯罪概念的基础、可罚性及其刑罚量的根据是危险性格”。笔者认为，1979年《刑法》倾向于主观主义主要是基于如下原因。

一是1979年《刑法》对犯罪构成要件的规定较为简单，粗糙，多处使用了需要掺入主观判断的词语，如“其他”“情节严重”“情节恶劣”“情节特别严重”等，例如第160条规定：“聚众斗殴，寻衅滋事，侮辱妇女或者进行其他流氓活动，破坏公共秩序，情节恶劣的，处七年以下有期徒刑、拘役或者管制。流氓集团的首要分子，处七年以上有期徒刑。”这类词语在司法者作出司法判断时是需要掺入主观性因素才得以判断的。在1979年《刑法》的条文中也出现一些主观性很强的词语，如“阴谋”，如第92条规定：“阴谋颠覆政府、分裂国家的，处无期徒刑或者十年以上有期徒刑。”这类词语为当时治理社会危害性行为起到了较大作用，但也为司法擅断提供了一些方便，它们呈现一定的主观价值判断因素，为主观主义所欣赏，但客观主义反对的。

二是1979年《刑法》规定了“类推原则”，如第79条规定：“本法分则没有明文规定的犯罪，可以比照本法分则最相类似的条文定罪判刑，但是应当报请最高人民法院核准。”在当时的立法者看来，犯罪是一种十分复杂的社会现象，犯罪分子的犯罪活动往往随着形势的变化而不断变换其方式方法，要求用一部刑法典把已经发生的和将来可能发生的一切犯罪都包罗进去是根本不可能的，刑法要惩治犯罪，就需要有相关法律规定对危害社会的行为进行刑罚，在这样的情况下，要切实保障国家和人民的利益，制裁犯罪，选择类推制度较为合适，于是在这种严厉惩治犯罪的思维模式下，在《刑法》中规定了类推制度。在司法实践中，类推制度的适用习惯于主观的思维模式。类推制度进入刑法是立法者助长了司法者的主观性，也是立法者重视主观因素的体现。

三是1979年《刑法》在犯罪成立上较为强调目的和动机，这是主观主义偏好重视主观因素的法律条文体现。例如，第125条规定：“由于泄愤报复或者其他个人目的，毁坏机器设备、残害耕畜或者以其他方法破坏集体生产的，处二年以下有期徒刑或者拘役；情节严重的，处二年以上七年以下有期徒刑。”再如，第168条规定：“以营利为目的，聚众赌博或者以赌博为业的，处三年以下有期徒刑、拘役或者管制，可以并处罚金。”在1979年《刑法》文本中“以……为目的”的字样有12处之多，这种规定重视“目的”，没有强调从客观上的行为和实害结果来认定犯罪，这是主观主义的倾向和思想的集中反映。

四是1979年《刑法》的人文环境更具主观因素。从1949年中华人民共和国成立到1978年改革开放，国家经历了阶级斗争，“三反”、“五反”和“文化大革命”，这些经历使当时的党和国家领导人深深思考，认识到法制建设的重要性。但是，一方面，国家政权要巩固，对于破坏社会制度的行为要严惩；另一方面，国家法治人才较少，法治建设的力量和立法技术都较为薄弱。这就反映在对社会可能出现的犯罪行为的预测不到位，故采用类推制度，强调主观等方式来加强对危害社会的行为的惩处。

综上原因，1979年《刑法》主观主义因素较为突出，这在《刑法》条文中较为明显的例证就是用128个罪名就将社会中千变万化的危害行为进行了“高度”概括，这样的立法必然出现司法的恣意，必然在司法中产生主观主义立场。

（三）形式主义解释观的倾向

形式主义刑法观强调刑法形式的完备性，主张以刑法文本为依据，以实定法规范为判断标准。它提出对构成要件应进行形式意义上的严格解释，并在解释方法上倾向于采用文理解释、平义解释等方法。改革开放是对过去的实践进行总结后得出的经验性总结。自中华人民共和国成立以来至党的十一届三中期间，国家的法律制度还不够健全，国家和社会发展的决定权表现出很多不确定性，往往存在因领导人个人意识变化而变化的情况。对此，邓小平曾指出：“为了保障人民民主，必须加强法制建设，必须使民主制度化、法律化，使这种制度和法律不因领导人的改变而改变，不因领导人的看法和注意力的改变而改变。”〔1〕在这样的中央基调下，我国的法治建设步伐得到加快。

1979年3月全国人大常委会成立了法制委员会，在彭真的主持下，以此前的刑法草案为基础，起草刑法。1979年7月1日，五届全国人大二次会议通过《刑法》，在短短的4个月就将《刑法》制定出来了。在刑事法治方面，立法技术尚不够成熟，民权保障还不够充分，司法实践经验还不够足，理论支撑还不够坚实，加之在或多或少的阶级思维背景下进行立法，导致国家制定的法律在形式上符合法律相关规定，但实质内容相对欠缺一些。例如，在1979年《刑法》中有128个罪名，其中反革命罪就有20个，而有关公民权利保障的刑事规范却相对较少。刑事法律文本中具备一定的形式要件，因其实质要件要素不够，极可能会在刑事法律实践中表现出其持有的解释观属于形式解释观点。因此，可以说这期间刑法解释表现出来的是形式解释观倾向。

1979年《刑法》在法律文本上表现出形式主义解释观倾向，最为显著的就是犯罪构成。1979年《刑法》在犯罪构成上采用四要件说，强调主观要件、客观要件、主体要件、客体要件的齐备性，从形式上构成犯罪就认定为犯罪，只在第10条对“犯罪”的规定中用“但书”将情节显著轻微危害不大的，排除在“犯罪”之外。这种犯罪构成模式，通过四个形式要件来认定犯罪构成，并且这四要件间是平行关系，对于是否实质犯罪考虑较少。

〔1〕《邓小平文选》(第2卷)，人民出版社1994年版，第146页。

综上所述，在我国刑法史上，从 1979 年第一部《刑法》产生到 1997 年期间，国家的刑事法制逐步建立起来。然而，刑法立法在技术性和科学性方面的不足，司法实践经验不足的现状，以及国家工作中心的转变等因素，导致该时期刑事法制的实质化水平不够高，表现出较为明显的形式主义倾向。但随着社会的发展和各种条件的具备，刑事法治将逐渐从形式解释观转向实质解释观，这是国家法治前进的必然趋势。

三、以客观主义解释观和实质主义解释观为主（1997 年至今）

（一）刑事立法概况

随着经济的发展，社会文明的进步，以及改革开放的不断深入，一方面，国家机构运转中的法治不断完善、司法人员法治素能不断提升，司法实务水平及需求不断提高。另一方面，改革的深入带来了社会利益多元、矛盾多发等问题，这些问题极可能导致刑事犯罪案件发生，刑法则是规制这些问题的主要措施，于是，在这样的情况下，需要国家刑事立法跟上时代发展的步伐，对社会涉及的刑事内容问题作出及时回应，以规范和预测社会刑事案件，实现刑事法治对社会的治理。

1988 年 7 月 1 日，《七届全国人大常委会工作要点》中规定："要根据新情况、新经验对原有法律及时作出修改。""还要对刑法、刑事诉讼法、民事诉讼法(试行)进行必要的修改。”此后,《刑法》的修正工作被正式纳入立法规划。随后,相关工作紧锣密鼓地展开,包括各种调研、座谈会、法律条文汇编、征求意见以及法律条文草案的起草等工作有序进行。这一规定展现了中国立法工作的灵活性和适应性,确保法律能够与时俱进,反映社会现实,有效维护社会秩序和公平正义。

1997 年 3 月 14 日,八届全国人大经审议通过了修订的《刑法》,即 1997 年《刑法》,并规定自 1997 年 10 月 1 日起实施。这是我国《刑法》立法史上较为有里程碑意义的刑法典。这次修订概括了刑法基本精神,规定了三大刑法原则,即罪刑法定原则、适用刑法人人平等原则、罪责相适应原则。另一个巨大的进步就是废止了“类推制度”。这次修订是对 1979 年《刑法》的扬弃,修订后的《刑法》共有 15 章 452 条,其中总则 5 章 101 条、分则 10 章 350 条、附则 1 条,罪名 412 个,源自 1979 年《刑法》的罪名有 116 个,源自单行刑法和附属刑法的罪名有 132 个,修正中新增加的罪名有 164 个。在罪名上较 1979 年《刑法》更为具体、更为全面、概括、抽象了社会犯罪现象。这次修订得到的社会认同度较高,得到法学界和法律实务界普遍的好评。可以说,1997 年《刑法》的修订具有深远的历史意义。它不仅完善了我国的刑法体系,确立了现代刑事法制的基本原则,还在保障人权、细化刑事罪名、指引司法实践以及推动理性执法等方面取得了显著成就。这一修订过程充分展示了我国法治建设的进步和成就,也为未来的刑事立法和司法实践提供了宝贵的经验和借鉴。

任何事物均没有最为完美的状态，都是在发展中不断完善，刑法也如此。1997 年《刑法》的完备是较 1979 年《刑法》而言，随社会发展、改革的不断深入和社会刑事案件的规范和惩治，《刑法》通过修改也进行了完善。其后至今，全国人大共公布了一个单行刑法和 12 个刑法修正案，即 1998 年 12 月 29 日发布的《关于惩治骗购外汇、逃汇和非法买卖外汇犯罪的决定》，和 1999 年 12 月 25 日发布的《刑法修正案》、2001 年 8 月 31 日发布的《刑法修正案（二）》、2001 年 12 月 29 日发布的《刑法修正案（三）》、2002 年 12 月 28 日发布的《刑法修正案（四）》、2005 年 2 月 28 日发布的《刑法修正案（五）》、2006 年 6 月 29 日发布的《刑法修正案（六）》、2009 年 2 月 28 日发布的《刑法修正案（七）》、2011 年 2 月 25 日发布的《刑法修正案（八）》、2015 年 8 月 29 日发布的《刑法修正案（九）》、2017 年 11 月 4 日发布的《刑法修正案（十）》、2020 年 12 月 26 日发布的《刑法修正案（十一）》、2023 年 12 月 29 日发布的《刑法修正案（十二）》。至此，现行《刑法》章节未变，但罪名增至 483 个。在内容上更加完善、人性化程度更高，死刑减少了、《刑法》条文中的主观性词语相对减少，对犯罪客观性的要求更为规范合理，体现较强客观性，注重犯罪的实质要件。

（二）客观主义解释观的倾向

对于客观主义，鉴于前文的分析，笔者倾向于周光权教授对客观主义的观点，即“刑法客观主义认为，犯罪是对社会有害的行为。如果没有客观的行为，没有客观的法益侵害后果，就没有犯罪；行为没有对社会造成可以外观上观察的实害或者危险时，不能作为犯罪处理。”[1]可见客观主义强调客观行为的社会有害性和法益侵害性。1997年《刑法》倾向于客观主义，主要表现在以下三个方面。

一是1997年《刑法》规定了罪刑法定原则，废止了1979年《刑法》的“类推制度”。罪刑法定有助于防止类推制度适用，有助于保护犯罪嫌疑人，保护被告人不受到不当刑罚，更为现代社会所接受，使刑法的人权保障机能和社会保障机能都能得到很好的实现，是现代国家普遍适用的刑法原则。第二次世界大战之后，罪刑法定原则得到更大的发展，许多国家都把它作为保障人权的重要原则在刑法或宪法中加以规定。罪刑法定原则还成为国际人权公约的内容。1948年《世界人权宣言》第11条第2款规定：“任何人的任何行为或不行为，在其发生时依国家法或国际法均不构成刑事犯罪者，不得被判为犯有刑事罪。刑罚不得重于犯罪时适用的法律规定。”1966年《公民权利和政治权利国际公约》第15条第1款规定：“任何人的任何行为或不行为，在其发生时依照国家法或国际法均不构成刑事罪者，不得据以认为犯有刑事罪。所加的刑罚也不得重于犯罪时适用的规定。如果在犯罪之后依法规定了应处以较轻的刑罚，犯罪者应予减刑。”罪刑法定原则写入我国《刑法》，使我国《刑法》与世界接轨，并可有力地防止司法者恣意行为、侵害个人自由。罪刑法定是客观主义较为重视的刑法原则，因

---

〔1〕 周光权：《刑法客观主义与非法证据排除》，载《人民检察》2013年第1期。

为它尊重民意，保障人权，“客观主义刑法理论站在个人主义立场，极力主张限制司法权力，类推不仅是司法权力膨胀的表现，而且侵害个人自由”〔1〕。

二是1997年《刑法》取消反革命罪名，将1979年《刑法》中的反革命罪名改为“危害国家安全罪”。近现代各国的刑法，大多将危害国家领土完整、颠覆国家政权、从事间谍活动等行为，作为危害国家安全类犯罪予以规定。但在我国，自中华人民共和国成立初期完成的刑法草案至1979年《刑法》，由于受早期刑事立法模式的影响，都将“反革命罪”规定于刑法章节之首，而不使用“危害国家安全罪”的称谓。“革命”一词，众所周知具有强烈的阶级性、政治性，它所包含的内容比较混淆、笼统，并且缺乏法律概念的严密性、准确性；反革命罪的犯罪客体较为广泛，在司法实践中难以区分它与其他犯罪的界限；从主观方面看，行为人具有反革命目的才能构成此罪，这就极容易导致司法机关在认定行为人的行为是否实施反革命的行为时出现主观归罪，进而采取了主观主义的立场。现代社会多数国家将“反革命罪”用“危害国家安全罪”来取代，以保证法律用语的准确性和周密性，并有利于司法机关在司法实务中的具体司法操作，这是国际刑事立法趋同之势。“危害国家安全犯罪”较“反革命罪”而言，更能体现法律属性，并更能根据涉嫌犯罪行为进行司法判断，体现出较强的客观主义立场。

---

〔1〕 张明楷：《刑法基本立场》，中国法制出版社2002年版，第67页。

三是1997年《刑法》更为尊重客观事实，主观归罪因素较少。1997年《刑法》将罪名增至413个，这有助于客观行为相同而主观罪过不同的犯罪行为归为不同种犯罪类型，如将反革命罪的杀人行为规定为故意杀人罪，这种情况下犯罪嫌疑人实施的行为是杀人，"反革命"是行为人的目的，从尊重客观事实出发，故意实施杀人的行为应当定为故意杀人，这就是客观主义的立场。另外，1997年《刑法》将罪名增至413个，较1979年《刑法》的128个罪名而言，更加符合司法实务实际和惩治社会犯罪的需要。在罪名少的情况下，很多不同的犯罪类型就会被司法者主观地黏合在一起，这可能违背了客观事实，导致正义难以实现。1997年《刑法》将罪名增多，使得社会犯罪行为有明文规定，尽量排除主观主义的恣意行为，使刑事司法判断源于犯罪的客观事实来认罪。

（三）实质主义解释观的倾向

关于刑法实质解释观的倾向，张明楷教授指出："一提实质的解释，就有人以为是在单纯根据行为的社会危害性认定犯罪。其实，实质的解释是就刑法规定的构成要件进行实质解释，而不是单纯对案件事实进行实质解释；如果缺乏构成要件的规定，换言之，如果刑法没有对某种行为设置构成要件，当然不可能将其解释为犯罪。"〔1〕实质解释是在罪刑法定原则的约束下，对刑法规定的构成要件进行实质性解释，而不是脱离法律规定，仅凭社会危害性对

〔1〕 张明楷：《刑法学研究中的十关系论》，载《政法论坛》2006年第2期。

行为进行入罪化处理。实质解释的目的是在法律的框架内实现实质正义，而非突破法律的边界。

形式解释强调，对犯罪构成的解释应当立足于构成要件本身。也就是说，在判断犯罪行为是否成立时，应当从犯罪构成自身去寻找答案。由于形式解释坚持从刑法规范自身出发来寻求解释结论，因此它属于形式法治的范畴。而实质解释论则认为，对于犯罪构成的解释不应当仅立足于构成要件，还应当借助刑罚要素进行实质判断。因为，实质解释是基于罪刑法定原则的实质侧面而展开的，而实质侧面所关注的正是刑法规范自身的正当性和明确性，这属于实质法治范畴。是否构成犯罪，不应当仅在形式上判断，更应要进行实质判断，才能实现刑法正义，因为形式的法律文本存在诸多缺陷，正如“实质的刑法解释论主张，当由于立法理性的局限、语言的特点，导致适用某项刑罚法规可能得出非正义的结论时，法官应从处罚的合理性与必要性处罚，实质地解释刑罚法规，以实现其内容的妥当性，这正是罪刑法定原则的实质侧面要求法官应积极司法的体现”〔1〕。“实质解释论则主张从刑罚角度探讨犯罪构成的内涵，即根据刑罚的必要性与妥当性判断犯罪成立与否。”〔2〕可见，实质主义解释观较形式主义解释观更能实现刑罚的必要性和合理性。1997年《刑法》较为明显地体现了这一要求，即强调对犯罪的判断应进行实质性解释，而非仅停留在形式解释上。

实质解释是基于法益侵害标准，根据刑罚的合理性判断来确

〔1〕 苏彩霞：《实质的刑法解释论之确立与展开》，载《法学研究》2007年第2期。
〔2〕 赵运锋：《刑法实质解释的作用、适用及规制》，载《法学论坛》2011年第5期。

定是否具有可罚性，正如刘艳红教授指出的："这一切，决定了犯罪论体系不单是纯粹形式的行为框架，而应该从实质上判断行为是否值得科处刑罚；对犯罪构成要件的解释不能仅从形式上进行，而要从刑罚及其法规的妥当性的实质层面进行判断。简言之，应该建立以形式的、定型的犯罪论体系为前提，以实质的可罚性为内容的实质的犯罪论体系。相应地，对刑法规范应该从是否达到了值得处罚的程度进行实质的解释。"〔1〕从形式上判断很容易出现问题，"要透过现象看本质"，"如果只是从形式上解释犯罪构成，就会使一些琐细之事都符合犯罪构成，只有从实质上解释犯罪构成，才使符合犯罪构成的行为成为严重危害社会的行为"〔2〕。1997 年《刑法》较为重视犯罪的实质问题，强调司法者在实践中应依据刑法作出实质性判断，这正是实质解释论所倡导的观点。

---

〔1〕 刘艳红：《走向实质解释的刑法学——刑法方法论的发端、发展与发达》，载《中国法学》2006 年第 5 期。

〔2〕 张明楷：《刑法格言的展开》，法律出版社 1999 年版，第 115 页。

— 结 语 —

刑法解释立场走向：实质主义解释观、客观主义解释观。

事物都是在发展中不断演进，从无到有，从粗糙走向精细，从欠缺走向更加完善。“依法治国，建设社会主义法治国家”已成为国家治理的共识。在国家治理的各种方略中，法治是最为可靠的一种。而在法治体系中，刑法对社会治理尤为重要，它关乎社会中最重要、最严肃、最值得也最需要保护的部分。中华人民共和国成立以来，因种种原因，经历了近 30 年无规范意义的刑法的历史。从 1979 年制定《刑法》以来，经过 1997 年修订，随社会不断发展，文明不断进步，法治建设不断完善，修订的《刑法》至今也经过了 12 次修正案，刑法走向体系完善、内容丰富、量刑规范等完备的阶段。从修改的频度和力度来看，《刑法》是回应和关注社会最为迅速的部门法之一。在法治国家，仅有完备的法律体系和成熟的法律制度是远远不够的，关键在于现行法律的适用状况。刑法的生命在于精准适用，精准适用需要正确地解释刑法，正确解释刑法需要持有正确的解释立场观，只有准确适用，才能体现法的价值。在法律适用中，法律解释最为重要，因为“人们发现，法律并非完美无缺，会有疏漏、不周；法律表达并不那么准确，法律用语会因语境不同而出现歧义、模糊；相关概念用语会加剧法律自身的不确定性等。这些都使法律解释的必要性凸显出来”〔1〕。在法治国家，法治的实现状况和程度很大程度上取决于其解释状况，特别是刑法的解释情况。在刑法解释中，立场最为关键，因为它决定着刑法解释的价值取向。刑法解释应秉持何种立场，以及如何具体解释，是法治国家极为重要的考量因素。刑法作为关于犯罪与刑罚的法律，承担着维护国家安全、社会秩序和人民财产等重任，旨在实现刑事法治的正义、自由、公平等核心价值。刑法解释的精准适用，源于对刑法的深入理解和准确把握。在深入理解刑法的基础上，正确秉持刑法解释立场，妥善处理案件，确保罪刑法定原则得到贯彻，实现量刑的精确与公正，从而彰显刑法的正义性。在国家治理水平不断提高、社会文明不断进步的背景下，面对社会多发的刑事案件，要实现刑法的基本价值，就必须在刑法适用中坚持正确的解释立场。只有解释立场正确，才能彰显刑事正义，才能确保司法判决的可接受性。刑法解释应当体现出其理性，特别是立场选择的理性，因为“法律是以人类的理性来解决社会纷争所形成的规则，是凝结在规则中的理性”〔2〕。

刑法解释应当秉持正确的立场，将凝结在法律规则中的理性

〔1〕 张志铭:《法律解释学大有可为》，载《人民日报》2016年3月28日，第16版。
〔2〕 张智辉:《刑法理性论》，北京大学出版社2006年版，第16页。

运用到案件事实中，促进事实与规范之间的有效互动，秉持公平正义的理念，从而得出公正的判决结论。自 1979 年《刑法》制定以来，我国刑法解释经历了从形式解释倾向向实质解释倾向的转变，同时也从主观主义解释倾向逐渐转向客观主义解释路径。笔者坚信，在未来的刑法解释立场选择上，我国刑法理论研究和刑事司法实践将继续沿着实质解释观和客观主义解释的方向不断发展、不断演进。